互联网时代下高校英语教学研究

王悦　黄亮　江大伟◎著

中国出版集团　现代出版社

图书在版编目（CIP）数据

互联网时代下高校英语教学研究/王悦,黄亮,江大伟著.--北京:现代出版社,2024.7

ISBN 978-7-5231-0932-8

Ⅰ.①互… Ⅱ.①王… ②黄…③江… Ⅲ.①英语-教学研究-高等学校 Ⅳ.①H319.3

中国国家版本馆CIP数据核字(2024)第111806号

互联网时代下高校英语教学研究

著　　者　王　悦　黄　亮　江大伟
责任编辑　刘全银
出版发行　现代出版社
地　　址　北京市安定门外安华里 504 号
邮政编码　100011
网　　址　www.1980xd.com
电子邮箱　xiandai@vip.sina.com
印　　刷　廊坊市博林印务有限公司
开　　本　787mm × 1092mm　1/16
印　　张　13.5　字　数　321千字
版　　次　2025 年 1 月第 1 版　2025 年 1 月第 1 次印刷
书　　号　ISBN 978-7-5231-0932-8
定　　价　56.00 元

前言

随着教育信息化进程的不断深入，我国高校英语教学正在经历更为深刻的变革。在信息技术发展日新月异的今天，大数据、云计算、互联网等逐渐与教育相互结合，“智能”的力量正在重塑着教育的形态，互联网成为变革教育的一大契机。关于互联网时代背景下学习空间重构与混合式学习设计，信息技术不仅能够为教育战略目标的落实提供高效率的工具，其普及与渗透性还会改变一些重大战略实施的生态环境，从而对这些战略落实提出变革性的思路和挑战；教育信息化是教育现代化的核心特征。互联网时代下时代带动了慕课、微课、微信＋移动网络的兴起和发展，为拓展英语教学手段及方法提供了可能。利用慕课、微课、微信+移动网络所创建的英语听说读写教学新模式打破了传统课堂授课模式的限制，改善了师生间的关系及师生话语权，改变了师生角色，增添了师生间传统课堂上的感情，满足了学生个性化、多样化的学习需求和碎片化学习特点。

本书是高校英语教学方向的书籍，主要研究互联网时代下高校英语教学，本书从高校英语教学的基础介绍入手，针对高校英语教学思维以及互联网时代下的高校英语课程、互联网时代下的高校英语课堂教学、互联网时代下的高校英语教学模式进行了全面的分析研究；另外对互联网时代下高校英语教学创新以及互联网时代下高校英语教师的发展提出了一些建议；本书结构严谨，内容全面，将理论与实践紧密结合，对互联网时代下高校英语教学的研究创新有一定的借鉴意义。

本书由抚顺职业技术学院王悦、贵州医科大学黄亮、黑龙江护理高等专科学校江大伟著。具体撰写分工如下：王悦负责第五章至第七章的撰写工作（共计15.9万字），黄亮负责第三章至第四章的撰写工作（共计8.1万字），江大伟负责第一章至第二章的撰写工作（共计8.1万字）。王悦负责全书的统稿和修改。

由于作者时间仓促，本书在写作过程中难免存在疏漏之处，敬请各位读者指正。

目录

第一章 高校英语教学理论

第一节 高校英语教学基本原则与目标

一、高校英语教学的基本原则

（一）交际性原则

语言是交际的工具，人们主要通过语言来交流思想、传递信息。交际是在特定语境中说话者和听话者、作者和读者之间的意义转换。由此定义可以得出以下几点启示：①交际包括口语和书面语两种交际形式；②交际总是发生在一定的语境之中；③交际需要两个以上的人参与并产生互动。

学习英语的首要目的就是使用英语进行交际，而英语教学的首要目标就在于培养学生的交际能力。交际能力的核心就是能够运用所学的语言知识在不同的场合下与不同的对象进行有效的得体的交际。因此，英语教师在英语教学中首先要贯彻交际性的原则，使学生能用所学的英语与人交流，要在教学过程中努力做到以下几点：

1. 充分认识英语课程的性质

英语课首先是一种技能培养型的课程，要把语言作为一种交际的工具来教、来学、来使用，而不是把教会学生一套语法规则和零碎的词语用法作为语言教学的最终目标，要使学生能用所学的语言与人交流，获取信息。在教学过程中，教、学、用三个方面构成一个有机的相辅相成的统一体，其中的核心在于使用。因此，教师转变以往陈旧的教学观念，认清课程的性质，是落实交际性原则首先需要解决的问题。

2. 创设情景，开展多种形式的丰富多彩的交际活动

语言是交际的工具，而交际的发生总是处于特定的情景之中。情景包括时间、地点、参与者、交际方式、谈论的题目等要素。在某一特定的情景中，讲话者所处的时间、地点以及本人的身份都制约他说话的内容、语气等。因此，在基础英语教学中，要使教学的内容置于一种有意义的情景之中。而且，在一定的情景之下学习英语，可以使学生身临其境，提高学习英语的兴趣。因此，英语教学活动要充分考虑交际性的特点，结合教

材的内容，尽量利用各种教具，创设与学生生活密切相关的各种情景，进行真实或逼真的英语交际训练活动，这样不仅使学生学有兴趣，学有成效，而且能够做到学用结合。

3. 注意培养学生语言使用的得体性

英语教学的首要目标在于培养学生进行有效交际的能力，传统的英语教学只偏重于语法结构的正确性，而根据交际性原则，学生要具备良好的交际能力，需要能够在适当的时间、适当的地点，以适当的方式，向适当的人，讲适当的话。这一点与上面一点密切相关，创设情景，开展多样的交际活动，课堂游戏、讲故事、猜谜语、编对话、角色扮演、话剧表演、专题讨论或者辩论等，都有助于学生在创设的情景中充分表现自己，从而掌握地道的语言。

4. 精讲多练

英语课堂的工作不外乎“讲”和“练”两种，前者是指讲授语言知识，后者是进行语言训练。在课堂上，适当地讲授一些语言知识是必要的，可以提高学习的效果。就如同学习游泳一样，在下水之前，教师讲解一些注意事项、游泳的动作要领，可以有助于提高学生在水里训练的效果。但是，英语首先是一种技能，技能只有通过实际训练才能获得。因此，教师必须清楚，讲解的目的在于帮助学生更好的训练。在语言训练的过程中要针对学生的具体问题给予“画龙点睛”式的点拨。这不仅有利于学生语言交际能力的培养，还有助于学生养成良好的学习与思维习惯。在进行了必要的讲解之后，要给学生留出足够的训练时间。

5. 注重教学内容与教学活动的真实性，贴近学生的生活

语言与现实生活密切相关，教学活动的设计与教学内容的选择一定要考虑这一因素。在英语教学中，要把语言和学生所关心的话题结合起来，要给学生足够的、内容丰富的、题材广泛的、贴近学生生活的信息材料。另外，教学内容的真实性还要求教材的语言和教师的语言是真实的，就是说教材的语言和教师的语言应该是英语本族人在交际过程中所使用的语言，而不是专为教学而编写出来的。

（二）兴趣性原则

兴趣是最好的老师，是推动学生学习英语的最强有力的动力。学习兴趣是学生积极探求事物并带有感情色彩的认识倾向。它可以使学生在学习活动中变得积极主动，从而获得更好的学习效果。学习兴趣有定向功能、动力功能、支持功能和偏倾功能：①定向功能。学习兴趣作为影响学习过程的一种非智力因素，其作用是最为明显，也是最为持久的，它往往决定着学生的进取方向，为学生一生的事业奠定基础。②动力功能。学习

兴趣与人的情感活动密切相关，可以直接转化为学习的动力。当学生对英语学习具有浓厚的兴趣时，学习就不再是一种负担，而是一种乐趣。③支持功能。英语学习是一个漫长而又复杂的学习过程，伴随着许多的困难与挫折，学习兴趣在于克服困难、战胜挫折、保持旺盛的精力，对学习起着支持的作用。④偏倾功能。人们往往从自己的兴趣出发去审视事物。表现在英语学习上就是每个学生的兴趣不同，他学习的侧重点也就有所不同。有的学生对记忆单词特别感兴趣，有的学生特别喜欢阅读英语文章，还有一些学生特别喜欢用英语写点东西。对于这些侧重点的差异，教师需要因势利导，在学生原有侧重点的基础上，引导到全面正确的轨道上来。为了激发和培养学生学习英语的兴趣，教师应该做到以下几点：

第一，充分了解学生的生理与心理特点，尊重学生的主体性。学生是学习的主体，是整个学习过程的核心承载者。基础英语教学要从学生的心理和生理特点出发，改变传统的学习方式，让学生通过体验和实践进行学习。传统的语言学习方式强调学生在初级阶段要学好音标，学好语法，记忆一定量的词汇。英语课程必须从学生的心理和生理特点出发，遵循语言学习规律，从改变学生的学习方式入手，通过听做、说唱、玩演、读写和视听等多种活动方式，达到培养兴趣、形成语感和提高交流能力的目的，尤其是在学习的初级阶段更要如此。

第二，防止过于强调死记硬背、机械操练的教学倾向。英语学习需要一定的死记硬背和机械操练的活动。过多的机械性操练很容易导致课堂教学的死板与乏味，容易使学生失去或者降低学习英语的兴趣。为此，应该重视科学地设计教学过程，努力创设知识内容、技能实践和学习策略，以营造启动学生思维的教学环境，帮助学生通过各种渠道获取知识，加速知识的内化过程，使他们能够在听说读写等语言交际实践中灵活运用语言知识，变语言知识为英语交际的工具。这样，学生在获得交际能力的同时，综合素质也会得到相应的提高，学生的学习兴趣才会得到巩固与加强。

第三，挖掘教材，激情引趣。教材是英语教学的核心，教师要想最大限度地调动学生的积极性，就要在备课时认真的研究教材，挖掘教材中的兴趣点，使每节课都有新鲜感，都有让学生感兴趣的内容和活动。

第四，善于发现学生的进步，多鼓励表扬，培养学生的自信心和成就感。对于学生来说，学习兴趣的保持在很大程度上取决于学习的效果，取决于他们能否获得成就感。因此，教师要通过多种激励的方式，如奖品激励、任务激励、荣誉激励、信任激励和情感激励等，激发学生积极参与、大胆实践、体验成功的喜悦。

第五，注意发现和收集学生感兴趣的问题，把这些问题作为设计教学活动的素材。

例如，有的教师为了讲授英文字母，自己编排了英语字母体操，在教学生认识英文字母的同时，让学生通过肢体的动作加深了对英文字母的印象，也吸引了同学对英文字母的兴趣。

第六，增强教师与学生之间的交流。一个班级的学生来自不同的家庭与环境，教师要平等地对待每一个学生，对学生充满爱心，通过各种形式与学生进行交流，真心地与学生交朋友，用自己对工作、对学生的热爱去影响学生，而且教师要活泼，富有幽默感，懂得学生的尊重与喜欢。实践表明，一个学生对某一门课程的喜欢与否，往往取决于他对于该授课教师的态度。另外，教师还要寓思想教育于教学之中，结合英语教学培养学生的道德情感和对英语学习的热情，创造和谐、宽松的课堂气氛，注意保护学生的自尊心。好的情绪转到学习中就会变为一种兴趣和动力。教师在严格要求学生的同时，还要给学生创造一种和谐的学习氛围，通过一个眼神、一个手势、一个微笑或一句赞许的话去影响学生。

第七，改变传统的英语测试方式。应试教育是学习兴趣的最大杀手。基础英语课程的评价应以形成性评价为主，采用学生平时教学活动中常见的方式进行，重视学生的态度、参与的积极性、努力的程度、交流的能力以及合作的精神等。评价可采用等级制或达标方法记成绩，不应对学生按成绩排队或以此作为各种评比或选拔的依据。

（三）灵活性原则

灵活是兴趣之源，灵活性原则是兴趣性原则的有力保障。语言是生活的一个必要的组成部分，是一个充满活力、不断发展的开放性系统。语言本身的性质以及学生的自身特点要求教师在英语教学中要遵循灵活性的原则，要在教学方法、语言学习和语言使用方面做到灵活多样，富有情趣。

1. 教学方法的灵活性

在英语教学史上曾经出现了许多种不同的教学方法和流派，例如语法翻译教学法、视听教学法、交际教学法等等，每种方法都有其自身的优势与不足，教师应该兼收并蓄、集各家所长，切忌拘泥于某一种所谓流行的教学方法。英语教学包括语言知识和语言技能两个方面：语言知识包括语音、词汇、语法等内容，不同的语音、不同的词汇、不同的语法项目都具有不同的特点；语言技能包括听说读写等四个方面，其中又包括许多微技能。而学习者的个体差异也是千差万别的。因此，在英语教学过程中要综合学生、教学内容以及教师自身的特点，创造性地开展多种多样的教学活动，充分体现教学方法的多样性和创新性，使英语课堂新鲜有趣，从而激发学生学习英语的热情，挖掘学生的潜能。教学的内容也要体现多样性的原则，不光要教英语，还要教学习方法，结合英语教学来教学生。

2. 学习的灵活性

教学方法和教学内容的灵活性可以有效地带动英语学习的灵活性。要努力改变以往单纯的死记硬背的机械性学习方法，帮助学生探索合乎英语语言学习规律和符合学生生理、心理特点的自主性学习模式，使学生能够自我导向、自我激励、自我监控，使静态与动态结合，基本功操练与自由练习结合，单项和综合练习结合。通过大量的实践，使学生具有良好的语音、语调、书写和拼读的基础，并能用英语表情达意，开展简单的交流活动，开发听说读写综合运用语言的能力。

3. 语言使用的灵活性

英语学习的关键在于使用，教师要通过自身灵活地使用英语来带动和影响学生使用英语。教师应尽可能多地用英语组织教学、用英语讲解、用英语提问、用英语布置作业等等，使学生感到他们所学的英语是活的语言。英语教学的过程不应只是学生听讲和做笔记的过程，而应是学生积极参与，运用英语来实现目标、达成愿望、体验成功、感受快乐的有意义交际活动的过程。另外，教师还可以通过灵活性的作业使学生灵活地使用英语，作业的布置应侧重实践能力，如可以让学生录制口头作业，让学生轮流运用英语进行值日报告，陈述和评议时事、新闻等。

（四）宽严结合的原则

所谓的“宽”与“严”是指如何对待学生在学习过程中所出现的语言错误，也就是如何处理准确和流利之间的关系。外语学习是一个漫长的内化过程，学生从开始只懂母语，一直到最后掌握一种新的语言系统，需要经过许多不同的阶段，从中介语的观点来看，在各个阶段，学生所使用的语言是一种过渡性语言，它既不是母语的翻译，也不是将来要学好的目标语。这种过渡语免不了会有很多的错误。传统的分类方法将错误分为语法、词汇和语言错误。语法错误又被进一步分为冠词、时态、语态错误等。这种分类方法，主要基于语言形式，而忽视了语言的交际使用。对于各种错误的分析，是第二语言习得研究的重要课题，因为通过对于这些错误的分析，可以发现学生的学习策略，其实这些策略也正是学生产生这些错误的原因。第一个原因就是迁移。需要说明的是，许多人都想当然地认为迁移是外语学习者产生错误的主要原因，但是许多研究表明，由母语干扰所造成的错误在所有错误中所占的比例并不高。第二个原因是过度概括。学习者根据他所学的语言结构作出概括，然后去创造出一些错误的结构。

对待错误，有两种极端的做法是不可取的。一是把语言错误看得非常严重，“有错必纠”。这些人的理由是学生正处在英语学习的初期，一定要学到正确的东西；如果对学生的语言错误听之任之，一旦养成习惯就很难改过来了。结果在学生讲英语时，教师往往会抓住学生的错误不放。这样很容易挫伤学生学习英语的积极性，他们十分害怕犯错误，久而久之就不敢开口讲话了。另一种极端的看法是对学生的语言错误视而不见。这些人的理由是熟能生巧，只要多说就能慢慢自我克服这些错误。这类教师强调的是学生语言的流利程度，结果导致学生毫不注意语言的准确性。

语言错误是学习英语过程中的必经阶段。出错—无意识错误—出错—意识错误—出错—自我纠正错误，是对于每一个英语学习者来说的必经之路，没有这个过程就不可能达到流利的程度。因此，要鼓励学生不怕出错，而且要耐心地倾听学生“支离破碎”的英语，并给予纠正指导。一方面教师要坚持用正确的语言熏陶学生；另一方面，当学生的语言错误影响到信息的传递时，要在鼓励的前提下进行必要的纠正，从而保证以后学生使用英语的准确性。也就是说，在英语教学中，教师应该采取宽严结合的方法；当以交流为目的时，对学生的语言错误采取宽容的态度；当以语法学习为目的时，则采取严格的态度。这样宽严结合，既保证了学生具有扎实的语言基础，又有利于鼓励学生大胆使用英语。

宽严结合的原则实际上就是要正确处理准确和流利之间的关系。“没有准确，流利就失去了基础”这句话是对的，但是这种说法只是强调了准确的重要性，正确的态度应该是“既要强调准确性，又要重视流利程度”。教师可以区分两种情况：对于初学者，不要过分纠正其语言中的错误，而要更多地鼓励他们使用英语进行交际；对于中等以上的学习者，可以适当地纠正其语言中的偏差，但是要以不打击他们的学习积极性为前提。

（五）输入输出原则

“输入”是指学生通过听和读接触英语语言材料，“输出”是指学生通过说和写来进行表达。心理语言学研究表明，输出建立在输入的基础之上；在此意义上，输入是第一性的，输出是第二性的。首先，在人们学习英语的过程中，能理解的总是比能表达的要多。换而言之，人们所能听懂的，永远比能说的要多；而所能读懂的，又比所能写得多。其次，语言输入的量越大，语言输出的能力就越强。也就是说，学生听的东西越多，读的东西就越多，表达能力也会越强。有效的语言输入应具备以下三个方面的特点：第一个特点是可理解性。如果学生不能理解所输入的语言，那么这些输入无异于噪声，是不能被接受的。第二个特点是趣味性或恰当性。所输入的语言材料还要使学习者感兴趣。要使学生对语言输入感兴趣，最好是使他们意识不到自己是在学外语，而是把其注意力放在意义上。第三个特点是足够的输入量。目前的外语教学严重地低估了语言的输入量的重要性。要习得一个新句型单靠做几个练习甚至读几段语言材料是远远不够的，还需要数小时的泛读以及许多的讨论才能完成。教师在教学过程中应该注意以下几点：

1. 尽可能多地让学生接触英语

要通过视、听、读等手段，多给学生可理解的语言输入，如声像材料的示范、贴近学生日常生活和学习、适合学生的英语水平、具有时代特色的读物等。另外，学生学习的内容不要局限在课本之内，教师应该打破课内外的界限，帮助学生扩大语言接触面。

2. 输入内容和输入形式的多样化

学生接触的英语既要有声的，又要有图像的，还要有文字的，而且语言的题材和体裁以及内容要广泛，来源多样化。比如在日常生活中，尤其是在大中城市中，每天都会接触到许多英语，比如文具、衣服、道路标志、电器等上面，就有许多英语。如果教师能利用这些，学生们就能轻轻松松地学到英语知识。另外，教师还要注意根据上述语言输入的分类，尽可能地为学生提供多种形式的输入。

3. 首先强调学生的理解能力

只要学生能理解的，就可以让他们听，让他们读。而且，还可以只要求学生理解，而不必立刻要求他们用说或写的方式来表达。从教学目标而言，对语言技能应该有全面的要求，但是从教学的方法来看，应该先输入，后输出。

4. 提供的语言材料的要求

为学生提供的语言材料要符合学生的实际情况，要符合可理解性和趣味性与恰当性的要求。当然，仅仅依靠语言的输入是不可能掌握英语，形成综合运用英语的能力的，还需要通过口头和笔头的表达来检验和促进语言的输入。在增加可理解的语言输入的同时，在理解的基础上不断进行有效的实践活动。这些实践活动在基础英语教学中包括一定的模仿练习。学习语言的确需要模仿，问题的关键在于如何模仿和模仿什么。如果只是机械地模仿，只注意语言的形式，那并不能保证学习者能在生活中真正的使用语言。比如只是要求学生注意语音、语调的准确，只要求死记硬背句型结构，而没有使学生真正了解这些句型结构所表达的含义，学生并不能在课外使用。模仿最好是模拟生活中的真实情景，注意语言结构所表达的内容，这种模仿才是有效的。尤其是在结对练习、小组练习的时候，让他们根据实际的情况使用所学习的语言，学生才能把声音和语言的意义结合起来。外语教学的研究人员还提出，不仅要有“可理解的输入”，还要有“可理解的输出”。

二、高校英语教学的目标

（一）帮助学生理解英语

“教师使学生懂英语”这个过程仍然是一个使能过程，但不是使学生掌握技能和学习本领——像开车或修理机器一样，而是使学生动脑筋，学习语言知识。学生的学习过程不是一个行为过程，而是一个心理过程，教学的中心仍然是学生。

在这个过程中，学生是中心，是关键的参与者，而教师只是帮助者和使能者，与第三种情况相同。教师的任务是提供学生所需要的一定量的知识。这里需要考虑的是“知识”一词。在此，“知识”纯粹是有关语言的特点和运用的知识。它既表示学习英语意味着学会有关语言的知识，也表示学会说这种语言。这两种解释实际上代表了两种不同的教学模式。从第一种模式的角度讲，学习知识可以只让学生理解和记忆即可，而不必要让学生去进行实际的操练和实践，其重点是心理活动。从第二种模式的角度讲，学生不仅要理解和记忆所学的知识，还要学会实际的语言运用技能，学会把所学的知识运用到实际语言交际中去。同时，还要学会在一定的文化语境中，即在目标语文化中，从事所要进行的交际活动和学会语言要完成的交际功能，以及所要运用的语言知识。这样，教学的目标可以有两种：使学生学会有关语言的知识和使学生会讲这种语言。

（二）教师帮助学生学会英语

“教师使学生学英语”，在这一教学过程中，学生学习英语，教师帮助他们达到目的。学生是行为者，是教学的中心。教师是使能者，可以采用各种各样的手段来帮助学生学习英语，例如，可使用各种各样的现代化技术和设备来帮助学生学习。

这种教学模式距离现代教师对教学的认识十分接近。教师首先考虑的是学生，而他们自己的角色就是指导和帮助学生。但现在教师没有考虑的是学生的任务是什么性质的，是什么样子的，只是想当然地认为学生如何学习。也就是说，对教学目标没有很好地进行限定。从教学方法和程序上讲，教师把教学的主体变成学生，教师的角色只是帮助学生达到学习目的，应该说这是一个很大的进步。但这个过程所提供的是一种方法，并没有提供教什么。教师可以根据让学生自己学，由被动变主动来考虑学什么和达到什么目标的问题：这个教学过程的目标是使学生学会英语。

以上所讲都是物质层面的过程，也就是说，教学的过程被看作是一种行为和动作，是做事情，是完成任务，等等。

（三）给学生传授语言知识

“教师把英语传授给学生”的教学过程在此被视为一个物质交流过程。在这个交流过程中，主要的参与者是给予者和礼物，即教师和他所教授的语言，而学生的存在是偶然的，他只是被给予的对象。从人际交流的角度讲，教师像赠送钢笔等物品一样，把英语“给予”学生。在这种情况下，教师通常要教给学生他们自认为是“好”的英语，如“标准英语”“文学英语”等。在这种交流过程中，教师处于绝对控制地位，学生则完全处于被控制的地位。所以，学生认为什么是好的英语是无关紧要的，因为他没有发言权。教学的重点是语言，施事者是教师，学生只是受益者，接近情境成分。这似乎是传统外语教学的模式。教学的目标是教给学生自己认为是“好的”或者是“美的”英语，使学生学会标准的、高雅的英语。从方式上讲，教师在不停地教，而学生则只能不停地接受。教师通常为自己所选择的美的教学材料，或者是美的教学方式所陶醉。教师的快乐在于知道学生懂得了自己在课堂上所教授的内容并且欣赏自己的教学内容和课堂表演。

（四）训练学生的英语技能

“教师用英语教导学生”，从人际交流的角度讲，这一教学过程的重点仍然是教师，学生是参与者之一，但只是一个被动角色。他的参与受到外界因素的影响，受到教师行为的支配，他没有学习的主动权。但在这一过程中，教师不再是简单地像给予学生东西一样把语言传授给学生，而是使学生提高了技能，达到教师的训练目标。从课堂内容的角度讲，在这一教学过程中，教师通常提供大量的课堂训练和练习，以及大量考试。教学目标是使学生掌握运用语言的技能。

从教学方式上讲，教师主要给学生大量训练，开展许多活动，学生是这些活动的参与者和训练对象。这种教学模式既相似于传统教学法中教师主导一切的模式，也相似于模式训练法的教学模式，学生只是被训练的对象，自己没有主动权，所以难以发挥学生的主观能动性。这是一种结构主义和行为主义的教学模式。教师的任务不是主要使学生学习语言知识，而是获得语言技能。但这种技能不是实际运用语言的能力，而是一些语言模式，而且这些模式大部分是一些根据结构主义理论提炼出的语言结构模式，而不是根据情境语境中的语境模式而提炼出来的语言功能模式。

（五）发展学生的意义潜势

“教师使学生成为讲英语的人”，在此，教学过程被看作是一个关系过程。教师仍然是一个使学生能够做某个事情（讲英语）的人，但他不仅仅是使学生能够做某个事情，而是使学生成为一个能讲目标语的人。语言被视为一个“潜势”，称为“意义潜势”。教学的目的是使学生掌握这一潜势，使学生会用语言来表达意义。这显然既包括使学生掌握有关语言的知识，也包括使学生掌握语言表达的能力，学会用所学的语言说话。

通过对以上几种教学模式进行比较分析可以发现，教学过程主要被看作一个物质过程，是一种活动，主要参与者是学生和教师。即使是心理过程，教师也是一个使学生做事情的人，是个“控制者”，而不是感受者。但在这个过程中，教师所起的作用是不同的，他可以作为控制者和行为者，学生是目标，也就是说，学生只能被动地接受教师所传授给他的任何他认为重要的东西；教师也可以作为训练者、教练，让学生做一系列活动和动作；教师是指挥和指导者，学生是活动的进行者、行为者；教师还可以是使学生做事的人，组织学生从事一系列学习活动。这几种模式有一个共同点，就是教师的作用越来越趋于向背景移动，而把主要角色让学生来承担，学生越来越成为教学活动的主角和中心。这是现代语言教学理论和方法发展的趋势。通过对以上几种教学目标的分析和比较可以发现，英语教学中的目标可以是：

①帮助学生理解英语；

②教师帮助学生学会英语；

③给学生传授语言知识；

④训练学生的外语技能；

⑤发展学生的意义潜势。

但英语教学的主要目标是教授掌握外语的技能。英语知识的学习只是辅助的，有利于促进外语学习，但不能代替外语技能的训练。英语教学的较高目标模式应该是综合性的，以发展学生的意义潜势为主的目标模式，最高目标应该是培养学生的跨文化交流能力。

（六）跨文化交流能力的培养

随着英语教学改革的深入，培养学生交际能力的意识越来越深入人心。但在英语教学实践中，尽管教师在培养学生听说读写及言语技能方面花费了大量心血，但教学效果并不明显。严格地说，目前高校英语教学还没有突破语言知识的掌握和言语技巧的训练的框框，学生所学到的更多的是语言表面的知识。因此，英语教学仅仅重视言语技能的训练是不够的，还必须注重交际能力的培养。实践证明，言语技能的训练不能自然生成交际能力；交际能力的形成除了语言因素外，还有社会文化能力、语境能力、行为能力等诸多要素。因此，要想培养学生的英语交际能力，除了传授语言内容和进行言语技能训练外，还必须努力对学生进行跨文化条件下语言能力、语用能力等的专门培养和训练，以提高学生在特定的社会文化情境中的跨文化交流能力。

培养学生的跨文化交流能力是英语教学的最高目标。英语教学的过程实际上是一种文化适应的过程。一方面，它要求学生把目标语文化也就是英语文化与自身现有知识进行等值条件的转换；另一方面，它又要无条件地但又积极地理解、吸收与本国文化不同的信息。由于英语与汉语的语法差距，因此，学习英语不可避免地遇到文化差异造成的障碍和困难。为了消除这种障碍，英语教学就必须强化文化教学，即在教学过程中相应地进行英语语言文化教学。从英语教学的角度讲，教授语言知识和培养言语技能是前提、是基础，而跨文化交流能力的培养是前者的深化和提高。前者是手段，后者是目标。

第二节　高校英语教学的方法与手段

一、高校英语教学方法

外语教学法是一门研究外语教学论和教学实践、外语教学过程和教学规律的学科。长期以来，外语教学界最为重视的就是外语教学法。因为，在其他条件等同的情况下，不同的教学方法会导致完全不同的教学效果，随着时代的发展，外部整体的学习环境发生了很大变化，教学模式也做出了相应改革，学生可以不再像以前那样完全依赖学校或者教师的授课，英语学习朝着个性化、主动式的方向发展。教学中若没有相应的教学方法，教学内容就不能很好地传授，教学目的就难以达到。自高校英语教学大纲推行以来，我国的高校英语教学取得了很大的进步，主要表现在英语教学改革初见成效、教学设施得以改善、大学生的英语水平在逐年提高等方面。在高新技术迅速发展的今天，社会对于外语人才的要求越来越高。学生不仅要有扎实的语言知识，还要具备良好的综合素质和交际能力，因此，为了顺应变化的学习环境和教学模式，满足新形势下外语人才的培养需要，我国高校英语教学的当务之急就是改革某些陈旧的教学方法，创造新的教学方法，寻找最优教学法。“最优教学法”就是适应特定的社会环境、教学环境、教学对象、教学目的要求的教学法，目的是在充分发挥现有条件的基础上达到最好的教学效果，而不是追求统一的、唯一的方法。任何教学法都有其产生的特定背景，并不能服务于所有教学目的，也不能适用于各种学习阶段。能达到最好教学效果的方法就是最优教学法。各高校在选择教学法的时候，要充分考虑学校教学环境、教学设备、学生整体水平以及师资力量等客观因素，结合教学目的与任务、教学内容、教学组织形式等教学基本成分，对现有的外语教学法进行重新组合搭配。

（一）高校英语传统教学法

外语教学法是外语教学过程中的一个重要成分，是为完成教学任务、实现教师怎样教、学生怎样学以及师生相互作用所采用的方式、手段和途径。外语教学法是一定历史背景和社会环境的产物，是根据不同教学阶段以及教学要求决定的；不同的外语教学法产生于改革外语教育的实践，受制于外语教育的目的，不同的外语教学法并非相互对立，而是长期相互依存的。各类教学法在见解方面需相互借鉴，理论内容互相融合。

一方面，英语教学法总是处于继承、发展、创新的过程中，正是这种历史继承性使综合与折中的趋势有了存在发展的可能；另一方面，高校英语改革是与时俱进的，是时代发展的要求。因此，可以说高校英语教学改革不是照搬外国的理论，而是以高校英语教学方法运用的现状与时代要求为立足点，选择一种既符合高校英语教育教学现状又符合时代需要的英语教学方法。由于受不同语言学基础和心理学基础的影响，早期传统教学法往往比较注重语言结构和语言规则的掌握，而相对后起的一些教学法如交际法，则比较注重语言意义和语言功能的掌握。我国高校英语教学中正在使用的、有代表性的几种方法可概括为：语法翻译教学法、情境教学法、交际教学法、任务型教学法、直接教学法。

语法翻译教学法始于 18 世纪，是随着现代语言作为外语进入学校课程而形成的第一个有影响的外语教学方法体系，也是我国早期高校英语教学主要采用的方法。语法翻译教学法强调学生母语在教学过程中的重要作用，强调母语和英语的共同使用，认为将母语与英语的异同挖掘出来有助于学生更加明确地理解英语。现代语法教学法主张以语法为语言的核心，是外语学习的主要内容，教师只需具备外语语法基础知识和母语与外语互译能力就可在语法理论的指导下开展教学。课堂教学以教师讲解为主，学生被动接受，使语法为阅读教学服务；语法翻译法把口语和书面语分离开来，把阅读能力的培养当作首要的或唯一的目标。因此，语言知识的提高、词汇的理解、语法的变化成了课堂的教学重点。在教学中，翻译既是手段又是教学目的，对语法学习的强调，对理性知识的重视，虽然加深了学生对目标语言的理解，对阅读、翻译、写作等方面的培养行之有效，可是围绕着语法规则的记忆与机械操练，学生运用英语进行口头、书面交际的能力仍然比较薄弱。

情境教学法也叫视听法，主要针对听说法脱离语境、孤立地练习句型、影响学生有效使用语言能力培养的问题。20 世纪 50 年代在法国产生了情境法。情景教学法是教师根据课程所描绘的情景，创设出形象鲜明的投影图画片，辅之生动的文学语言，并借助音乐的艺术感染力，再现课文所描绘的情景表象，师生就在此情此景之中进行着的一种情景交融的教学活动。在情境教学法中，语言被看作是与现实世界的目标和情景有关的有目的的活动。同时还会激发学生学习英语的积极性和热情，帮助学生更为准确和牢固地完成对于英语知识点的记忆。通过获得有价值的感性材料，可以实现英语教学理论与实践的有机结合，为英语的语言知识学习提供良好的条件。但是，情境法的不足之处是在运用过程中强调通过情景操练句型，在教学中只允许使用目的语而完全排除母语，这不利于对语言材料的理解和运用；教师若过分强调整体结构感知，就无法保证学生对语言项目的清楚认识。

交际教学法也叫“功能法”或“意念—功能”交际法。交际教学法使语言教学观发生了革命性的变化，在外语教学中发挥了巨大的作用。它提倡以语言功能项目为纲，强调在语言运用中学习语言，从而实现培养交际能力的教学目的。交际教学法在师生共建的课堂互动模式中给学生提供了更多使用语言的机会，它在继承传统教学法合理成分的基础上，将学生能够运用英语语言能力作为学习的目的。它强调交际的过程，认为有没有一个具体的目标和明确的结果并不重要。交际教学法认为语言是实现交际目的的手段，但是仅仅具有听、说、读能力并不一定就能准确地表达意念和理解思想，因为语言的交际功能受制于语言活动的社会因素，教学过程就必须交际化。这就意味着要尽可能避免机械操练，而应该让学生到真实的或接近真实的交际场合进行练习，感受情景、意念、态度、情感和文化修养等因素是如何影响语言形式的选择和语言功能的发挥的。因此，教师应该借助课堂或者多媒体教学，多为学生创造、提供交际情景和场合，在真正意义上实现“用语言去学”和“学会用语言”，而不是单纯的“学语言”，更不是“学习关于语言的知识”。

任务型教学法是交际教学法和第二语言研究两大领域结合的产物，它代表了真实语境下学习语言的现代语言教学理念。任务型教学法是通过教师引导学习者在课堂上完成任务来进行教学的方法，强调“在做中学”，是交际教学法的延伸和发展，教育的重心从教科书和教师转到学生，教师引导学生在各种语言任务中学习。在课堂教学活动中，教师围绕特定的交际项目，创设出目标明确、可操作的任务，学生通过表达、交涉、解释、沟通、询问等多种活动形式完成任务，达到掌握语言的目的。任务完成的同时就是巩固旧知识，并且学习与运用新的语言知识的过程，从而达到学习语言和掌握语言的目的。任务教学法综合了多种教学法的优点，和其他教学法互相补充、相互完善。通过完成多样化的任务活动，学生的学习兴趣被激发，语言技能和语言知识得到了发展，对培养学生的语言综合能力大有裨益。这与传统的语言操练完全不同。任务型教学法充分体现了以学生为中心、以实现语言运用为目的的教学理念。

直接教学法是在外语教学中创造与儿童习得母语的自然环境相仿的环境，并采用与儿童习得母语的自然方法相一致的方法。语言是一种习惯，学习一种语言就是培养一种新的习惯，习惯的养成是靠反复使用形成的。因此，直接教学法主张不依赖学生的本族语，它是通过思想与外语的直接联系来教外语的方法。它主张外语教学应以语音训练为主，对语音的掌握是学好外语的关键，语音训练应充分利用音标。直接教学法强调建立外语同母语与实际的直接联系，以培养学生使用外语思维，这就为外语学习提供了一种生动活泼的学习方法。激发学生的学习兴趣，促进学生积极参与课堂教学活动，让学生实际掌握语言材料，再从他们积累的感性语言材料中总结出语法规则，用以指导以后的学习。直接教学法重视听觉感知和听觉记忆，对于培养学生的语音语调，特别是在培养学生的活动能力方面效果明显。它通过提出先听说、后读写的教学要求，把语言听说教学提高到前所未有的重要地位。

（二）教学活动中多种教学法的综合运用

高校英语教学在方法上越来越趋于多样化、折中化、本土化、学生中心化和学习自主化。这些变化促进了中国的高校英语教学改革。外语教学是一门实践性极强的课程，它需要一定的知识传授，但更需要活泼、较为真实的课堂教学氛围，以及作为英语学习主体的学习者的积极参与和大量的交际实践。教师的“教”和学生的“学”是教学的两个重要环节，需要教师和学生共同参与。那么如何在师生共建的课堂互动模式中，有意识地创造各种语言环境，积极调动学生学习英语的积极性，让学生正确地使用英语知识去表达、交流思想和传递信息，是外语教学法要解决的首要问题。这就要求教师在教学过程中灵活地选择有效的英语教学法在以计算机、多媒体和网络为辅助手段的基础上，将不同的教学法穿插使用。有效地调动学生学习英语的主观能动性，有助于教师及时对教学过程进行调控，同时可以加强学生与教师之间的有效沟通，帮助学生更好地提高自身的语言能力。教师对教学法进行选择时应注意兼顾几个原则，即知识的体系性、任务的多样性、情境的真实化。

英语教学法要帮助学生构建扎实的语言知识体系。高校英语的教学目标是培养学生的英语综合应用能力以及运用英语进行交际的能力。交际能力由两个方面组成：语言知识和交际实践。语言知识的积累可以提高交际能力；交际实践可以巩固学到的语言知识，并进一步促进交际能力的提高。在这两者的关系中，语言知识的学习是基础，也是最终为语言交际服务的。教师在开展教学的过程中可以参照语法翻译教学法，先讲授词法，然后再讲授句法，采用演绎法讲授语法规则，再举例子予以说明，语法练习的方式一般是将母语句子翻译成外语。在强调阅读作为外语教学的主要目标的同时，考虑对学生听、说、写能力的培养，这样的教学法在很大程度上有助于学生英语知识体系的建构。此外，强调母语和目标语言的共同使用：在课堂上，教师适当地采用母语进行解释，尤其是针对具有抽象意义的词汇和母语中所没有的语法现象，既省时省力又简洁易懂；再者，将英汉两种不同的表达方式进行比较，可以提高学生正确运用目的语的能力，因此在教学中可以灵活采用。

教学法能否调动学习者的学习兴趣是保证教学质量的关键，因此，在教学中教师应该确保学习任务的多样性。教师在设置任务的时候要以激发学生学习兴趣和成就感为出发点，围绕特定的交际和语言项目，设计出具体的、可操作的任务，让学生在任务的驱动下学习语言知识并进行技能训练，在感知、认知知识的过程中达到学习和掌握语言的目的。活动可围绕教材但不限于教材，要以学生的生活经历和实际交际活动为参照，不仅要有利于学生英语知识的学习、语言技能的发展和运用能力的提高，还应有利于促进英语学科和其他学科之间的相互渗透和联系，使学生的思维能力、想象力、协同创造精神等综合素质得到提高和锻炼。比如上课之前让学生利用课余时间通过图书馆、网络等媒介查阅相关资料，了解本单元的中心主题；建立学习小组，成员之间互相检查背诵、记忆教材内容或者根据课程内容提前安排小组排练表演并进行课堂展示等；在课堂上鼓励学生积极参与到各项学习、讨论、陈述中。由于学习任务包含有待实现的目标和需要解决的问题，因此会激发学习者对新知识、新信息的渴求。这样，学生通过实施任务和参与活动，就能促进自身知识的重组与构建，使摄入的新信息与学习者已有的认知图式进行互动、连接、交融与整合。

在教学中，教师应通过模拟真实情境来拓宽教育空间，增强学生的感受性，强化参与意识，从而有效地提高教学效果。传统的课堂教学被局限在教室中进行，现代信息技术的广泛应用使教育空间的拓展成为可能。教师可以在课堂教学中借助多媒体教学设置，为学生创设真实的语言环境或模拟情境，在模拟的情境中完成语言知识的学习和操练，在实践中提升交际能力。传统教学法的弊端之一就是教学法给学生造成一种距离感，形成“你讲我听”的被动状态。而情境教学法由于教师根据教材和心理理论创设了有关情境，从而缩短了师生的心理距离，强化了学生积极参与的意识。情境教学法强调在英语教学中充分利用生动、形象、逼真的意境，使学生产生身临其境的感觉，利用情境中传递的信息和语言材料，激发学生用英语表达思想感情的欲望，促进学生的语言能力及情感、意志、想象力、创造力等的整体发展。情境教学法的教学实践是以课堂教学为主线，综合运用多种办法创设真实语言情境，营造英语氛围。教师可以鼓励学生在课后使用视听设备和语言实验室来放映英语电影、收听英语广播、收看电视节目，通过情景、视听教学，让学生把握地道的语音、语调和了解西方的文化背景。情境教学法既能突破传统外语课堂教学的狭隘性、封闭性，拓宽教学空间，又能引起学生的兴趣，唤起学生的参与意识，提高教学质量，对外语课堂教学来说这是一种切实可行的教学法。教学要以重视、发展语言技能和交际能力为主，应采用多种交际功能项目，保证交际的趣味性。

由此可以看出，每种英语教学法自有它产生和存在的条件。在实际教学中教师应该仔细研究各种教学法的特点。熟悉并掌握其中的技巧，不能盲目地推崇某一种教学方法，否定另一种教学方法，应根据教学活动的具体情况综合使用各种教学法。事实证明，没有任何一种单纯的教学方法是万能的，过多地依赖或推崇某一种教学法的做法往往会在具体的教学实践上产生某种偏差，这不利于外语教学的进一步发展与提高。高校英语教学大纲要求教师不仅要向学生传授语言知识，训练语言技能，还要培养学生运用英语进行交际的综合能力。这一要求是立体的、多层次的，所以，教师在教学中必须秉着客观、实事求是的态度，结合教学特点、学生的实际情况以及现有的教学资源，选择合适的教学法，从而有效地开展高校英语教学。

二、高校英语的教学手段

教学手段是构成教学系统的重要因素之一，是为了实现预期的教学目的，的手段，是师生教学相互传递信息的工具、媒体或设备。高校英语教学应尽可能地为学生创设自主式学习环境，体现个性化教学。将多样化和立体化引入传统的英语课堂，这些要求对高校英语教学提出了新的挑战。高校英语教学需从调整教学观念及教学手段等方面入手，重新审视并合理地运用传统教学手段和现代化教学手段，使教学以更快的速度、更高的效率、最大限度地激发学生的学习动力及开发他们的潜力，以保证新形势下高校英语教学的质量。

现代信息技术的应用和普及尤其是多媒体技术和网络技术的结合，为外语教学提供了强大的技术手段，特别是多媒体外语教学软件的出现给外语教学带来了勃勃生机，在教学中充分利用以多媒体技术为核心的现代教育技术是高校英语教学改革和发展的必然要求，是各高校英语改革的主要方向。传统的英语教学模式主要是面对面的单向式课堂教学，多媒体网络教学以其形象性、生动性、先进性、高效性等特点弥补了传统教学中的不足，成为现代化教学的一种重要手段而被广泛采用。

（一）现代化教学手段的优点

现代化的多媒体教学手段集声音、图像、视频和文字等媒体于一体，具有形象性、多样性、新颖性、趣味性、直观性、丰富性等特点。它可以根据教学目的、要求和教学内容，创设形象逼真的教学环境、声像同步的教学情景、动静结合的教学图像、生动活泼的教学气氛。它是现代科学技术的发展在教学中的反映，具有直观性强、智能化的特点。多媒体的应用可以用来设计全新的整体教学过程和交互性、个性化的训练方式，促使教学过程发生根本变化，形成教师、学生、教材和教学方式的新组合，能为语言学习者提供一个良好的视觉、听觉交互式语言环境，起到其他教学手段无法比拟的教学效果。与传统的教学手段相比，多媒体辅助教学有着明显的优势。多媒体是集图、画、视频、音频与文本于一体的教学手段，它从视觉、听觉与感觉等方面同时刺激神经系统，使学生动脑、动眼、动嘴、动耳、动手，积极地开展思维活动，提高语言交际能力。教师在多媒体教室使用现有的多媒体软件，通过动态过程的演示和模拟情境，将知识以图文并茂的形式展示出来，通过形象逼真、色彩鲜艳的画面、生动有趣的形式充分刺激学生的多种感官，使单调的书本知识形象化、具体化，可极大地激发学生学习的兴趣，为学生参与听、说训练创造良好的气氛和环境。同时，学生可以借助计算机，根据各自的喜好选择不同的学习内容，既可听单词、课文的朗读，也可以通过虚拟课堂讨论、角色扮演、游戏等来培养英语思维能力，可有效地提高英语的实践能力。

现代化教学手段能够增大课堂信息容量，提高授课效率。课堂教学中引入多媒体课件，可以增加课堂信息量，大幅度降低教师的劳动强度，提高课堂效率。传统课堂教学需要教师写板书、学生记笔记，教师与学生的劳动强度都较大。计算机多媒体技术的发展为教学提供了强大的技术支持，教师可以运用计算机事先准备好授课内容，制作汇集大量的文本、图形、图像、视频、音频资料课件，可以充分利用课堂时间。多媒体课件包含的信息量大，以其信息和数据表达的多样性，可调动学生多种感觉器官参与学习，更增强了学习的趣味性，从而提高授课效率，相比于传统教学而言，在同样的时间里可以呈现更多的信息，因为多媒体教学节约了教师写板书的时间，降低了教师的劳动强度，使教师可以在单位时间内向学生传递更丰富的知识，而且可以有效地压缩课内教学学时，给学生以更多的讨论、小组活动、师生互动的时间。教师也可在课后将课件输送在校园服务器上，供学生随时查阅，这无异于给学生提供一本完整的课堂笔记，从根本上解决了学生上课时听与记之间的矛盾。

（二）现代化教学手段的不足

现代化教学手段虽然是一种先进的教学手段，但是目前它还不能完全代替传统教学活动，因为多媒体教学手段在英语课堂教学中主要是起辅助作用的，而不能本末倒置。在具体的教学实践中，现代教学方式中的问题也逐渐暴露出来。

多媒体课件过于注重形式，忽略教学内容。在多媒体网络教学中，教学课件起着重要的作用，它的优劣直接影响着教学效果。而真正用于教学内容的反而变少，不利于备课。比如部分教师在制作课件过程中，过分注重形式，加入过多的图像、动画，结果教学过程出现主次不分、杂乱无章的现象，导致学生上课时一味地欣赏课件中的图案和动画效果而忽略了教师的讲解和重要的知识点。

多媒体和网络的使用给大多数学生提供了自主学习的机会，锻炼了他们的创造性和主动性，然而在这一过程中，由于缺乏教师监督，学习效果的好坏在很大程度上取决于学习者的自觉性，难以保证教学质量。在传统教学中，学生基本能跟着教师完成教学任务，教师对于学生的表现可以实现监控，教师的警示会约束学生走神，教师的暗示会启发学生的联想思维。但是现代教学手段由于强调学生的自主学习，教师的主导监督作用往往不起作用，学习自主性较差的学生就不能得到较好管理。另外，多媒体课件上的学习内容繁多，学生往往分不清学习的主次和重点，又缺少有效的监督和管理，无法检索自己所需的资源而影响学生的学习。

因此，鉴于我国外语教育的师资配备、教学配套设施的建设和完善程度，单纯凭借现代教学手段是无法保证高校外语教学的顺利开展的。为了提高高校英语的教学质量，在教学中就要将多媒体教学与传统教学相结合，各取所长，充分发挥传统教学手段和现代化教学手段的优势，这样才能取得满意的教学效果。

（三）传统教学手段与现代化教学手段的运用

教学手段是教育者通过教学内容联系教育对象的桥梁，是教学主体与客体交流教育信息的物质基础。教学手段的运用直接影响师生之间信息传递的质量与效果，进而影响教育对象的思维发展。

传统教学手段主要是借助文本教科书、挂图、教师的大脑等记录、储存教育信息。教师备课认真，讲课内容丰富，讲课有条理。学生通过观察教师的表情、动作等肢体语言，可以领会教师的用意，从而有助于对知识的消化和吸收，在课堂上师生交流的机会较多。与现代教学手段相比，以“粉笔 + 黑板”为标志的传统教学手段虽然过于费时、形式比较单一但却是在长期教学实践中保留下来的一种传播知识文化的方式。它在加强师生之间的互动关系、调动学生积极思考、通过教师的肢体语言传达给学生直观的感受等方面发挥着巨大作用，其特有的教学效果是现代教育技术不可替代的。

现代教学手段以信息处理的高速度、高容量、多媒体和交互性，极大地提高了教学效率，这就从根本上改善了高校英语教学的环境，可以极大地丰富传统的教学手段，二者互相补充、扬长避短就可实现教学手段的优化整合，为英语教学提供新思路，从根本上改善传统教育中存在的问题。

多媒体教学作为重要的现代化教学手段在高校英语教学中受到重视并得到较为广泛的应用，但是过分夸大计算机辅助教学的功能，以计算机来完全代替传统教学的教学手段是不现实的，因为多媒体辅助教学手段仅是构成教学环境的一个重要方面，不可取代教学过程中的所有环节。在教学中要根据教学目标、教学内容以及教学对象的特点，有针对性地设计和选取教学手段，将多媒体教学手段与传统的教学手段有机结合，实现优势互补，才能提高高校英语的教学效果和质量，提高大学生的英语综合运用能力，为我国的社会发展和经济建设输送高素质的外语人才。

因此，针对传统教学手段和多媒体教学手段各自的特点，教师在教学过程中应重新审视如何合理地运用传统教学手段和现代化教学手段，做好两种教学手段的整合，以提高高校英语教学的质量。

第三节　互联网时代下的高校英语教学理论

一、互联网时代下高校英语教学的内涵概述

（一）素养

随着经济时代的不断变革，研究发现基本知识与基本技能的练习已经不能全面地适应时代的快速发展。21 世纪以来，许多国际组织和国家都在考虑公民要适应未来的工作与生活应该具备怎样的“素养”。对于教学而言，所谓素养，具体包含以下几个方面：第一，素养的培育需要特定的条件；第二，素养的培育过程需要个体面对生活情境；第三，素养的培育过程是个体能力的增长过程；第四，素养的培育过程是运用能力解决问题；第五，素养是符合教育理念的；第六，素养的培育有助于促进人的综合发展；第七，素养的培育有助社会教育要求的满足。

（二）核心素养

在教育中，所谓核心素养，具体指的是居于核心地位具有关键的、重要的素养。核心素养本身具有以下几个特点，具体包括：第一，从本质上来说，核心素养是归属于素养范围的；第二，核心素养是最为关键的素养；第三，核心素养需要逐步构建总体概念的参照框架；第四，核心素养是从跨学科视角来进行探索的；第五，核心素养的主要学说是关键能力说。

对于核心素养而言，对于关键能力说而言，其进一步提出了知识社会中，学生应该逐步具备的关键能力，具体包括了：学生应该逐步具备交互运用社会资源的能力；学生应该逐步具备交互运用文化资源的能力；学生应该逐步具备交互运用技术资源的能力；学生应该逐步具备在异质社群中人际互动能力；对于学生而言，其应该逐步具备自主行动能力。

对于核心素养的研究，联合国教科文组织在“终身学习”思想的指导下，提出了终身学习的五大支柱，具体包括了以下内容：第一，学会求知；第二，学会做事；第三，

学会共处；第四，学会发展；第五，学会改变。与此同时，上述内容也被作为基本素质对所有公民提出。与此同时，对于核心素养而言，欧盟也提出了自己的理解，在内容上也更加完整。

（三）英语核心素养解读

高校英语教学把培养具有中国情怀、国际视野、跨文化沟通能力的人作为英语课程的总目标，把发展学生的核心素养作为英语教学的具体目标。英语学科核心素养由语言能力、文化意识、思维品质和学习能力这四大要素构成，它们相互渗透，协调发展，是学生应该具有的基础性综合素质。英语学科教学从原来只重视语言知识，到后来重视语言能力，再到现在重视价值取向和思维品质，体现了以语言为核心的学科教学向以人的发展为核心的学科教育的转变。

1. 语言能力

语言能力是构成英语学科核心素养的基础，是学生发展其他核心素养的依托。它是指在一定的社会情境中，以听、说、读、看、写等方式理解和表达意义、意图及情感态度的能力。通过英语学习，学生要形成一定的语感和语言意识，具备用所学语言表达自己的观点和态度的能力。

2. 文化意识

文化意识指学生在全球化背景下对中外优秀文化的理解和吸收，以及所表现出的跨文化认识、态度和行为取向。文化意识的发展离不开语言能力，它是在文化知识的学习、文化价值观的塑造和跨文化行为的实践中逐渐发展起来的。在学习中，学生要能理解文化内涵，鉴别中外不同的文化，形成正确的价值观，具备一定的跨文化交际和传播中华文化的能力。

3. 思维品质

思维品质体现了学生的心智发展特征和水平，提高语言能力和形成文化意识都需要良好的思维品质。在英语学科核心素养中，培养学生的思维品质强调三个方面，即思维的逻辑性、批判性和创新性。具有良好思维品质的学生能辨析语言以及文化中的各种现象，通过分类、概括和归纳形成新的认知，进行富有创意的表达，初步具备用英语进行多元思维的能力。

4. 学习能力

作为学科核心素养发展的必要条件，学习能力指学生积极运用英语学习策略，拓宽英语学习渠道，提升英语学习效率的意识和能力。学生具备了学习能力，能保持对英语学习的主动性，多渠道获取学习资源，选择恰当的策略与方法，反思并调整自己的学习。

总之，高校英语教学具有重要的育人功能，旨在发展学生的语言能力、文化意识、思维品质和学习能力等英语学科核心素养。就其关系而言，语言能力是基础要素，文化意识是价值取向，思维品质是心智特征，学习能力是发展条件。可以说，这些核心素养是一个密不可分的有机整体。

在目前的高校英语教学中，教师花费大量精力来提高学生的语言知识与技能，忽视了对其文化意识和思维品质等方面的培养。学生只是掌握了一些孤立的语言知识，并不具备持续自主学习的能力，也不能很好地将所学知识应用到具体的社会实践。这决定了互联网时代下高校英语教学必须调整教学重心，以适应时代的变化和社会的发展。为了培养具有中国情怀和国际视野的专业人才，高校英语教学必须在发展学生语言能力的同时，使学生形成良好的文化意识和思维品质，提高对多元世界的认识。语言能力、文化意识、思维品质和学习能力是构成高校英语学科核心素养的重要组成部分，只有强调知识、能力和价值观的有机融合，将其作为一个有机整体加以培养，才能真正落实立德树人的根本任务。

二、互联网时代下高校英语教学的理论研究

在教育体系中，英语学科在培养学生英语思维和核心素养方面起着至关重要的作用。在互联网时代下的高校英语课堂教学的发展中，英语课程标准对英语课堂教学提出了新的指导，具体包括以下内容：第一，精选教学内容；第二，重视以学科大概念为核心；第三，促使课程的内容结构化，第四，以主题为引领；第五，使课程内容情境化；第六，促使英语核心素养的落实。基于核心素养的背景下，英语教学应该更符合对学生的英语核心素养的培养。

对于互联网时代下的高校英语课堂教学而言，从研究基础上来看，其符合以下四个特点，具体包括：第一，落实国家的要求，符合立德树人的标准；第二，围绕英语课堂教学，并针对两者的关系开展研究；第三，探究了教学在英语课堂教学中的运用，其进一步分析了对学生核心素养的培育方式；第四，落实了英语课堂教学的改革培养目标。

与此同时，在互联网时代下的高校英语课堂教学中，其还进一步作出了以下贡献，具体包括：第一，改善了教师的教学理念；第二，探索了更加有效地教学方式；第三，明确了学生核心素养培育的关键作用；第四，促使学生借助于英语学习，进一步提升了核心素养。不仅如此，在互联网时代下的高校英语课堂教学中，英语教师借助于英语课堂教学，进一步改变学生的学习方式，逐步培育了学生的学习动力，培育了学生的英语思维与英语核心素养。

在互联网时代下的高校英语课堂教学中，知识与技能进一步对教师提出了要求，其要求教师必须要进一步引导学生了解英语课堂教学的基本方法，进一步培养学生的英语思维意识。在互联网时代下的高校英语课堂教学中，其要求发挥学生的认知力，创新力，以及综合探索的能力，体验学习带来的愉悦感和成功感。在互联网时代下的高校英语课堂教学中，其具有以下特点，具体包括：第一，具有一定的互动性；第二，具有一定的实操性；第三，具有一定的综合性；第四，发挥学生的学习自主性；第五，发挥多元智能的协同性；第六，发挥学生知识技能的建构性。这种课程特性，需要选择相应的、行之有效地理论方法支撑。

事实上，在人类经济、文化命运共同体的体制中，我国新课改理论尽管借鉴、吸收了当今国际上不少优秀的教育理论，但结合课程教学内容和需要，这里有必要从学理、依据上进一步具体凸显所涉及的有关理论和方法。

（一）多元智力与元认知理论

多元智力理论：传统的智力理论都认为，智力是以语言能力和数理逻辑能力为核心、以整合方式存在的一种能力。而今更提倡的是多元智力理论，该理论不再以一种或是某几种能力为重点，而是提出八种智力提示人们应该不仅仅只关注一种。在当今的基础教育改革看来，多元智力新理论有几个突破：在教学教育中，对于学生而言，智力不再以数理逻辑能力为主；在教学教育中，对于学生而言，智力更强调自主学习能力；在教学教育中，对于学生而言，智力更强调创新能力。在教学教育中，对于教师而言，其需要进一步引导学生对内心体验感到好奇，与此同时，其还需要进一步引导学生从各种自知自省中获益。这为学生的学习活动提供了很好的指导，具体包括了以下内容：第一，自我指导的独立学习；第二，寻找机会想象；第三，在安静中工作和反思。

当今社会需要的是富有创造性和批判性的思考者，而那些强调答案非对即错的教育方法，显然不能使学生形成核心素养。互联网时代下的高校英语课堂可以进一步引导学生从多种角度进行思维训练，让聚合思维和发散思维相互作用，从而训练学生达到拥有学习的能力，促进学生的学科核心素养的培育。

（二）人本主义理论

人本主义学习理论是行为学派和精神分析以外的心理学第三势力。人本主义理论是在反对“知识为中心”的传统教学思想之上，根据“以人为本”的教育理念而提出的以“学生为中心”的教学思想。人本主义学习理论在教学上体现为以下几方面：

1. 有意义的自由学习观

人本主义主张教学目标是培养人格独立，具有创造能力，适应时代变化，最终能“培养全面发展的人”。人本主义这一教学目标体现了知识教育、认识能力和情感发展三者的结合，因此成为了人本主义教学观的核心思想。要成功实现课堂中的自由学习，关键在于教师首先要信任学生，信任学生的学习潜能。只要抱有这种信任的态度，并愿意让学生自由学习，就会在与学生的交往中逐渐形成适应自己风格、促进学习的最佳方法。学生在自由学习的过程中完善自己的人格，教师要帮助学生实现自身的价值和潜能。

2. 学生中心的教学观

也称“非指导教学模式”。非指导教学模式强调学习者在学习中的主体作用，教师只是“助产士”与“催化剂”，教师要与学生建立起融洽的关系，促进学生的成长。其教学过程，是以培养发展学生的情感为目标，学生在教师的引导下，进行积极的情感体验。

3. 知情统一的教学目标观

精神世界有两个层面：情感和认知。这种教学观不仅重视学生对知识的学习，而且尤其强调学生的情感在学习中的作用。认为教育目标就是培养“全人”，从课程内容的选择、教学方法的运用、到学习效果的评价，都应该以学生为中心，培养适应变化和知道去学习的人。

（三）建构主义理论

在实际中，由于互联网时代下的高校英语课堂教学过程，突出地体现为一种知识、能力的建构性，从而客观呼应了当今国际教育理论中位居主流、普遍认同的建构主义教育学说。这主要体现在，建构主义在广泛汲取前人知识理论的基础上认为，知识不是通过教师传授得到的，而是学习者本身借助于他人的引导，借助于自主学习过程主动建构的。学习过程，是一个学习共同体合作互动的认知体验过程。学习共同体，是学习者与同学、教师、专家等助学者共同构成的团体。这一团体，利用并相互构成必要的学习资源，且不断通过意义建构的方式，结成对象关系。这种关系，既强调学生的认知主体地位，又重视教师的主导作用，对这一关系的形象比喻，就是教师像是助产士，学生在教师及他人的帮助下，自己分娩知识。

一般而言，建构主义的知识观与学习理论强调三点，即学习的主动构建性、社会互动性和情境性。建构主义者在发展建构论的同时，不断试图从新的视角对学习和教学做出新的解释，从而不断带来新的综合和发展。在建构主义中，对如何看待知识这一问题，大多主张知识的动态性，认为在一定程度上知识是一种解释或假设，知识解释或假设，既会随人类进步不断被推翻，也会随情境变迁而被再创造；理解取决于个体特定情境下的学习历程，且只能由学习者基于自身经验背景建构起来。对于如何理解学习活动，他们也普遍认为，学习是学生建构自己知识的过程。在对待学习者的态度上，他们认为：

教学不是知识的传递，而是知识的处理和转换。由上显见，建构主义总体强调学习的非结构性、具体情境性、学习中的社会性，以及三者间的交互性关系和作用。综上所述，现代建构主义学习理论的基本观点可以归纳为四点，主要包括：

①学习是学习者的社会互动活动。正如互联网时代下的高校英语课堂教学，既要通过互动、合作的方式掀起头脑风暴，又要鼓励突破成见、独立思考和个性创新，从而唤起学生的发散性思维，在多角度、有个性地认识讨论英语的做法等问题与假设中，形成各自的认知结构。

②学习是学习者的主动建构活动，是学习者在原有知识经验基础上建构内在心象、新知和新的意义的过程。如互联网时代下的高校英语课堂教学，要求行思并进、心物互化，变无意义的机械接受为有意义的活动，使学习成为主动思考、自主创造的建构性过程，也是英语课堂教学的主要目标和要旨。

③学习是在具体社会情景和交往中实现的。学习由学习者来践行，而学习者和其学习内容本身，不可能孤立于社会现实生活之外。如互联网时代下的高校英语课堂教学，要求在交往中实现自主学习，使学习在集体合作下进行的头脑风暴中进行更深层的发散性思维，形成英语思维和英语问题处理能力，这是英语课堂教学的目标和意义。

④学习的结果是知识的形成或意义的表征。在建构主义学习论中，知识是以网络结构存在的而不是层级结构。新知识与旧知识的建构从而使外界事物被人类重新书写。如互联网时代下的高校英语课堂教学，要求学习者运用对原有知识主观能动性进行自主学习。积极构建使个体在原有知识的基础上的进行微创新，从而达到学习最佳，这是互联网时代下的高校英语课堂教学的最终目的和根本。

三、学习教学实践的方法原则

学习教学实践的落实，不仅需要理论观念的支撑，同时也需要恰当的方法、原则的帮助。下面从两个方面简要讨论所涉及的问题。

一方面，学习教学中的应用方式：第一，制定计划并制造出氛围。在学习之前，计划是非常重要的，如果能先把计划列出来，并严格按照这个计划开展学习这样的效果会事半功倍；第二，良好的学习行为习惯培养。在英语学习中，良好的学习习惯至关重要。良好学习习惯的培养，会提高学生的自主学习兴趣与学习积极性，引导学生完成主动探索、主动学习的目标。为此，教师可以采用以下方式：第一，在预习时，要求学生做到主动思考，除了基本元素，还可以有哪些元素可以使用；第二，积极引入合作学习，将学生划分为不同的小组，以小组的内部学习，促进学生自主学习习惯的培养，提升学生的自主交流能力与主动学习意识。当然，教师需要积极认识到，良好学习习惯的养成，需要教师给予长期的引导，促使学生在主动学习过程中，逐步形成良好的学习习惯；第三，激发学生的学习直接兴趣和间接兴趣。心理学研究表明，学习兴趣的水平对学习效果能产生影响。因而，在互联网时代下的高校英语课堂教学中，教师需要进一步激发学生的学习兴趣。如何激发学生的学习兴趣？首先要抓住教材中学生兴趣的点，让学生在兴趣中获得学习。在互联网时代下的高校英语课堂教学中，想要引导学生学习，还需要切实把握住学生学习的起点，也就是“最近发展区”。低于“最近发展区”或者高于“最近发展区”，学生都是不感兴趣的，也就无法学习。所以学生每个人的差异性要做到因材施教；第四，学习的合作性。在互联网时代下的高校英语课堂教学中，教师可以引导学生开展学习合作，以互帮互助，共同思考、探索的过程，维持学生的自主学习兴趣，培养学生的自主学习习惯。值得注意的是，学生应该根据自身的要求和特点选择同伴；第五，自我检查和反省。引导学生开展自我检查与反省，关注问题，并积极调整。只有知道自己的不足，并且不断的改正，才能更好地促进学生学习。

另一方面，教学中的方法原则：第一，目的性原则。首先，在互联网时代下的高校英语课堂教学中，教师要将教学目标具体化，将教学活动目标化，以教学目标为引导，确定教学措施，依据学生的学习需求与认知特点，将教学目标融入到学生的学习目标中，从而推进教学活动，完成教育目的。互联网时代下的高校英语课堂教学的最终目的是学会如何思考去主动构建认知结构，而教师要做的就是让学生在适宜的时期将教育目的转化成自己内心最为所需的，从而达到学习；第二，理论联系实际原则。在互联网时代下的高校英语课堂教学中，教师要依据学习知识，引导学生借助于理论联系实际的方式，思考问题、分析问题，从而内化知识、形成结论，并运用到实践中，达到学懂会用，学以致用。我们将英语课堂教学的学习方法运用到其他实践当中，是学习迁移的一大重要方式，也是最基本的；第三，启发性原则。在互联网时代下的高校英语课堂教学中，借助于引导学生、启发学生的方式，激发学生的学习欲望，促进学生对知识的探索过程，从而掌握英语思维能力；第四，因材施原则。在互联网时代下的高校英语课堂教学中，从实际情况，个别差异出发，有差异的教学，适应个别差异，培养学生优势，教师要从英语课堂教学课程的课后进行反思评价。

第二章 高校英语教学思维

第一节 高校英语教学思维基础

一、创新思维与英语教学

（一）创新思维对于英语教学的作用

学生学习英语的过程绝对不是简单的知识积累，而是要通过对知识的消化掌握，形成和纳入自己的知识体系，并熟练进行运用。这就要求在英语教学中主要培养学生的创新思维能力，注意运用各种创新思维的教学方法。运用创新思维的教学方法可以培养学生的创造性思维，强化学生在听课过程中的反思意识，建立和谐互动的师生关系，营造创新求索的教学氛围；同时运用创新思维还可以激发学生学习的主体意识，培养学生自主学习的能力，使学生加深对知识的理解和运用。

（二）创新思维在英语教学中的运用

1. 发散思维在英语教学中的运用

发散思维又被称作多项思维，是创新思维的一种类型，也是创新思维的核心内容。发散思维就是通过想象和联想来发现事物的新领域、新方法、新观点。因此，教师要在英语教学中运用发散性思维，可以通过设计一些适宜发散思维的多媒体课件，设计一问多答、举一反三的问题。例如，在学习了“pay attention to”这个词组之后，教师可以让学生进行发散性的思考：还有什么别的词组可以代替这个词组？有些学生会举出“focus on”，有些学生会举出“aim at”等，然后老师可以进一步提问这些词句的具体区别。又如，在学习了“salary”这个词之后，教师可以让学生比较“Income、salary、wage、pay”等词的词义区别，鼓励大家发散性地去思考问题。教师还可以让学生尝试着用学过的词语去解释新学的生词，加深学生对新知识的理解。通过发散性思维在英语教学中的运用，可以使学生克服静止孤立思考问题的习惯，克服思维定式的消极影响，从而提高学生运用英语的能力。

2. 求异思维在英语教学中的运用

所谓求异思维，就是从同一材料中探求不同答案的思维，在课堂学习中可以要求学生用不同的语言表达同一内容，用不同的方法解答同一问题，从不同的角度分析同一人物形象，用不同的观念阐述同一作品的主题等，这些都是训练求异思维的活动。

求同思维适用于学生学习的共性因素，而求异思维则更容易适合于学生的个性心理差异，使学生更深入细致、灵活变通地掌握知识和解决实际问题。在英语教学中要主要运用求异思维，这是因为学生正处于心理、生理发育的最快时期，他们好奇心强，求知欲旺盛、喜欢求新存异，有一定叛逆的特征。这些都是在英语教学中运用求异思维的基础，英语教师在进行教学时，要抓住学生的这些心理特点，鼓励学生对问题发表自己的看法，激发学生的求异思维。

3. 创意思维在英语教学中的运用

所谓创意思维，就是通过视觉和感觉神经将记录下来的信息储存，然后将不同信息进行分类消化溶解到本体思维中，而当新信息涌入时，本体思维就会迅速对新信息进行逻辑判断，使本体思维在不断地注入新信息的同时产生变化，从而形成新思维的一个过程。在英语教学中运用创意思维，可以充分地借助现代信息技术和多媒体技术等教辅手段，设计多媒体教学课件，让学生对学习的内容有直接的感官认识。在使用多媒体课件进行英语教学时，要力求课件的作用能够达到使学生的形象思维转化为抽象思维，由感性认识上升为理性认识。同时，教师要在教学中对学生进行指导，让学生对学习的材料有充分的认知，同时把要教授的知识点融入课件之中，在学生观看的过程中，对其进行引导和启发，加强与学生的互动沟通。

4. 逆向思维在英语教学中的运用

逆向思维是对司空见惯的似乎已成定论的事物或观，点反过来思考的一种思维方式，这种思维敢于“反其道而思之”，让思维向对立面的方向发展，从问题的相反面深入地进行探索，树立新思想，创立新形象。当大家都朝着一个固定的思维方向思考问题时，可以朝相反的方向思索，这样的思维方式就叫逆向思维。

在英语教学中运用逆向思维，就必须要求教师解放思想，敢于突破原有的一些思维定式。如在教学中，教师不一定要严格按照大纲规定的教学进程，从 UNT1 开始教起，教师完全可以按照自己的教学思路，在确保学生可以接受的情况下，从有利于教学开展的单元开始教学。

综上所述，英语教学中创新思维的运用对于培养学生的创新思维能力、激发学生学习的主体意识、建立良好的学习氛围和师生关系具有重要的作用。因此，教师应注意多角度、全方位设计各种问题，激发学生的发散、求异、创意、逆向等思维，从而使学生对学习的知识由感性认识上升到理性认识，充分发挥学生在英语教学中的主体性作用，让学生根据所学的知识去创造、去探索，教师则要在学生创新、创造的过程中给予其必要的启发与指导，从而进一步增强他们学习和运用英语的能力。

二、模仿思维与英语教学

（一）模仿思维在英语教学中的作用

英语教学的目的是使学生掌握一定的英语基础知识，培养学生在实际交际中熟练运用英语的能力。因此，应该在教学中改变以教师为中心，偏重语法结构的分析、讲解及机械的句型练习的教学模式，采取以学生为中心的模式，加强训练指导，指导学生多模仿英美原声，让学生体验纯正英美发音和地道的语音语调，最后升华内化为学生自己的特色。

1. 提倡英语教学中的模仿

人类从出生到咿呀学语，从幼童到长大成人，可以说在人生的每个阶段都离不开模仿。这是因为模仿是人类学会做事情的主要方法，是一个人在学习过程中必然经历的阶段。

模仿是人的一种本能。那么，如何提高学生的英语口语水平，使他们的发音、语气语调都地道纯正呢？模仿英美原声就是一个不错的选择，可以尝试以下方法。

（1）多听多读，知识输入

听读是人的大脑对知识输入的过程。如果学生能够经常大声朗读英语，便能够促进其记忆，有助于英语学习的提高。同时，英文是典型的拼音文字，与汉语大不相同，学生通过大声朗读便容易懂得拼读的技巧和规则。当然，为了更好地提高朗读效果，学生在朗读前一定要多听几遍，然后试着模仿，逐渐培养自己的语感。而要想有较大收获，就必须做到每天坚持听读，这也符合语言学科的特点。

（2）大胆开口，知识输出

有了听读作为铺垫，学生还要多讲多说。因为开口讲话正是语言的输出，只有语言的输出足够多，才能真正学会一门语言。作为英语教师，应尽可能多地为学生创设机会，让学生开口说英语，使学生克服怕说错怕丢人的心理障碍，让他们不但在课堂上可以大胆地用英语交流，在课余时间也能积极大胆地用英语相互交谈。

可以在班级尝试性地搞英语角，每期给学生一个主题，任凭学生自己发挥，说错不要紧，就是锻炼学生开口说英语的胆量。这可以大大激发学生学英语的积极性，使学生对英语学习产生极为浓厚的兴趣，从而提高口语交际能力。

（3）扮演角色，兴趣推动

兴趣是引导学生学习的最好的老师。兴趣导航，事半功倍。教学中，可以尝试性地让学生进行角色扮演的游戏，为他们创设最真实的语言环境，让学生能够灵活运用所学语言处理实际问题。

2. 模仿时需要注意的事项

（1）选择正确清晰的英美原文

利用软件的跟读来训练自己正确的语音语调，提高流利程度，培养英语语感，这是模仿的必要手段。在指导学生选择听力材料时需十分谨慎，为学生把好关，免得学生把宝贵的时间、精力浪费在模仿错误的材料上。

（2）大声模仿，注意总结

大声模仿，这点特别关键。模仿英美原文时一定要大大方方，清清楚楚，注意指导学生口型要到位。当然，学生刚开始模仿不可能像外国人说得那样流利，此时应指导学生把语速放慢，慢速模仿，只有发音到位，口腔打开，音发准了以后，才可以逐渐加快速度，并逐渐采用中速和快速，最后直到脱口而出流利的口语。

（3）反复、仔细模仿，最后升华内化

英美原声的英语固然优美，但那不是一朝一夕就能够达到的，模仿时一定要有耐心、恒心和信心。模仿的练习必须反复进行，只有不厌其烦地重复模仿，才能达到量的积累，从而实现质的飞跃。但反复、重复的操练和模仿并不等同于机械地让学生做一些无用功。仔细透析一下便发现，学生在重复模仿的过程中，多多少少都增加了思考，他们在这一过程中，实际上会形成对发音规则的潜意识，最后经过不断的由强化训练到自觉练习，久而久之就会内化为自己的发音风格。

实践证明，模仿英美原声在英语口语教学中的作用日益凸显。模仿不但刺激了学生的积极性，而且能够真正地提高学生的英语口语水平，从而让学生在学习英语的道路上形成良性循环。而英语教师也在指导学生进行英美原声的模仿训练中掌握了技巧和经验，从而促进了教师自身业务水平的提高。可见，模仿的充分应用和正确应用能实现教师在英语教学中的双赢。

（二）英语教学中的模仿教学

1. 模仿教学的理论基础

众所周知，模仿是人的生物学本能之一，是人类获取动作技能、智力技能的有效手段。通过模仿，各种信息得以最直接的传递和接收，从而使知识的获取、技能的习得在自然而然中得以实现。英语教学中，教师若能科学有效地运用好这一手段，不但会缓解初学者对英语的陌生感、晦涩感，而且可以在潜移默化中培养学生对英语的兴趣，使学生从感性认识的层面认同和接纳英语，实现英语教学的良性、可持续发展。现代教育理论认为，模仿教学的理论基础是模因理论。模因理论是基于达尔文进化论的观点解释文化进化规律的新理论，该理论的核心是模因。关于模因的定义，有两个形成阶段：前期被认为是文化模仿单位，其表现为曲调旋律、想法思潮、时髦用语、时尚服饰、搭屋建房、器具制造等模式；后期的模因被看作大脑里的信息单位，是存在于大脑中的一个复制因子。模因复制的基本特征是模仿，它因模仿传播而生存，语言是它的载体之一。从模因论的角度看，语言模因揭示了话语流传和语言传播的规律。语言本身既是一种模因，也是模因传播的载体，它的功能在于传播模因。模因理论为语言演变引入了信息复制的观点，也为英语教学提供了一种新的研究思路，启发教师在英语教学中可以借助模因复制和传播的方式有效地引导学生进行模仿和套用，提高语言的实际运用能力。

2. 模仿教学的现实意义

英语教学，尤其是初级阶段的英语教学，由于该阶段学生的英语知识、英语能力尚处于最低级的水平，语言材料中能激起学生学习欲望的知识信息相对较少，而此时的学习障碍却有很多，所以该阶段的英语教学若不能通过各种手段激发、调动学生的积极性，引导他们进行能动的、有效的学习，学生的学习障碍就会与日俱增，久而久之就会导致学习兴趣的减弱甚至丧失。反之，如果抓住学生模仿能力强、可塑造性强的特点，在教学中进行大量的语言输入，并通过适时适度的模仿教学培养学生的语感，消除学生的学习障碍，使其从英语学习中获得快乐、成功的体验，则可使英语教学步入良性循环的轨道。

3. 模仿教学的分类

模仿教学是多方面的，按照模仿的不同内容可分为对语音的模仿、对形态的模仿以及对语意的模仿。

①对语音的模仿。语言学科最主要的信息是声音。对语音的模仿包括模仿语音，模仿语调，模仿语速、语气以及模仿声音的节奏。基于此，教学重点就是语音的听说读到模仿训练。听音练耳，学腔模调，鼓励学生积极参与，大胆表达，侧重提高他们对语言的感受和初步用英语进行听、说、唱、演的能力。学生的语言表达能力总是在模仿、使用中提高的。因此，正确地学好发音，对学生学习语言至关重要。

②对形态的模仿。口腔是发音的重要表象，无论是单词、句子，还是对话教学，学生都要通过口腔进行语音操练，用身体来表达的意思是非常丰富的。教师在教学过程当中可以恰当地辅之某些身体动作，使学生在表演的过程当中进行学习，这将会激起他们

的学习兴趣和学习热情。因此，结合自己的教学内容，让学生边模仿动作边朗读，尽可能把学生的注意力都集中在教学内容上。课文中涉及动作的内容，除了单纯的朗读、讲解外，老师可以通过让学生进行动作的模仿表演，加强对知识点的理解和记忆。

③对语意的模仿。语意模仿，是让学生在教师创设的简明语境中对语言材料的部分内容进行替代、更换的模仿方法，其目的是让学生通过在有意义的情景中模仿，不再跟着老师或录音依样画葫芦，而是进一步理解所模仿材料的意义、用法，强调句子在语义上的功能，在掌握语言材料基本结构的同时，真正明白所模仿的语言表达的意思。

三、艺术思维与英语教学

（一）艺术思维在英语教学中的作用

随着经济的发展和社会的进步，人们对于物质文化生活水平的要求不断提高。人们不再满足于一般的物质需求，而追求更高的文化生活和艺术的享受。社会从而加大了对艺术人才的需求，加上十年来的高校扩招，大批艺术类学生涌入高校。这对高等教育提出了更高的要求。同时，艺术人才参与国际竞争与交流也越来越成为必要，而英语是艺术人才进入国际平台的基础条件。它不仅是实用的交流工具，也是艺术人才自身素质和层次的重要体现。因此，艺术类学生的英语教师应充分认识到英语教学对培养艺术人才综合素质的重要作用，进而研究影响此类学生学习英语的因素及教学对策。

艺术类专业学生在学习英语的过程中会不自觉地受到艺术思维方式的影响，艺术思维方式在他们英语知识的学习和语言交际能力的培养上起着引导作用。艺术类专业学生作为学生中的一个特殊群体，其艺术思维方式特点使其在英语学习中存在着群体差异和特殊的心理倾向。

（二）艺术思维的特点及教学方法

根据思维任务的性质、内容和解决问题的方法，思维的种类可以分为直观动作思维、形象思维和逻辑思维。形象思维是指人们利用头脑中的具体形象（表象）来解决问题，表象的主要特征是直观性。直观的形象为概念的形成提供了感性基础，并有利于对事物进行概括的认识，促进问题的解决。艺术家、作家、导演、设计师等更多地运用形象思维。

①艺术思维的第一个重要特点是形象性。艺术思维是直观类思维方式的一种，是与形象思维有直接关联性的特殊思维方式。在艺术思维活动中，思维的对象并不是抽象的概念和命题，而是具体、直观、形象化了的东西。因此，在英语学习中，艺术类专业学生会趋向喜欢形象的东西，如更多地关注老师的体态和姿势，希望老师能借助音调、节奏、手势语、体态语等生动的形象语言来授课，或是喜欢有插图的教科书。

对此，艺术类学生的英语老师应努力使教学过程形象化。形象化的英语教学首先应遵循模仿原则。语言是人们在长时间的实践中形成的认同符号，孩子学语言是个模仿的过程。他们每天模仿父母、周围的人、电视等一切可以模仿的东西，并且模仿得越来越像。然后，他们渐渐停止了模仿，并且逐渐形成融合自己个性特征的语言方式。模仿是学习英语的基础，创新源于模仿。作为英语学习者，必须模仿已有的东西。只有通过模仿，真正掌握了英语的灵魂、精髓之后，才能形成自己的语言风格。艺术类学生对语言的模仿就是对具体直观的形象的模仿，这种直观的形象反过来也就要具有艺术性。这要求教师能通过优美的板书、得体的教态、幽默的语言和机智的课堂表现，向学生展示其人格魅力和艺术修养，借此对他们进行潜移默化的感染。在教学过程当中，教师可利用简笔画、英文歌曲、英语绕口令和短剧表演等表现形式来增添教学的艺术性，使学生获得足够的审美体验。教师还要注意对课堂教学的调控，使其富于变化，有高潮、过渡，交替自然，难易适中，能调动多种感官活动。一堂好的英语课就像一首美妙的乐曲，应该是跌宕起伏、动静结合的既有酣畅淋漓的热烈感受，也有恬静安详的轻松氛围。

②“想象性”与“非逻辑性”是艺术思维的另一个特点。在艺术思维中，主体总是浮想联翩，脑海中自始至终都不断地进行着较清晰、较具体的形象思维活动，表现为一个创造性的综合想象过程。这一思维过程打破了逻辑思维的常规性和有序性。因此，艺术类专业学生在英语学习中倾向于能使他们进行想象的人和物，如生活中的一个故事、一段情节、一个场景、一段旋律等。因此，老师可以结合授课内容适当选择有利于构造明确、具体形象的辅助材料，并且采用学生较熟悉、易操作的内容或方式来组织具有想象性的课堂活动。如请学生想象自己未来的生活状态，看图想象说话、作文，或为某一篇课文设计另外一个结尾等。另外，教师可以结合生活，扩大学生词汇量。在讲单词的时候，教师可以拓展其派生词并联系生活，引起学生的联想。

③艺术思维是感性的。艺术思维是一种渗透着主体浓烈情感因素的思维活动，是一种寓理于情的思维。因此，在英语学习中，艺术类专业学生对充满强烈情感体验的课堂活动会表现出极大的热情。如学舞蹈的人听到乐曲会情不自禁地随着节奏摇摆，学音乐的人听到熟悉的音乐会和着唱起来。老师在课堂中可以播放一些能够震撼学生内心情感的英语影片供学生欣赏，或把课文内容改编成戏剧，并由学生担任角色表演，以此促进学生的英语学习。

很多艺术专业的学生对英语的学习态度是消极的，也就是说，班集体的消极情感占了主导地位，通常导致学生被动学习和抵制学习。教师要善于调动班集体的积极情感，发现学生的长处，善于捕捉学生的每一点进步，并让学生感受到自己的进步，进而坚定学习的信心和决心。教师要善于鼓励，及时反馈，要创造机会（如竞赛、表演、演示等），让学生展示自己学习的成果，使学生体验到一种成就感。这种成就感不但可以激发学生进一步学习的信心和决心，而且可以形成英语学习的良性循环。

另外，也可以尝试小组学习，即把大班分成自我驱动的小组，在小组中进行合作学习，这是人本主义心理学家倡导的一种学习方式。合作小组由四到六个学生组成，他们由于共同的目的而团结起来，为完成任务、使每个人得到提高而一起学习。小组学习的形式有拼版式、小组调查、角色扮演、学生小组成就分工法、小组讨论等。小组学习使学生能在轻松合作的氛围中学习，发挥团队合作精神，体验集体感、荣誉感和成就感。

人们往往把思维活动分为逻辑思维和形象思维，而语言则和逻辑思维密切联系，艺术主要表现为形象思维。艺术类专业学生也具备逻辑思维方式，但由于受到艺术实践的影响，逻辑思维在思维活动中不占主导地位，这恰恰是艺术思维在英语学习中的局限。可以从思维方式的差异分析入手，联系到语言习得，结合英语教学理论，进而探讨适用于艺术思维的英语教学方法。

经初步证实，英语形象教学法能较好吸引艺术类学生的课堂注意力，增强学生在课外生活中联想英语学习的兴趣，从而对艺术类学生的英语学习起到一定的促进作用。

第二节　高校英语教学中的思维与体验

一、思维的环境创设

思维是课堂教学的灵魂，无论是教师设问、学生自问、合作讨论、质疑等，都必须围绕这个中心来开展，而评价这些活动的标准就是学生思维的质量。

体验是学生领悟知识、实践知识的桥梁，每个学生都可以根据自己的体验，用自己的思维方式自由开放地去探索、发现和创新。教师要想方设法使学生真正参与到课堂活动中来，从而提高他们思维的质量，让学生在体验中掌握知识、培养学习能力。

（一）善于等待，学会“留白”

很多英语课堂有一个普遍的教学现象：老师害怕课堂气氛太冷清，所以就不由自主地消除教学过程中的留白，安排了一些“无缝对接”式的问答，以维持课堂热烈的气氛。其实，课堂这种伶牙俐齿下的“无缝对接”并没有起到积极作用。画家作画都会“留白”，因为空白不仅使画面有张有弛，而且会使作品给人留下自由想象的空间。课堂教学也是如此，教师有意识地留白与等待不仅可以调节课堂的气氛，更重要的是给学生一个思考的时间，表面的停滞可以促使学生迅速地思考。

对于英语教学中的一些语法知识及一些语言结构的运用，仅凭老师的讲解、学生被动接受是很难取得成效的，教师需要鼓励学生去主动地参与思考并提高思维的质量，体验、感悟与领会，促使学生主动地探求知识，创造性地运用知识。

（二）精心设计英语实践活动

语言是一种交际工具。英语课堂教学要遵循语言学习规律，以学生为中心，以学生自主体验为基础。在实际操作中，教师应精心设计开放性活动，为学生搭建语言运用的舞台，将新、旧知识运用到不同的语言场景中，使学生亲身体验、自主探究，并不断扩充自己的语言信息量，达到真实、灵活地运用语言，探索实践语言的目的。

（三）根据实际情况，创造良好的语言环境

语言环境是人类学习语言的重要条件，而现实生活中学生学习英语很难有良好的语言环境，这就要求英语教师在课堂上经常设置贴近现实生活的语言情境，让学生进入真实语言环境中，进行体验式学习，启迪学生的思维。

1. 课堂导入营造情境

课堂导入是教授新课的序曲，课前三五分钟是学生由心理准备进入角色的时刻，是营造课堂气氛、引起学生兴致的关键，也是学生练习听说的一次机会。因此，可以以“Free talk”“值日报告”“讲故事”“Talk about a topic”等来开始新课。可以让学生朗读一篇短文，并向其他学生提问，检测听的效果，最后根据朗读标准给予打分，并提出改进措施。这样既锻炼了学生的听说能力，又为下一步语言学习奠定了基础。①

2. 实物演示情境

利用实物教学，既可节约大量课堂教学时间，又可让学生运用多种感官接收语言信息。在教授被动语态的语法时，教师可以收集大量的实物，列举大量的例子，选一些写在黑板上。先从学生学过的“be made of”开始，最后拿出一把小刀，说：“A knife is used to cut things.”接着拿出一根线，叫一个学生把线割成两段，然后对学生说：“The line was cut into two by ZhangBing.”这样学生通过观看实物演示、聆听教师的语言表述、看黑板上的例句进行归纳思维，可以很容易地掌握被动语态的语法结构。

3. 语言描述情境

对于某些难以用实物演示的情境，可利用语言进行简洁易懂的描述，并配上表情、手势，做到绘声绘色，使学生进入情境。如在教“have to do”句型时可以提供这样的语言情境：“Today is Sunday, I want to see an interesting film. But my

① 方燕芳．英语思维与英语教学 [M]．成都：电子科技大学出版社，2017.

mother is ill，so I have to look after her at home.”在这样的语境中，学生很容易理解“have to”的确切含义，再通过一些上下文情境的练习，学生很自然地学会了它的用法。

4. 善于捕捉机会，利用当时的语言情境

在教学中不时会出现一些意想不到的教学偶然事件，而这些事件却能为教学提供现成的语言情境。例如，当老师正在上课时，一位迟到的学生走了进来，老师即可抓住这个时机，创造一次机会让这位学生体验语言在具体的语境中的运用，如可以让他用英语解释迟到原因，让学生在体验中学习语言。

5. 充分发挥多媒体的辅助教学功能

随着科技的发展和现代教育的要求，现代化的教学手段能使课堂教学生动、形象，富有感染力，能使学生在兴趣盎然的情景中接受知识。因此，恰当、有效地运用现代教育技术手段能激发学生的学习兴趣和内部参与动机，能使不同水平、不同层次的学生都参与到课堂教学中，增强课堂教学的效果。

（四）发挥评价的激励机制，让学生体验成功

教师要带上放大镜去发掘学生身上的闪光点，及时进行表扬、鼓励，要让每一位学生有成就感。教师一方面要学会在适当的时机利用艺术化的激励语言对学生进行表扬与激励；另一方面还可以利用面部表情的互动去激励学生。对没有信心不敢发言的学生，教师可以用眼神表现出热盼与期待；对回答问题过程中卡壳的学生，教师的眼神可以给他启示与鼓励。当来不及用语言评价或无需用语言评价时，教师的一个微笑的眼神，就会给学生带来成就感。

总之，教师在英语教学过程中要时时反思自己，是否能使学生真正地参与到课堂活动中来，学生是否真正地参与思维训练，是否在体验中掌握了知识，提高了学习能力。只有这样，才能让思维与体验同行，取得理想的教学效果。

二、创新思维运用的方法

创新教育是对教育质量的巩固和深入，它强调在教学中教师应该把学生当作教学的主体，教师运用启发式教学方法组织各种活动来培养学生独立思考、自我创新的能力。为了发展学生的创新思想，必须把创新思维运用到英语教学中。怎样把创新思维运用到课堂上？这个问题就变成了所有从事英语教育工作者思考的问题，可以从以下几点考虑。

①研究教材，按自己的计划发展学生的创造性。例如，在“问路”的教学时，教师不但要帮助学生记忆一些有关句子的问与答，而且要给他们创设一些生活情境，如学生

知道路，但表达不清时应该怎么办？或者他们不知道路，但还想帮助一个陌生人时，又该怎么办？然后帮助他们学习并运用到实际生活中去。

②教学的组织。以前，教师在课堂上只讲知识，然后学生课后记忆，对大多数学生来说，他们在课堂上记不住，因此课后就必须花费许多时间，但是效果不是很好。在课堂上运用创新思维后，教师可以找一些方法帮助学生当堂记忆。如当教师教一个动词时，学生表演一下这个动作，其他学生猜，然后集体拼读，或者让学生讨论课文内容并提问如果他们是作者，他们在课文中会写些什么，这样他们就会有学习的欲望。

③设计问题的艺术。它能使课堂变得轻松，能激发和帮助学生学习以及与教师合作，设计问题必须根据不同水平的学生设计不同层次的问题。问题必须要有意义而且有趣味性。

④作业的布置。教师应该让学生有更多的选择，提供一些不同层次的作业让学生选择，如果能完成得很好或使他们感觉有趣，他们就会进步。除了在课堂上用的方法外，在课后也有一些方法，例如自学，教师可以推荐一些英文小说让学生读，然后让他们写出自己的读后感：组织英语角，或者给一些话题让他们讨论，然后他们就会自己思考并与别人讨论，或者给他们一些他们感兴趣的学习材料。如著名大学和名人的介绍、著名歌星球星的故事，让他们阅读、记忆并讨论。在功课方面，他们必须思考、想象，这样不仅能够让他们学到知识，而且也能使其思考自己的生活、未来和为人处事。

三、模仿思维运用的方法

按照模仿不同的阶段来划分，模仿可分为机械性模仿、意义性模仿和创造性模仿三个阶段，在每一个阶段，学生的模仿内容和老师所起的作用是不尽相同的，以下分阶段来谈一谈。

①机械性模仿。机械性模仿是语言模仿的初级形式，也是语言学习的必由之路。机械性模仿主要是通过纯口腔性的操练，帮助学生对新学的知识形成比较稳定的语音形象。如在音标教学中，大可不必把每一个音标的发音部位、发音方法像体育老师教授体育动作那样将动作分解、示范、操练、整合，只需控制好教学气氛让他们进行模仿，让其感觉模仿恰似婴儿牙牙学语般新奇有趣，使他们感到模仿也是一个语音信息、语言信息的交流过程，只要老师的发音是准确的，学生的发声器官是健全的，模仿的效果就必然是好的。

②意义性模仿。意义性模仿是让学生在有意义的情境中进一步地进行替换性模仿，以理解所模仿的语言材料，明白所模仿内容的意思。如在学习“there be”句型时，教师可以把不同的东西放在同一地点或把同一个东西放在不同地点，让学生在预设的情境

中进行替换性模仿，组织能够表达一定意思的句子，相互之间进行问答练习，从而很好地理解所学句型的意义。

③创造性模仿。创造性模仿是模仿学习中的最高层次。创造性模仿是指在机械性模仿和意义性模仿的基础上，将模仿而得的语言内化为学生自己的语言，并在新的情境中进行新的选择和组合，创造性地运用模仿前期所获得的语言知识，让语言在新的情境中为真正的交流和表达服务。

创造性模仿的一大特点是：此时的模仿已不再是原模仿语言的简单再现。它要求学生在创设的新的语境中，对所学的语言材料进行选择，组合成符合新情境的新内容。它需要经过思维、想象、创造性地运用模仿前期所获得的语言知识，将模仿到的结构重新组合成新的结构，在新的情境中自由发挥和表达自己的思想和感情。

总而言之，模仿作为一种教学手段，既是英语教学的必由之路，也是学习英语的一种途径，持之以恒地引导学生进行科学有效的模仿是大有裨益的。如果有一天，英语像母语一样渗透到学生的语言和思维，那必将是教学工作结出硕果的时候，这其中，当然也有“模仿教学”的一份功劳。

第三节　高校英语教学思维创新理论

一、高校英语教学思维创新的混沌理论

（一）混沌学理论的基本概念

1. 蝴蝶效应

蝴蝶效应是混沌学理论中的一个概念，它表明混沌系统对初始条件是敏感的，在初始状态一点轻微的变化，可能产生巨大的影响。它是指对初始条件敏感性的一种依赖现象。经典牛顿学说表明，只要初始条件给定，系统中的要素也就确定了，于是人们就可以确定系统的发展。而混沌现象的出现告诉人们，事物发展的结果对初始条件具有极为敏感的依赖性，也就是初始条件的细微差别，将导致结果的截然不同，即“蝴蝶效应”。

2. 分形

分形是混沌的具体表现形式。一般把其组成部分以某种方式与整体相似的形称为分形。分形具有两个普遍特征：其一它们始终是不规则的，即具有丰富的相似性；其二在不同层次上它们的不规则度却是一个常量，即分形具有不规则的比例自相似性。

分形性是一个几何术语，其中自相似性是分形最重要的概念，是指每一局部的形态

与整体的形态相似，在一定程度上，部分是整体的再现或缩影。

3. 奇异吸引子

吸引子是系统被吸引、约束、控制，并限定物体的运动范围。其中，奇异吸引子相对于不动点吸引子和有限极限环吸引子的平衡和稳定性，它是通过诱发系统向不规则发展，使系统产生不确定性。混沌理论认为，所有的系统都遵从不可预测的扰动，混沌系统不是混乱系统，而是隐藏在无序中的有序方式。一个动态系统在空间上的运动路径或轨迹称为吸引子，简单地讲，吸引子就是用几何图形表现出的系统运动的方式，奇异吸引子指的是任何一个轨迹不会与另一个轨迹重合或相交，它产生的是一种整体类型，局部细节如何表现是无法做出预测的。奇异吸引子使系统偏离收敛性吸引子的区域而导向不同的形态，它通过诱发系统的活力，使其变为非预设模式，从而创造了不可预测性。

4. 非线性

非线性是典型的混沌运动矢量特征，是对混沌运动轨迹的描述。系统内的非线性变因是混沌产生的根本，而对于随机因素引起的非线性运动不能称之为混沌运动。即使是确定性系统，只要内部存在非线性变因，就会产生混沌运动，出现预料不到的结果。混沌学认为事物之间并不是简单的线性关系，即不是简单的叠加关系，而是非线性的，所以很容易导致系统趋向复杂并使系统呈现出混沌状态。①

（二）语言研究和教学的混沌学视角

混沌学理论适用于语言研究必须先满足两个先决条件：一是语言本质上是文化性的，即语言本身就是一个复杂性系统；二是语言是一个开放性系统，其发展过程是非线性的，发展方向既是确定的，又是不确定的，既是可预见的，又是随机的，具有初值敏感性和自相似性。混沌是指事物表面上表现出来的无规则的运动状态。混沌系统的特点就是内在的随机性，不确定性，系统发展演化对初始条件的敏感性。教学系统设计的研究对象是不同层次的学与教的系统，是一个复杂的非线性系统，因为教与学系统的结果与该系统要素之间并不是简单的线性关系，而是相互作用 / 互相影响的动态变化过程。另外，系统中的要素一学生与教师本身就是动态变化的，所以，用混沌理论指导教学系统设计是适宜的。

（三）英语学习的混沌特性分析

目前英语教学设计具有深深的拉普拉斯因果决定论的烙印，是相对封闭的、线性的、可预测性的和负反馈的教学设计。它应用到动态、复杂的英语教学情景时，往往缺乏灵

① 郑立．慕课与高校英语学习方式研究 [M]．成都：西南交通大学出版社，2017.

活性。同时，传统教学设计严密的结构也限制了学习者的个性发展。混沌理论主张开放、动态、非线性、不确定性、正反馈等特性，对牛顿经典科学范式产生了巨大冲击，为研究复杂系统带来全新视角。以下是相对成熟的混沌学三个基本原理——复杂系统对初始条件的敏感依赖性、自相似性和吸引子在英语教学设计中的应用进行的思考与探索。

1. 英语学习主体的不确定性

英语学习主体从不同的源头起始，在随后的发展过程中与所处环境的各种非线性因素相互作用，在不断变幻的时空中产生随机组合，从而使英语学习主体经历的每一瞬间，都成为经由自组织而产生的涌现。这是一种典型的混沌系统的演化，自主学习者的家庭和学校环境、周围教师和同伴的影响、知识自身的吸引和变化等都会使其在每个关节点依次发生分岔，每一次分岔都成为不可逆转的过程。这构成了商务学习主体主要的基础构件，身体—心理—知识的要素都在生长过程中，它们彼此之间以及与环境之间存在着交叉循环的相互作用。加之时空中各种非线性因素的随机组合使得商务学习主体的演化方向充满了极大的不确定性和多元化发展的可能性。因此在英语学习过程中，不能让学习者都采用固定的学习模式，应因人而异，体现英语学习的不可预测性。

2. 英语学习过程的非线性

英语学习是一个“耗散系统”，具有非线性的特征。在英语学习系统中各种因素之间都呈现非严格的成比例关系。这些互动的关系是一种非线性的关系。关系的构成之间不存在永久平衡。自我效能感、归因认知策略、意志控制等以及环境之间的关系可能由一些细微的原因就会导致大相径庭的结果。因此，按照原定学习计划严格控制英语学习过程是不可能的，各因素之间的关系以及相互影响是未知的。这就要求学习者应根据反馈及时调整自己的学习步调，英语的教学目标和策略也应是灵活的、动态的。

3. 英语学习评价的多元性

英语学习评价是英语学习过程中不可或缺的一环。它以内外双向评价为主要特征，是对受教育者学习动机、策略和能力等进行评价及受教育者内部自我监控评价的结合。这是一个复杂、具有多元特征及不同的组合和自组织系统。教育者不可能对学习者给出一个准确无误的评价尺度，但可以设法构建完善的评价指标体系，使评价指标尽可能全面、科学、恰当地反映事物本质，使评价具有更高的可靠性、公平性和科学性。非线性英语教学系统假设各要素是相互作用、相互依存的因果关系，原因和结果是不成比例的相互联系，初始条件的轻微的变动，可能会产生不成比例的大的后果。整体不是简单系统各部分的和，对整体的理解和把握，需要用人类学的有关理论，通过部分—整体—部分不断循环地即时分析。脱离整体系统分析部分意义不大，英语教学设计过程中应更多地反映学习过程中动态、不可预测的方面，将不可预测的教学事件整合到动态关系之中，增加其灵活性，而不是按部就班的流程图。

（四）混沌理论在英语教学任务设计中的应用

1. 运用吸引子理论指导学习目标的制定

英语教学系统中的目的、目标总体要求属于收敛性吸引子。学习者的各自独特个性、学习风格及学习环境等属于奇异吸引子。不同的学习者以及同一学习者处于不同的状况都会导致英语学习系统偏离收敛性吸引子的区域而导向不同。学习者的个别差异性会导致英语学习中一系列状态的差异，因此英语学习者应充分了解自身的客观条件，根据自身的需要，制订出适合自身学习步调的课时目标，学习目标是学习的出发点和归宿。在英语学习过程中对学习起着限制和制约的作用是收敛性吸引子。制定正确课时目标，可以使学生在自主学习过程中清楚自己努力的方向，提高自律能力。根据目标所规定的知识体系和限定的方向进行学习，最终顺利实现课程目标。

在英语教学的前期就应指导学生结合自身的商务知识和英语水平，制定不同的学习目标，教师制定的英语培养目标也应具有独特性，教材和教学内容需要设计更多的商业案例分析或商务谈判假设环境，让学生能够参与其中，自由表达思想，完成特定商业模拟和角色扮演任务等，使学生浸泡在某种商务情景之中，充分调动自主学习能力，以提高学生的英语语言交际能力和相关商务知识技能。

2. 运用“蝴蝶效应”理论指导在英语学习策略的选定

混沌系统对其初始条件异常敏感，以至于初始状态的轻微变化都能导致不成比例的巨大后果。依据混沌理论：一个小误差或差异是系统向着理想状态转化的基本因素。学习策略是学习者有意识地调节学习心理的过程。依据自己的学习任务和特点制订适当的学习计划进行学习，学习者的情绪、动机及环境等大量错综复杂因素的变化呈现非线性状态，很难预测未来的学习状况或对某种既定学习状况变化做出反应。把这种事件的非线性发展模式应用在教学中，将有利于达到更好的学习效果，依据学生心理以及学习环境变化适时调整学习计划，更加符合学生的心理特征和思维特征。

英语教学策略的制订要符合其培养目标，是要培养融语言知识、策略能力和背景知识为一体的高素质、复合型人才，以适应全球化时代经济社会发展的需要。具体地说，它不但要培养学生听、说、读、写、译等综合运用英语语言的能力，而且还要培养学生的跨文化交际能力、创新能力与思辨能力，只有符合学习者主体的心理特征与主观意愿，才能取得良好的教学效果。

3. 运用复杂性理论指导英语学习环境的创设

运用复杂性理论指导学习环境的创设复杂性表现为一种众多因素相互作用的状态。学习环境主要包括学校学习环境、家庭学习环境和社会学习环境，其中的各个独立因素都进行着多方面的相互作用。这些无穷无尽的相互作用使每个系统作为一个整体产生了自发性的自组织。要充分发挥生态自组织系统的功能，不断丰富资源环境并以其催化的手段，使环境中的各种要素具有相互适应、相互生成的关联性和整体性。每一个这样自组织的、自我调整的复杂系统都具有某种动力，但复杂性系统却具有将秩序和混沌融入某种特殊的平衡能力。它的平衡点常被称为混沌的边缘，当学习者处在混沌边缘时，其发展轨道尚未锁定，切不可以确定性知识的传授为唯一目的。应当为各种不同条件的学习者提供充分发展的可能性创设条件，对处于混沌边缘的学习者施以适当的扰动以造成涨落，使系统脱离平衡态产生有序化的发展。

英语人才培养模式，教学不仅要紧密结合学习者现有的知识结构，而且更需要结合职业的需求。以情境化为特征的任务驱动与互动是实现知识结构和职业需求两个结合的有效途径。在情境设置之后，教学的内容应以任务的形式呈现给学习者，英语教学当中的任务是指接近或类似现实生活、工作中的各种商务活动。学习者通过这些活动来接触语言、运用语言，从而达到使用语言的目的以提高英语。英语教学、学习者通过完成任务将语言学习与实际工作任务相结合，其本质是“做中学”“学了用”“用而会”的原理。提出问题是任务驱动开始的一个重要环节，要培养和激励学习者的创新思维能力，激发学习者的学习兴趣，教师需要不断更新教学观念，提出能够激发学习者进行深入思考的开放式、探究式问题。学习者将在解决问题的过程中积极主动地建构自己的知识。

4. 运用反馈理论指导英语学习评价的使用

学习评价是一个复杂、具有多元特征及不同的组合和自组织系统。在这个系统中各因素相互作用，每个因素通过正反馈和负反馈影响学习质量，而且每一个因素都不是传统意义上控制者的力量，而是拥有微妙影响的“蝴蝶力量”这种力量本身非常难以预测，因为它是一种微妙的影响力。学习评价主要有诊断性评价、形成性评价和总结性评价。诊断性评价是指在教学活动进行前，为使教学计划能够指导和调整教学进程，使教学状态及时反馈给师生所进行的评价。学期或教程开始之前的诊断性评价，主要用来确定学生的学习准备程度并对学生进行安置。教学进程中的诊断性评价则主要用来确定妨碍学生学习的原因，以便采取补救措施。形成性评价是教学设计评价活动的主要形式，是调整设计方案的主要依据。在学习者评价中形成性评价主要是通过多种角度来评判学习者的学习效率以及做人的标准，不断地反馈学生学习成功或是失败的信息。协助学习者自己调整心态和学习方法，达到教学计划的实现。形成性评价特别注重强化学生学习成功之外，同时显示学生学习过程中需要改进的地方，因此英语教学中，其评价体系中要结合多种形式，使评价方式多元化，突出阶段性目标，最终指导学生提升其自身的综合素养，完成英语人才的培养目标。

真实的英语学习过程是一个多因素及其动态相互作用的复杂过程，存在着诸多不确定的因素，而传统教学系统设计用复杂教学系统抽象出来的简单教学系统设计模型，反过来再去指导复杂真实的学习过程，难免效果不佳。由此看来，有必要转变思维的方式，从开放的、非线性系统的混沌理论的视角重新考虑英语教学系统设计的研究方法，同时两者设计思路虽存在着明显的差异，但并不是对立的关系，在教学系统设计的过程中应综合应用，使其优势互补，以指导设计与开发工作。在设计开发的初始阶段，可以考虑以线性的开发为逻辑起点。然后，为了适应教学系统设计过程可能出现的动态变化，运用复杂性思维方式，将设计开发过程视为不断重复设计的、螺旋上升的、与他人合作探究的学习过程。以此循环设计过程，才能优化英语教学过程、提升英语教学效果。完成英语的培养目标，即培养出熟练掌握英语、通晓商务知识、熟悉国际商务环境、善于跨文化交际的应用型、复合型英语人才。

二、高校英语教学思维的桎梏

自然界每时每刻都在利用混沌来创造新的实体、创造新的事件。20 世纪中期开始，自然科学家们对混沌的研究不断揭示着混沌的奥秘，同时也在向人们传达这样一种思想，人们生活的世界每时每刻都处于混沌之中。虽然混沌在自然科学中的研究与应用越来越广泛，混沌对个人与社会的真正意义才刚刚开始被挖掘。作为社会中的个体，人们每时每刻都与社会、自然、思想密切联系着，它们通过各种方式影响着人们的生活。在这个复杂系统中的个人，都在不同的层次感受着混沌。

混沌理论虽然不能直接应用于社会科学领域当中，但作为一种隐喻，混沌理论的意义是不可小觑的。科学理论除了直接应用外，其中蕴含的科学思想作为隐喻影响着个人与社会。

过去人们竭尽全力地控制社会当中的不确定因素，为的就是能够使得事物的发展都在人们的掌控之中来消除不确定带来的不安。混沌系统是无法预测、操纵与控制的，与其千方百计地抵制生活中的不确定性，还不如试着去包容它、接纳它。课堂教学如果想要符合时代对人才的要求，完成教学目标并取得良好教学效果，教学创新是最重要的途径。因为教师们总是通过某种教学思维方式来认识并理解教学，教学思维方式的不同将导致对教学的认识和理解的差异。科学的教学思维方式将有利于教学，反之，落后的思维教学模式将阻碍教师的教学。传统的逻辑不能解释存在于许多系统里的复杂性和相互联系。因此，改变教学思维方式是课程改革成功的一个重要组成部分。

良好的教学思维有助于教师合理地、全面地运用各种方式方法进行教学活动，而不良的教学思维制约着教学行为的选择和开展，如果教学效果被削弱，则教学实践也会受其牵连，长期以来教师教学思维方式的简单性、线性、对象性决定了教师是采用单一的、静态的、二元的、线性的立场来看待和解决教学过程中的各种问题，虽然有助于学生形成规则意识、高效获得间接经验、快速解决简单问题方面有着不可替代的作用，但是传统的思维方式已经不能完全适应知识时代的要求和教学创新的开展。而今天，社会的复杂性已经截然不同，只有成为合格的终身学习者才能有机会进入优势轨道，让自己的发展适应社会变化的需要，同时能够达到理想的精神境界。

教师的教学思维隐藏在教师的心理结果当中，每时每刻都发挥着作用，引导着教师的教学行为。因此，在以往教学工作中，我们难以舍弃过去一贯的教学思维方式，对新的教学思维方式认识不到位。所以教育者要认清现代知识观下教师教学思维方式的弊端及其成因，洞悉不同教学思维方式的优势和弱点，帮助教师反思自身教学思维的局限，引导和鼓励教师优化教学思维方式，改善教学行为，以便在教学工作中游刃有余，教学改革才能顺应时代步伐逐步走出困境，素质教育的活力才能得到最大化地得到彰显，才能促进学生更好地发展。

（一）工具性教学思维

传统的教学思维是一种工具性教学思维。工具性教学思维指向教学的实际效用，教师在工具性教学思维的影响下，重视的是可测量的、立竿见影的教学效果。在教学目的上，工具性教学思维带有一定的功利化目的，为了追求教学效果最优化、教学效率最大化，通常可能以牺牲学生的利益为前提。在教学内容上，教师们倾向选取那些考试重点作为教学内容，忽视学生的实际需求与兴趣。在教学方法上，教师们对学生进行题海战术，强迫学生死记硬背等方式对学生进行训练。在教学评价上，教师们通常采取单一的评价标准，量化学生的表现，通过分数来衡量学生的学业水平。这样的教学不但教学效果一般，而且不利于学生的全面发展，更不用说开发学生智慧和潜能。以学生身心健康为代价的教学最终只会与教育目的背道而驰，偏离教学应有的轨道，培养出来的大多是精神空虚的“知识皮囊”。此外，教师倾向于工具性教学思维还不利于自身教师的专业发展，在教学上很难寻求突破。

行为科学认为人的行为是思维的产物。依据行为科学理论与理性的教学思维相一致的合乎理性的教学行为，才能产生合乎理性的学习思维与学习行为，最终促进学生全面、健康与和谐的发展，教师奉行单一的价值判断必然会导致学生片面的发展。这种工具理性支配下的教师教学思维不仅无法为学生的学习营造一个良好的心理氛围，也不利于学生健康的情感态度价值观的形成。

（二）线性教学思维

传统的教学思维是一种线性教学思维。顾名思义，线性教学思维是一种单向的、直线式的教学思维。这种线性教学思维具有固化的封闭性。线性教学思维表现为：教师在教学设计中习惯采取线性设计的方式，即导入—教师讲解—学生演练—教师评估，教学内容通常在教师设计教学过程的时候被简化了，教师认为与课程无关的教学内容会被自动忽略，剩下的仅仅是教师认为的重要的内容。按照线性教学思维，教师预先设计好的教学的全部过程，各个教学环节都必须按照教学设计进行。忠于线性教学思维的教师，几乎不允许教学实际与教学设计出现偏差。这样的课堂教学看上去像是井然有序，但实际的教学氛围却是十分沉闷的。

线性教学思维容易导致教师教学思维的僵化，缺乏创造性，在一定程度上也限制了学生的创造性思维，降低学生的学习兴趣。虽然按照线性教学设计能够顺利完成教学任务，但是在教学过程中，学生学到的仅仅是文本上的教学内容。受线性教学思维影响下的教学，严重阻碍了学生主体性的发挥，也必将阻碍新的教学观念、教学理论及教学思想的产生。要改变这种现状，就要促成教师教学思维的变革。[①]

（三）简单性教学思维

传统教学是一种简单性教学思维。简单性是相对于复杂性而言的。简单性教学思维容易以教师和教材文本为课堂教学的中心，忽视了教学中复杂的、不确定的因素。在课堂教学中，与学生的交往也仅仅是教学形式上的表现。教师与学生之间没有实质性交往发生的教学是“假教学”。其中，在师生之间、生生之间没有实现真正意义上的师生互动、相互沟通、相互影响，更谈何知识的共享。部分教师因对新课改的片面理解，追求表面上的“热闹”，把一些教育专家、学者推崇的教育教学模式信手拈来、照搬照套，忽视实际学生的需要，并不能将这些方式方法结合教学内容灵活开展及运用，这变相的桎梏限制了教师创造性教学思维发展的可能。有些教师设置的小组合作讨论的问题与教学内容无关，仅仅为了合作而“合作”，这样的合作学习没有实质的知识交流、共享；一些受热捧的课堂，则过分强调情感，部分教师通常以追求学生感动流泪为教学成功的目标，泛情感化不热衷教学而一味取悦学生情感的病态课堂，容易忽视教学本身的知识传授的教学目标。

① 赵艳．跨文化交际与英语思维教学研究［M］．长春：吉林大学出版社，2017．

部分教师满足于现在的教学状态，认为固守原有的教学方法和教学模式足以应对课堂教学活动，拒绝接受新的教学思想和教学方式，对教学创新毫不关注。教师只求轻松地教学，即便创造性想法禁锢在“霍布森之门”内。简单性教学思维指导下的教学，教学内容通常简化为知识，忽略学生创造性思维的培养；简化师生交流的形式，忽视给学生进行知识交流的机会；课堂中缺乏真正意义上的对话，只有教师的独白，学生的思维得不到有效锻炼，缺乏对真理的尊重与追求，最终必然导致课堂知识的枯竭。

（四）实体性教学思维

传统教学思维是一种实体性的教学思维。传统实体性思维建立在认为世界是简单的和可控的基础之上，实体性思维的世界观的核心就是相信世界万物皆有一个最终的且可靠的实体为其基础。由传统实体性思维所知道下的实体性教学思维认为，学生只是等待教育改造的客体，学生自身具有的主体性以及能动性被完全忽略了。这样，学生就等同于“客体”，教师的教学活动就等同于社会实践活动，教学目的就是要把学生的大脑等同于“容器”一样填满知识。于是，教师的教学基本以自己的讲授为主，学生很少有或者基本没有机会能够通过自己的实践来获取知识。

第四节　高校英语教学思维的变革与创新

一、高校英语教学思维的变革

教学系统是一个弱混沌系统，也就是说教学系统是一个有限混沌系统，它具有一定宏观线性发展性和一部分可预测性，即有趋向混沌吸引子的宏观确定性有序；但它同时还具有一定的混沌性，这就意味着灵活掌握与运用混沌理论为促使教学系统优化发展提供了可能。在将混沌理论应用于教学系统的过程当中，我们应该注重思考如何建立和设置一个混沌吸引子，即建立和设置属于教学系统的奇异吸引子，触发教师教学思维产生灵感，推动教学不断地创新与发展。

混沌理论已应用于教育行政、课程与教学、教育研究、教育测验等方面。教学系统是一个混沌的动态系统，依据混沌理论由于教学系统的复杂性教学系统容易产生无法预期的结果。这样的结果有可能是正面的，也有可能是负面的。不论是正面或是负面的，重要的是，教育的成效或教育的研究除了短期的观察之外，更应该累积长期数据，从中分析出可能的脉络，以增加教育效果的可预测性，并运用其扩大教育效果。

（一）课堂教学中的混沌特征

1. 课堂教学中的非线性

所谓“非线性”，是指事物非决定论的不可预测性、无序性、复杂性、不平衡性、多样性的存在。作为一个系统是指系统内各要素共同作用的结果，不等于各要素单独作用的累加。课堂教学就属于一种弱混沌系统，它是线性与非线性有机结合的结果。在一般的课堂教学当中，教师大多采用线性的思维方式进行教学，严格按照已有的教学体系，而没有看到教学过程的不确定性和随机性，也没有看到知识的生成特点。教师在课堂教学过程中，需要不断与学生保持互动，这种师生间的互动关系不是简单的线性关系，而是带有不确定性的非线性关系。教师不能单方面地充当知识的传递者，而是在师生互动的过程中，学习和挖掘新的知识，积极反思并改进教学的思维方式，与学生互相促进。根据混沌理论，课堂教学的过程就是一个探索未知世界的过程，而不是循规蹈矩、按部就班地按照已有的教学模式进行教学，在这个具有不确定性、随机性的过程中，教师和学生积极参与互动，在遇到新的问题时，教师应该帮助学生根据已有知识和经验进行正迁移。通过过去已有知识经验的迁移，能够加速学生对新知识的掌握。教学思维中的非线性对学生的内在认知结构以及元认知知识的影响也非常显著。

2. 课堂教学中的不确定性

任何事物都是处于一种动态的辩证发展的过程，不是恒定不变的，课堂教学也是如此，在利用确定的教学因素时，也会出现一些不确定的因素。确定性就是现有的教学条件和教学体系，不确定性就是教师的教学形式、教学思维以及学生的学习方法、认知结构等，两者共存于课堂教学中，都是不可或缺的。教师在课堂教学之前都会预先做好要教授的课程内容和教学形式，这样可以保证在有限的时间里进行高效率的教学，而在教学过程中会遇到各种不确定性因素，这就需要教师具有灵活的教学思维，当遇到不确定性因素时能够及时做出反应，教学方法和策略是确定的，但是教师和学生的思维是不确定的，教师应该在这些确定性的因素中发展不确定性以提高对不确定性事件的处理能力，比如面对思维自由的学生对新知识的诉求，教师不应局限于预先设计好的教学内容，要时刻做好帮助学生探索新知识的准备。课堂教学的不确定性促进了教学这种复杂性活动的动态发展。

3. 课堂教学中的自组织性

课堂教学的不确定性告诉我们，学生是一个具有独立思维能力的个体，每个学生在接受课程教学之前都已经带有不同的知识经验，在接受新的知识和技能时，学生会主动将过去经验进行组织，通过同化或者顺应建立与新知识的联系，这就是一个自组织的过程。

4. 课堂教学中的涌现性

涌现是指整体具备而部分不具备的特性。教学任务的顺利完成，离不开教师、学生、教学内容、教学方式等因素的结合。在课堂教学过程中，如果仅仅运用单独的一种教学因素或者将几种因素简单地进行组合，会限制教师的教学目的的实现、教学效果的提高。教学需要以学生为中心，考虑学生的认知特点和可接受性，在教师与学生的互动过程中，围绕学生开展教学。教学是一个整体的过程，而这个整体大于部分之和，它是各种教学因素的有机结合和相互协调的结果。混沌理论隐含着的思想成为教师在课堂教学里变革教学思维的新理念，成为挑战传统教学思维的推动力。新思维的课堂是一个动态变化的课堂。随着学校对话语域的演化发展，作为意义系统的学校教育本质也会转变，师生间的对话和理解也会进化，并超越现代传统教学思维的局限性。

在新思维课堂里，新的教学思维在涌现，新的问题推动着未来的变化发展，因而教师的角色和身份也会面临新的挑战。新思维的课堂需要的是一个设计师，帮助学生成为他们自己。①

（二）教学思维变革的趋向

1. 由线性教学思维转向非线性教学思维

从混沌理论的研究成果可以得出，非线性相对于线性来说，并不是一个特殊的存在。然而，实际上，世界的许多现象更多是非线性的，线性才是特殊的存在。就像在自然的真实情境下，很难找到完美的直线那样，通常存在于我们生活中的是那些不规则的、随意的线条。线性关系只是非线性关系的特殊情况。基于混沌理论的视角来审视教学系统会发现，在教学这个复杂的动态系统中，各个要素之间相互联系、相互依存，线性与非线性的关系交织在一起，促进教学系统的优化发展。运用非线性的教学思维来指导和组织课堂教学，目的在于注重学生的个体感悟和主体参与，使思维过程更具挑战性和深刻性，有利于促进学生个性和创新能力的发展。非线性思维在课堂教学中的合理运用并不意味着全盘否定线性思维方式，而是使线性思维在课堂教学中运用得更合理、更有效。因此，教师在教学过程中，要注重目标导学，注意设计科学、合理、具体的学习目标，让学生在学习目标的引领下，自主确定学习重点、难点，自主拟定学习提纲，自主选择学习方法，自主进行探究学习。

教师要切实转变角色，更多地发挥“引”与“导”的作用，切忌设计有违课堂生成

① 葛炳芳．英语阅读教学的综合视野内容、思维和语言 [M]．杭州：浙江大学出版社，2013.

性和多样性原则的教学流程，努力使课堂教学更具开放性、生活性和实效性。非线性思维为课堂教学开启了新的思路和视角，相信随着教学实践与研究探索的不断深入，非线性思维理论将会显示出更强大的生命力。

2. 由还原性教学思维转向整体性教学思维

20 世纪形成的现代生物还原论，可以说还原论的教学思维方式源远流长，并且影响巨大，成为指导各门科学研究与构建科学理论的重要原则。按照这种逻辑分析的观念，只要人们把研究对象分解得越精细，人们就会越能够精准地把握它。恰恰也正因如此，人们将这种思维方式当成至尊法宝，从而贬斥与抛弃其他思维方式。在教学领域也是如此，因为忽视各教学环节之间的关联性，完整的教学过程通常被分解成若干个教学环节，导致学生不能完整掌握知识和不能充分了解知识之间的有机联系。

从混沌理论中可以得到这样的启示，教师的还原论教学思维要向整体性教学思维发生转向。只有这样，教师才能从整体上把握教学系统，更好地从整体的角度调度各要素之间的关系，使每个教学环节紧密联系在一起，促进教学的最优化发展，从而丰富课堂教学，使得学生的创造性思维得到充分的发挥和发展。教师不仅仅是知识的传授者，而且更是学生学习的引导者，做学生学习过程中的引路人，使学生能够发挥潜能，成为他们自己。

3. 由实体性教学思维转向生成性教学思维

实体性教学思维使得教学成为这样一种隐喻：教学变成了一种储蓄行为。学生是知识的保管人，教师是储户。教师与学生之间不是存在意义交流，而是发表公告让学生耐心地接受、记忆和重复存储材料。这样的“储蓄式”教学，让学生成为储蓄知识的容器，学生主体的能动性被忽略了。于是，教学使得学生与教师之间只有知识的存储关系才在，而没有更多的意义交流。忠于实体性教学思维的教学过程坚持以教师为中心、以书本为中心的传统教学指导思想，从而导致了学生的创新思维和实践能力得不到应该有的培养。

从混沌理论看来，社会与自然中的一切活动都是集体活动。混沌状态下，个体是整体不可分离的部分，混沌洞见了个体和整体之间奇妙矛盾关系里的内涵。由个体组成的自组织系统，包含有不同层次的复杂性。每个层次皆演化出自己的“准则”。值得注意的是，集体的强大不是因为有某个个体或精英的振臂一呼。更确切地说，组织是随机的个体活动功能产生耦合反馈作用的结果。假使自然知识相对孤立的机械部件的组合，如今透过混沌之窗，我们能够明白个体间的交互作用和自组织倾向必定植根于自然之中。混沌创造性暗示了为什么多样性如此重要。

总之，对混沌的研究改变了人们传统的教学思维，也必会引发教育的系统变革。这就要求每一位教师都应该不断转变教学思维方式、提高自身素质，从而促进教学的更加深入、更加完善的发展。

二、高校英语教学思维的创新

教师要超越过去的教学思维，就意味着要突破过去传统教学思维的桎梏，舍弃原有教学思维的“拉普拉斯情结”，勇于进行教学思维的创新。在未来，知识型社会需要大量的创新型人才，教师应该意识到自身为国家培养创新型人才的重任，教师教学思维不断地创新、超越，才能为培养学生的创新思维提供一定的空间与动力，指引着学生不断在创新的道路上前进，从而构建成有层次结构的协同创新系统。

关于创新的问题是没有一个标准答案的。假如存在着一个标准答案，那就意味着在创新的道路上人们已经停止了思考。混沌使我们相信创新并没有放弃我们每个人，因为每个个体都具有创新的能力。一切主体要充分发挥创新精神就要有一定的自主与自由。在充满一定自由度的空间里，一些奇思异想、非常规的思维的涌现才能促发思维的创新，才能超越常规的思维方式，产生新思维、新思想。创新之路并不是一帆风顺的，这就要求教师在包容失败的基础上，坚持科学与人文精神相融合，不断向前探索，寻找教学思维创新的路径。

混沌理论的研究改变了各个领域的技术，拓宽了科学研究的视野，促成了跨越不同领域学科间界限的对话，也拓展了后现代思维的潜能。混沌理论研究之前的牛顿主义认为，自然并不是复杂的。宇宙中的万事万物是有序、有规则以及可预测的，因此后一事件完全可以由前一事件所决定。而世界上的一切事物都表现出复杂性、随机性和不可预测性。

将混沌运用在课程的教学上，就是培养学生的发散思维，让学生在有限的知识体系中挖掘出更多的信息，超越文本所包含的内容，并能够在学习的过程当中将已经学会的知识迁移到其他方面，举一反三，遇到问题时提出不同的解决办法。个人反思和对这些反思的共同讨论是这种课程的关键部分。

教学也是一种混沌系统，在教学的过程中会出现一些不确定的、少见的或者模棱两可的问题。怎样才能培养学生的发散思维，同时又不能丢掉教学形态，这时就需要教师具有一定的创新思维，从这些不确定性寻找解决的办法以及教学的规律，教师思维的狭隘必然会影响学生创造性思维的培养。教学过程中出现的各种不确定性问题都无疑丰富了教学的可能性。从教学思维的各个要素出发，可以从多维度来探索教学思维创新的路径。

（一）转变教学思维创新观念

教学思维创新需要教师转变教学观念，即教师要转变畏惧教学创新的传统观念。教学创新对教师来说是存在一定“风险”的事情，教师的“舒适地带”表明在日常的教学工作中，教师已经有一套自己熟悉的信念和与之匹配的工作策略，一旦这样的信念遭到变革和颠覆，日常工作的方向超越了这个地带，教师们心里就会感到恐慌、无所适从，因此部分教师会选择相对较为保守的教学策略。混沌理论向我们展示了创新就是超越我们之前所知，不断追求事物真理的过程。教师过去教学思维的习惯、观点、经验，会使教师的教学基本上局限于一种熟悉的环境之中，所以在某种程度上，它与负反馈环（对活动产生抑制作用的反馈）相似。当然，这种具有限制性的负反馈环对于教学保持着相对稳定与可控是不可或缺的，但是这就是教学的全部，将会变成可怕的限制。

教育改革的关键在于教师观念的改变。当教师们习惯了传统的教学方法，教育改革要求教师创新教学思维就显得相当困难，尤其那些年龄较大的教师，在教育改革面前难免有抵触情绪。教师创新教学思维，就必须要打破过去传统教学思维的桎梏，重新学习新的教学知识与方法，教师转变教育观念，就是用学生发展的思维代替以考试成绩为标准的思维，以相信学生能力的思维代替教师权威的思维，真正做到以学生为主体。当前的教育现状是教师教育观念陈旧，课堂比较沉默，学生思维不太活跃。孩子本来就有求知的天性，但应试倾向却在无形中消灭了孩子的天性，折断了他们想象的翅膀。因此，冲破应试教育的藩篱，要靠改革，还学生一个自由的心灵与开放的思维。以学生为主体，绝对不是降低老师的作用，而是提高对老师的要求。老师不能只抱着课本按部就班，而是要研究学生、启发学生、帮助学生，和学生共同学习。

教学是一个弱混沌的系统，充满着无限的可能性。教师在教学中如何培养学生的创新思维，需要教师以身作则，从教学观念的转变出发，克服对创新所带来的未知的、不确定性的恐惧，超越教学思维定式，相信自身所具有的创造性才能。

（二）提升教学思维创新素质

任何时代都不可能死板地重复过去的情况。知识的真正价值并不在于继承，而是在于发展与创新。教会学生学会应用知识是使教育保持活力的中心问题。教师本人要注重创新思维能力的培养。教师教学思维僵化，缺乏想象力与创新的能力，那么这样的教师就难以点燃知识，照亮学生前进的路途。因此，教师教学思维应该始终保持着活力。

第一，教学思维创新要求教师应该注意顿悟。混沌理论倡议随机性和不确定性，其实是在鼓励个人与集体行为的动态变化。一个具有丰富的、复杂化的环境可以促进能量的充足和利用。在混沌世界里，不是要控制处于不相干性、不可预测性、不可确定性，而是要鼓励他们的出现。个体的创造力、机制本身的变化依赖于多样变化而非单纯地预测与控制。因为个体的经验变化无穷，个体的思想是独特的，作为人类的我们也想有共性与关联习惯，他们也就像是混沌中的秩序一样，是不同个体自身经验的混沌中的奇异吸引子。

学生的学习和成长是解决矛盾、适应变化的过程。教师应该多视角地创造新的教学活动、新的关联、新的意义，并主动与学生的生活世界相联系，从而促进学生的发展。正如蝴蝶效应，学生的某个细小的反馈看起来对整个教学系统行为没有重大的影响，但可能积累起来，经过协同作用产生意想不到的效果。教学问题其实是更深层次问题的反映。教师要从深层次改善教学，就意味着要放弃寻找简易答案或快速修正的方法，需要放弃把问题当成“物”或者真伪存在简单方法的思维。各种相关联实践交织在一起，产生并支持着教学的“留白”。放弃把教学问题看作“物”的做法，转而从“留白”处寻找相互联系，可能会使教师们感到既耗时又费力。刚开始的时候，教师可能不知道从哪里开始着手而倍感压力，与此同时还要从全局把握，全盘考虑。

第二，教学思维创新要求教师应该积极反思。教师的批判反思有助于教师追求解放，有助于教师按照自己的意志开展教学实践。什么是教师可以逃避决策挑战与复杂性？如果他可以学着“提升批判意识”，他或许可以解放自己而有更好的理解与选择，他或许可以解放自己而有更好的反省行动，按照他的自由行事、试着每一天成为“他自己”。教师对教学实践的批判反思使教师能够用探究的眼光看待自己的教学，思考当中的可能从未注意到的细节，让这些细节再次产生意义。

思维的习惯、观点、经验，有时甚至是世界所谓的“真相”，使我们的生活基本上局限于一种熟悉的环境之中。教学观念中思维定式的转变就体现出创新思维的重要性，这种思维定式表明，当新的教学观念被提出时，教师虽然接受这种观念，但是依然采用原来的习惯性的教学方式进行教学，他们认为教师只是学生的引导者，学习的主动权在于学生。思维定式使我们对世界的“看法”带上某种预期的确定性，于是通常引起对现实的欺骗。教师如果一味地严格按照已有的教学方案进行教学，充当定义和概念的传递者，这样就会束缚学生创造性的发展。这些都是混沌理论对改变教学观念的启发一顿悟、打破常规和思维定式。

教育是一个复杂的系统，这里不存在单一的原因，也没有设置好解决问题的多米诺骨牌。教师们既不要狂妄，也不要绝望，要看到“留白”，也要消除怀疑，意识到不确定性意味着存在着多种可能性。在教学上，教师们要用“柔和的眼光”，从关联的角度去寻找更广泛的联系，不要一味关注于学生在学习上一时的表现和课堂教学的最终成果，只有教师们不再把结果、成绩的检测看作教学最终的目的，而是把它们看成学生发展大演变中的一个小环节，教师们就会更清楚地明白，从整体上用关联的教学思维去看待学生的学习，促进学生的发展，对学生来说才是最有利的。

（三）构建教学思维创新平台

构建教学思维创新平台就是要创建一种教学自由的氛围。在这种氛围中，教师享有充分的教学自由，可以自主、自由地判断正误。教师的舆论，对教学怀有共同的热情，是教师激发教学思维，达到教师间知识共享，提高教学质量强力有效的保证。教师应该是有社会责任感的知识分子，教师之间相互鼓励、自由地决定着自己的教学活动，这样才能为教师创新教学思维提供充分的思考空间，使教师教学思维充满活力。

教师要集中集体智慧，发展超越传统的教学思维，这就要求每一位教师都时刻注意身边发生的教学细节，在教师群体中的交互反馈作用的推动下，自下而上地建构出教师主动进行教学科研为一体的教师共同体，开发教师个人和集体的教学思维，激发教学灵感，从而获得更多的教学智慧，丰富教学实践的发展。

学校为教师进行自我反思和教学思维方式的改进提供了实战平台，学校通过建立教学共同体，为教师提供充足的资源以供教师之间进行交流和反思。教学共同体，是促成教师成长的有效形式，有利于教师教学智慧共享，促进教学质量的提高。混沌理论表明，当不同的个体进行自组织的时候，他们能够创造出具有高度适应性的形式。大多数有促进作用的正式规则，如交通、健康和安全、消费者保护等，都不是事先就计划好了的，而是随系统涌现而涌现的。竞争在个体之间的交互作用方面可以是一个重要的因素。因此，学校要创造条件为教师与学生充分发挥创新精神创造条件。

在一个复杂混沌系统中包含了不停的创造性动态过程，竞争与合作会在某一时刻突然相互转化。混沌系统中，个体元素在许多不同的尺度进行交互作用。对这些不同尺度上的秩序，混沌着眼于系统中元素和系统间的关系如何在混沌边缘不断重组它们自己。当教师在教学共同体中，在积极的自我反思中，与其他教师协同发挥创造性，不断改进自己的教学思维方式以及培养创新思维，教学质量就会得到不断提高。

第三章 互联网时代下的高校英语课程

第一节 高校英语课程及四要素

一、高校英语课程设计概况

课程设置指依据一定的培养目标，选择课程内容，确定课程门类、学分和教学时数，编排学年及学期顺序，形成合理的课程体系。根据教学要求基本原则和指导思想，围绕本校学科专业特色建设和发展定位，开展高校英语课程设置，这是高校英语教学改革的主要内容。高校英语课程设置改革要通过充分有效的需求分析，整合各种教学资源，按照本校高校英语教育改革规划，确立校本高校英语课程体系，确保不同专业类型、不同层次、不同需求的学生在英语应用能力方面得到充分的训练和提高。

高校英语课程不仅是一门语言基础课程，也是拓宽知识、了解世界文化的素质教育课程，兼有工具性和人文性。因此，设置高校英语课程时，也应当充分考虑对学生的国际文化知识的传授和跨文化素质的培养。在确保高校英语作为通识教育必修课的基础上，各校可根据实际情况，按照课程要求和本校的高校英语教学目标，设计出适合本校专业人才培养的高校英语课程体系，将综合英语类、语言技能类、语言应用类、语言文化类和专业英语类等必修课程和选修课程有机结合，确保不同层次的学生在英语应用能力方面得到充分的训练和提高。

（一）高校英语必修课程设置情况

课程要求对高校英语必修课程的学时和学分没有做出明确的要求，但原则性地要求给予足够的学时和学分，并要求学校充分利用现代信息技术，开发和建设各种基于计算机和网络的课程，保障学生自主学习，满足不同英语起点的学生的个性化学习需要和专业发展的需要。

在我国高校普遍压缩学时学分的形势下，高校英语必修课的学时、学分普遍减少，而且，部分学校减少高校英语必修课学时、学分的幅度还比较大。但高校英语作为一门必修课的地位没有动摇，高校英语教师在教学过程中越来越重视培养学生的英语综合应用能力和跨文化素养。

在高校英语课程类型上，主要以综合英语课为主，英语视听说为辅，重视听说读写译综合能力的培养。在开展以综合英语、视听说为主的课堂教学的同时，多数高校还加强了高校英语网络自主学习中心的建设，保障了学生课外基于网络的自主学习。不少高校还通过购置或自主开发高校英语学习系统，充分发挥高校英语网络自主学习中心的作用，比如：要求学生利用高校英语网络自主学习中心的设备条件和软件系统，自主学习、训练高校英语口语、高校英语写作，并将其学习进度情况和效果纳入期末学生考评体系。

由于学生在招生类型及专业发展等方面的差异性，高校在高校英语必修课设置中也有很大的差异性。比如，由于我国高校国际化发展的深入，中外合作办学项目在高校招生类型中占有一定的比例，根据这类学生的发展需要，为了突出国际化的特色，通常在高校英语必修课学分、学时上，都有较高的要求，在开设课程的门类上，往往也跟国际接轨，特别是重视学生的口语、写作等语言输出技能训练。所以，大多学校对中外合作办学项目学生都单独开设了口语课或者写作课。

（二）高校英语选修课程设置情况

高校英语课程设置情况反映高校英语教学主管部门和教育工作者的教学理念。近年来，在我国高校英语课程设置方面，高校英语教学界出现了两种完全不同的教学理念取向，一种是把高校英语当成英语专业来教，另一种是坚持高校英语应当为学生专业学习服务的理念。

持第一种教学观念取向的学校，在高校英语教育教学中，参照英语专业的课程设置和教学模式来开展高校英语教学，除了在基础阶段开设以综合英语、视听说等必修课程外，在高校英语提高阶段为学生开设各类以提升学生英语应用能力为目标的各类课程，例如：英语报刊选读、英语影视欣赏等。

高校英语教学观认为高校英语应当为专业院系服务，培养学生用英语开展专业学习和研究的能力以及毕业后用英语从事某种涉外职业的能力。持这种观点的学校，在高校英语提高阶段选修课程的设置方面，各有千秋，但其教学观都落脚在专门用途英语（English for Specific Purposes，ESP）课程设置上，各校根据校本专业特色及发展定位开设各种各样的 ESP 课程。如服务于应用型本科人才培养的知识产权行业英语、涉外律师行业英语、会计行业英语、建筑行业英语、汽车行业英语、IT 行业英语、纺织行业英语、空调制冷行业英语等各类行业英语课程；服务于研究型本科人才培养的学术英语写作、科技英语阅读、管理科学英语、网络科技英语、法律英语等各类学术英语课程。

截然不同的教学理念在高校英语教育教学改革中的体现，重点反映在课程设置上。

不同的教育观念取向，必将影响高校英语教育教学改革的走向及其发展，高校英语是采用英语专业的教学模式？还是坚持为专业学习服务？或者以某一种取向为主，兼顾另一种取向？

对于上述问题的回答，每个学校都可能有不同的答案。但是，随着经济全球化、文化多元化、教育信息化、英语国际化的不断深入，随着我国基础教育水平的不断提升，以及高校生入学英语水平的不断提高，全国高校也在不断深化高校英语教育教学改革，专门用途英语（ESP）越来越受到重视，以学生发展为驱动，面向高等教育国际化的社会需求，面向学校本科专业人才培养的需求，这是新形势下我国高校英语教学改革的主旋律。根据分类、分层次教学原则，学校围绕各自学科专业特色和发展定位，在对高校英语必修课程设置进行改革、切实提高学生英语综合应用能力的同时，纷纷加强ESP高校英语选修课程建设，重视通用英语（English for General Purposes，EGP）和专门用途英语（ESP）之间的交叉融合，加大高校英语课程体系的建设力度，不断凝练和固化校本特色的课程体系，更好地服务于本校专业人才培养。

在课程设置中，坚持专业学习与个人发展相结合，必修课与选修课相结合，课堂教学与自主学习相结合，EGP和ESP相结合。首先，课程设置既要反映专业人才培养方案对学生专业学习的要求，又要充分满足不同招生类型学生在个人兴趣、职业发展等方面的需求。其次，在课程性质方面，不仅充分考虑新形势下学校对高校英语课程学分压缩的现实，确保各类学生基础阶段的必修课，又要充分利用学校的通识课（选修模块），陆续开设、建设各类EGP和ESP课程，在切实提高高校英语必修课效果的同时，尽可能给予学生更多的选择ESP课程机会，最大限度地满足各类学生的不同需求。

在深化高校英语教学改革的过程中，我们不断更新教育观念，努力破解EGP和ESP课程之间的误区，将综合英语类、语言技能类、语言应用类、语言文化类和专门用途英语类等必修课程和选修课程有机结合，搭建科学、合理、系统的高校英语课程体系，突出校本特色，确保高校英语四年不断线，确保不同类别、不同层次的学生在英语应用能力和跨文化素养方面得到充分的训练和提高。

高等教育国际化背景下，高校英语课程的重要性不言而喻。但随着我国高校本科人才培养计划的不断改革，特别是对学分、学时的大幅压缩，高校英语课程在全校通识教育必修课中的地位普遍被削弱，而与此同时，对高校英语教师提高教学水平、提升学生英语应用能力的预期却有增无减，高校英语教育教学改革面临着前所未有的压力与挑战。高校英语教育教学改革的关键还是教师。高校英语教师不仅要充分调动自身的积极性和主观能动性，而且要通过自己不懈的努力，尽可能争取管理者的理解和支持，最大限度地为学生专业学习和个人发展服务。这也是我们开展高校英语课堂教学研究的根本原因所在。

二、高校英语课程教学系统四要素分析

在现代信息技术条件下，现代教学媒体的作用越来越显著，极大地冲击着传统的教学系统。虽然现代教学系统仍由教师、学生、教学内容、教学媒体这四个基本要素构成，但这四个要素在现代教学系统中的作用发生了根本的变化，而且，四大要素也不是简单地、孤立地拼凑在一起，而是彼此相互联系、相互作用而形成的有机整体。现代教学媒体的强势发展和影响从本质上改变了传统教学系统四要素及其之间的关系，极大地提高了系统内部各要素之间信息传递和转化的效率。

（一）高校英语学习者

与任何一门课程教学一样，高校英语课程教学的出发点和落脚点都应当是学生。研究高校英语教育教学首先要研究高校英语学习者。

近年来，随着高校新生英语水平的不断提高，学生对自己的英语综合能力提高的目标和要求也不断提高。现在的高校新生都是在基础教育实施“新课标”后开始学习英语的，他们在学习目标定位、学习理念、学习动机、学习方法、学习条件等方面都有明确的特点。

首先，学生学习高校英语的目的很明确，那就是要通过高校英语学习，提高自己的英语综合应用能力，特别是听说能力，从而在今后学习、工作和社会交往中能够用英语有效地进行交际。同时，在经济全球化、文化多元化、交流信息化的时代背景下，学生也急需提升自身的综合文化素养特别是跨文化素养。他们把英语学习与今后升学、就业和终身学习紧密结合，力求把自己培养成具备基本英语素养和跨文化素养的21世纪公民;他们能够根据自身认知特点和学习发展的需要，着重提高用英语获取信息、处理信息、分析和解决问题的能力以及用英语进行思维和表达的能力，增进跨文化理解和跨文化交际的意识和能力；他们能够根据自身发展需要选择个性化的学习方法、学习策略，最大限度地发展个人潜能；他们注重通过英语学习策略训练，不断优化学习方式，提高自主学习的能力；他们受建构主义学习理论的影响较深，能够把学习作为自己主动建构知识和意义的过程。

随着网络信息技术的迅猛发展，强调依靠信息技术进行意义建构与知识创新的建构主义学习观盛行。对现在的高校新生来说，学习是一个积极且有意义的知识建构和真实的体验;学习是他们讨论、合作、协调和知识共享的完整的过程，而不是孤立的技能训练。

在高校英语课程教学中，小班授课越来越普及，多数学校通常都以专业自然班作为

授课班级，一般情况下，每个自然班学生人数大多在 30 ～ 40 之间。学生课外英语学习方式丰富多样，学生在图书馆、宿舍、网络自主学习中心等场所，采用各种媒体途径，根据兴趣开展在线多模态阅读（包括视读、听读），免费下载自己爱好的各种英语歌曲、演讲、Ted 教育视频等，课外随时随地用手机、iPad、mp4 等播放，他们也会在线发布一些评论，通过 QQ、Email、飞信、微博、微信等社会化协作软件，与外界保持联系和互动，而且这种互动一般是阅读、写作交织在一起，语言输入和语言输出相得益彰。高校外语文化氛围普遍比较浓厚，学生不仅可以通过在线观看英语影片等不同途径欣赏外语文化，还可以通过参加英语角、外语文化月等各种外语活动，提高语言应用能力。

（二）高校英语教师

教学活动离不开学生、教师两个主体。学生是“学”的主体，在以学习者为中心的教育理念下，充分发挥学生中心地位意义重大。但作为“教”的主体，教师在教育教学过程中则起着主导性作用，高校英语师资队伍建设对于深化高校英语教育教学改革至关重要。

近年来，高校英语师资队伍不断壮大，师资在学历层次、专业水平等方面都有较大幅度的提升。高校英语教师队伍中，随着 20 世纪 50 年代出生的老师陆续退休，现职教师大多都是硕士以上学历，有国外留学或工作经历的老师也占有一定的比例，很多重点高校要求教师必须通过各种方式到国外访学深造，否则在职称评定和提拔任用等方面就会一票否决。外籍教师也成为高校英语师资队伍中不可或缺的组成力量，在中外合作办学项目和某些民办特色学校，外籍教师甚至成了高校英语师资队伍中的主力军。

在高校英语教材不断更新、升级的市场机制推动下，基于新教材的高校英语教师培训使高校英语教师在教学理念、教学方法等方面与时俱进、不断发展。广大教师注重学生英语综合能力培养，在以教师为主导的同时，普遍关注、探索以学生为中心的教学法，取得了显著的成果。

在高校本科教学质量评估的政策推动下，近年来高校英语教学条件建设发展迅速，多媒体课室和高校英语网络自主学习中心得以普及，为高校英语教师探索基于计算机和课堂的教学模式、改善教学效果奠定了坚实的基础。

为了确保高校英语教师队伍健康发展，各校高校英语教学部门完善制度，改进工作机制，通过教改、教研、教师专业发展一体化的团队建设，加强观摩教学、师资培训与学术交流，推动学习型师资团队建设，提升高校英语教学团队整体理论水平。现在的高校英语教师发展不仅仅是“站好讲台”了，他们还积极投身教改、教研，发表学术论文，编写、出版校本特色英语教材。

当然，随着高校英语课程体系改革的不断深入，高校英语师资队伍建设也出现了一系列难题，面临着来自各方面的各种挑战。例如，随着我国高校英语教学改革正处于一个从 EGP 到 ESP 的转型时期，急需具有 ESP 背景的“双师型”教师队伍。高校英语教师面临着职业转型的挑战，不仅仅要讲授传统的语言技能，还要根据学生的专业学习和就业需求，给学生开设各类学术英语（English for Academic Purposes，EAP）或职场英语（English for Occupational Purposes，EOP）。但高校缺乏行之有效的 ESP 师资队伍建设规划或举措，大多数英语教师对专门用途英语有危难情绪、不愿转型，而且由于“双师型”师资在学科专业归属、职称晋升等方面缺乏政策引导、鼓励和支持，合格的 ESP 师资严重匮乏。

高校英语“教”的主体无疑就是高校英语教师。但在我国高校，高校英语课程建设是一个系统工程，其主体不能局限于传统意义上的教师，还离不开教学管理者的参与。也就是说，高校英语教学具有教师、学生、管理者“三个主体”，而且，在我国高等教育体制下，管理者这个主体的作用不可低估，有时候甚至起到决定性的作用，深化高校英语教学改革离不开管理者的充分重视和参与。我国高校英语教学改革管理者主体是一个广义的概念，既包括高等教育各级各类行政主管（如：教育部、省市教育厅的相关主管，以及学校分管领导、教务处领导等），也包括高校英语教学部门主管，甚至还可包括教育部、各省（市）高校英语教学指导委员会等学术机构。这些管理者主体是高校英语教学改革的决策者、组织者、管理者，他们对高校英语课程建设的理解、支持和付出，是高校英语教学改革的决定性因素之一。以学校教学管理职能部门教务处为例，高校英语课程教学管理与改革的方方面面都离不开教务处的关心和支持，如：本科人才培养方案中对高校英语课程性质的定位、学分 / 学时分配、教学资源配置、教学改革立项、学生分级分班、课程排课、教学场所安排、学生竞赛资助、教学奖励等。其实，除了上述主体，高校英语教学改革的顺利开展，也离不开学校各专业学院、学生处和团委等职能部门主管领导的关心与支持。为了充分调动各方积极性，高校英语教学部门（高校外语部或外国语学院）必须加强与学校有关领导和职能部门的交流互动，保障高校英语教育教学改革的顺利实施。

（三）高校英语教学内容

随着基于计算机和课堂的高校英语教学模式的普及，高校英语教学内容在教材载体上不断更新升级，除了传统的纸质教材外，学生还可以在学校网络自主学习中心学习，也可以使用手机、iPad 等新媒介自主学习，充分利用国内外优质的开放教学资源。多元化的教学资源突破了传统纸质教材的局限性，立体化、数字化（如 DVD、网络在线学习系统等）的教材体系为高校英语教学提供了题材广泛、形式多样的教学材料，很好地满足了新媒介时代学生的个性化学习需求。同时，除了选用高水平优质教材，各校纷纷开发校本特色教材，建设数字化校本教学资源，以满足学生个性化学习中对真实性语言教学材料和学习环境的需求，以及学生对多模态教学的需要和日益增长的跨文化交流需要。

高校英语教学内容与时俱进，除了传统的读写能力，文化素养也成为高校英语教学中不可或缺的内容。新媒介时代，即便是读写能力，在内涵上，也发生了巨大的变化。现在的读写能力不仅仅是使用正确，还指能够更加充分和全面地交流和表达意义，体现了对交流得更加广义的理解以及更加积极的学习方法。以写作学习为例，过去的学生写作练习是要一笔一画写在本子上的，如果写错了要改动很不方便，现在则大不相同了，学生不仅可以反复而又很容易地对文本进行修改，还可以利用 Office Word 等文字处理系统的拼错、语法识别提示和自动修改功能协助书写。过去，优秀的英语学习者在课外也有坚持用英语写作日记或者周记的好习惯，而现在的泛在式学习使学生可以通过手机短信、e-mail 或 QQ、微博、微信等社交软件随时随地写作、交流互动。另外，现在的写作也更加口语化、非正式化，经常使用缩写、情绪符等，也就是说，数字化、可视化极大地丰富了文字表达的形式和内涵，集成性视听文本（如微信）在青年学生中广为流行。现在的书面课文通常都配有数字化的在线多模态文本，除了与纸质课文相配套的在线文字形式，经常还有音频、视频等辅助学习媒介。

在基于计算机和课堂的高校英语教学模式普及过程中，教材的观念逐步为教学资源所替代。教学资源建设成为新媒介时代高校英语课程建设的核心内容之一，它不仅决定着课程的教学内容，也是高校英语教学工作者教学观念的重要反映。“一本书，一个讲台”，这种以教师“讲”为主的传统教学模式已经成为历史。由于信息时代知识的公开性、共享性，作为知识传播的主体，教师的权威性受到挑战。时代呼唤能够顺应信息化发展的新型教师。

（四）高校英语教学媒体

随着新媒介的迅猛发展，在现代教学系统四要素中，教学媒体要素越来越重要，极大地影响着其他三个要素。

近年来，高校英语课堂教学条件和学生自主学习条件都发生了巨大的变化。多媒体教室、网络教室得到普及，基于计算机和课堂的教学模式成为高校英语教学模式的主流，以富媒体为特征的高校英语教学资源有力地支持、促进了学生的个性化学习和交流。

在课堂教学中，教育者可以利用各种教学工具，如图片、视频、音乐等，激起学生学习的兴趣，引导学生进入多模态学习环境，进而达到很好的教学效果。教师可以将课内教材与课外读物相结合，鼓励学生拓展课外学习，利用网上资源及图书馆图书等进行多方位学习，进一步巩固知识。

泛在式、非正式学习成为学生课外学习主体。学生采用各种媒体途径，例如：手机、个人电脑、iPad、课本、校园网、校园广播、网络自主学习中心，根据个人兴趣和学习发展需要，进行多媒体、多模态学习，课外随时随地用手机、iPad、mp4 等播放学习，或通过 QQ、飞信、微博等社交软件与外界保持联系和互动。

一系列实验研究表明，文字、声音和图像这三种方式相结合的多模态学习方法有利于提高学生学习的效率；同时，借助多媒体进行教学，对学生的外语学习有更大帮助，因为图像与声音比文字更形象、生动，多模态学习，即运用视觉、听觉和言语等多种模式同时进行学习，有利于减轻学习者认知负荷，加强学习的持久性，有利于改进学习效果。

近年来，各校纷纷改善高校英语教学条件，不仅普及了多媒体课堂教学，而且都在加强高校英语网络自主学习中心建设。立体化、多元化的教学资源拓展了学习者意义表达和建构方式，促进了教学内容的多元化，不仅保障了新媒介条件下多媒体、多模态课堂教学，促进了学生真实的、有意义的英语学习，满足了交互式英语教学的需求，还极大地丰富了高校英语课程文化及校园文化。探索如何通过教学媒体不断优化教学系统，已经成为高校英语教育教学改革的一个核心主题。

第二节　课程的多样化发展与在线课程

一、课程的多样化发展

广义的课程指为实现培养目标而选择的教育内容及其进程的总和，它包括学校教授的各门学科和有目的、有计划的教育活动。狭义的课程是指某一门科目，如英语和代数等。无论是广义的课程，还是狭义的课程，无论是课程的设计还是实施，无论是具体课程的实施还是课程文化的建设，都是为了让学生更好地“成为人、发展人、完善人”。在现代学校教育体系中，行政班级教学机制在这方面有着先天不足，统一的课程开设在满足学生诸多个性化需求方面也存在不足，加之评价体系的单一性，最终“成就了不少学生，亦压抑了不少学生”。利用技术的优势，创造性地实施多样化课程，能在一定程度上解决这个问题。

（一）课程多样化

教育发展和变化会反映在学校、课程、教学的方方面面中，但根本变化最终会在课程中表现出来。创造条件开设丰富多彩的选修课，为学生提供更多选择，促进学生全面而有个性的发展。

教育存在的多样化必然引起教育形态的多样化，而多样化的教育又必然导致课程的多样化。课程的多样化发展趋势包括课程目标的多样化、内容的多样化、实施方式的多样化和评价方式的多样化等几个方面。

1. 课程目标的多样化

①由于学生的智力水平、学业基础、学习需求和愿望以及个性、特长、兴趣等方面的差异，不同学生的发展目标应该是不同的，这就要求教师在课程活动中，要针对学生的特点，提出有区别的、有利于学生发展的、经过努力可以实现的目标。

②我国地域广大，不同地区之间、城乡之间在社会经济和文化发展水平、各种教育资源拥有程度，特别是师资水平、教学质量等方面存在很大差异，因此，应该在具体的培养目标上有所区别。

③随着私立学校的兴起、外国教育机构的参与、企业与行业培训活动的发展、远程教育的壮大等，教育方式和学校形态及功能发生了很大变化，教育教学的多样性特征更加明显，课程及课程目标也更多样。

2. 课程内容的多样化

①课程内容既要反映基础知识与基本技能的要求，也要重视学生思想道德、情感、态度、价值观的培养。

②课程内容要关注科技发展动态，反映科学技术发展的新成果，并把这些新知识及时吸收进课程；课程应反映人类和社会发展的基本问题，如信息、人口、环境保护、身体保健、等也应该纳入课程体系。

③课程内容要体现地方特色和学校特色。地方性知识、隐性知识、程序性知识、建构性知识等均应以适当的方式进入学校课程体系，不同社区、不同文化的知识都应该受到尊重。课程要注意选择具有时代特征、对学生的发展和社会的进步具有现实意义的知识内容，要关注学生实际的、现实的知识需要，建构新型的、民主的知识体系。地方课程、校本课程的开发应得到重视。

④教材应该体现多样性。课程知识供应的渠道和方式是多样化的，因此呈现课程内容的载体一教材也应该是多样的。只有教材多样，才能更好地促进地方课程与校本课程的开发，从操作层面将课程内容的选择性、多样性，使课程内容的多样化落到实处。

3. 课程实施方式的多样化

要培养学生各个方面的素质和能力，就必须用多种多样的方式方法。不同的课程具有不同的功能和作用。活动课程要实现的目标和所具有的功能是分科课程所不具备的，同时，分科课程所具有的作用是综合课程所不具备的。每一种课程所具有的长处正好是其他类型课程的短处。因此，要培养学生多方面的素质就必须采用多样化的课程实施方式。

我国在课程实施方面正从微观教学设计转向学习环境设计，由教学设计的理念转向学习设计，由注重将知识分学科教授、分解为小单元变为整体性、综合性，由被动学习转向主动参与，由个体学习转向小组学习，由不顾个体差异转向关注个别差异，由注重记忆转向注重核心素养的发展。这种转变的发生并不是完全抛弃优良的课程传统，而是继承基础上的变革，根据课程目标的要求，灵活地实施方式的选择。

4. 课程评价方式的多样化

①评价主体的多样化。由传统的教师单一主体的评价，转变为教师与学生、校长、家长、社会人士等共同参与的评价。

②由终结性的结果评价，转变为形成性的、诊断性的与终结性的评价共同发挥作用，特别重视过程评价，以促进学生的全面发展。

③由单一的量化评价转变为质性评价与量化评价相结合，由侧重甄别与选拔功能转变为关注学生的发展。

④由对学生知识记忆、能力形成的评价转变为既评价学生的知识、能力，又评价学生的态度、情感、价值观，特别要注意对学生创新能力与实践能力的评价，以评价促进学生的发展，促进素质教育的落实。评价具有导向作用，只有在评价环节体现出对创造性的关注，才能促进学生创造性的发展。如果创造性不能进入评价体系，那么，创造性的培养就必然是可有可无的，学生创造性的培养就难以落到实处。只有将这些方面都纳入评价体系，才能促进学生的全面发展，实现素质教育提出的各项要求。要对学生各个方面进行有效的全程评价，多样化就是一种必然选择。

课程的多样性在传统教室开展的课堂教学中很难实现。传统课程及教学受教学材料、教学设备、教学时空等的限制，很难关注到学生个体的特点而为他们相应地制订课程学习计划、动态调整学习目标、推送课程资料等，但在将信息技术应用于课程之后，利用技术平台和各种学习终端实施的教学，让课程目标的多样性成为可能。

（二）课程校本化

课程是学校办学思想的重要载体，课程文化是学校文化的主体，学校的办学自主权主要通过课程设置来体现。校本课程“以学校为本”“以学校为基础”。所谓校本，一是为了学校，二是在学校中，三是基于学校。为了学校，是指要以改进学校实践、解决学校所面临的问题为指向；在学校中，是指要树立这样一种观念，即学校自身的问题要由学校中的人来解决，要经过学校校长、教师的共同探讨、分析来解决，所形成的解决问题的诸种方案要在学校中加以有效实施。新课改实施以来，校本课程的持续发展和内容的不断丰富，体现了校本课程在人才培养中的作用。

1. 校本课程的类型

目前我国的校本课程可以分为两类。

（1）国家课程校本化、个性化

即根据办学理念，通过整合、补充、拓展等方式，对国家课程进行再加工、再创造，使之更符合学生、学校的特点和需要。如可以根据当年国家发展、区域发展和学生兴趣等的需要，安排制作“家乡美”电子小报和用试算表编制公式了解本地GDP的变化情况等。

（2）学校自行设计开发的新课程

学校可在对本校学生需求评估的基础上，利用学校已有的课程资源，开发旨在发展学生个性特长的、多样的、可供学生选择的课程。如学校针对学生心理发展开设心理健康及指引课，根据学生兴趣开设语言艺术训练课，根据区域经济发展的需要开设移动APP开发课程等。任何一门全新的校本课程在研发时都应服务于学校办学的总目标，并以系统理论为指导，立足学校办学理念，整体设计和实施课程，从而确保校本课程的质量。

在研发校本课程的过程中要立足于学生的真实需求。教师是校本课程的主要研发者，关注教师的特长是校本课程研发的重要途径之一。学科教师可以在依托本学科课程标准的基础上研发本学科的学科课程。学科教师积极研发本学科的课程，既可满足学科教师专业化成长的诉求，又可促进教师学科素养的提升。更重要的是，通过团队、教研组、备课组研发学科课程并商讨学科课程实施过程中的问题，校本教研得以开展，学科教师获得集体成长，更有利于该校本课程的进一步发展。

2. 校本课程开发中技术的作用

课程开发要通过需求分析确定课程目标，根据目标选择某一个学科（或多个学科）的教学内容，对相关教学活动进行计划、组织、实施、评价、修订，以最终达成课程目标。校本课程的开发同样需要经历这样的过程，因此校本课程的开发需要有学科专家和教师团队一起制定目标，选择和确定教学内容，合理安排教学计划和实施方案。这些对学校的人力、物力、精力、学科水平和教学资源积累等都提出了不低的要求，常常成为校本课程质量的决定因素。

在信息技术的支持下，校本课程开发的可行性得以提高。首先，学科专家、课程专家与校本课程开发团队的合作可以在技术环境下开展，打破时空的局限，同步或异步地交流，解决专家时间精力有限、不能经常到校交流、课程团队成员教学工作不同步、难以经常面对面讨论会谈等问题。其次，学校和教师团队可以利用网络获取相关的信息和资料，从而使校本课程内容的搜集和整理成为可能。再次，在课程开发过程中，团队成员可以即时交流和讨论，从而确保课程目标、内容、实施方案等工作在开展过程中得到及时的反馈和调整。最后，技术的应用使课程的呈现形式多样，内容表达多媒体化，课程实施过程个性化，课程更新和调整灵活化，因此真正体现出校本课程的针对性和适切性的特点。

（三）课程综合化

现代社会的发展，需要大量具有多学科背景，能够综合利用各学科知识和方法解决问题、实现创新的人才，因此课程和教学也呈现出综合化的发展趋势。课程综合化强调各个学科领域之间的联系和一致性，避免过早地或过分地强调各个领域的区别和界限。遵循课程综合化思想或原则设计的课程，又称为综合课程。综合课程强调各个学科领域之间的联系和一致性，避免过早地或过分地强调各个领域的区别和界限，从而防止各个领域之间彼此孤立、相互重复或脱节的隔离状态。判断一门课程是否是综合课程，关键是看课程是否强调了各个学科领域之间的联系和一致性，各个学科领域之间是否彼此孤立。

1. 综合课程的特点

（1）整合性

整合有两个特点：一是系统或核心统整部分、要素；二是整合在形成之前就已有了某种统摄、凝聚的力量。综合课程是一种新的课程体系，它虽然有“联合”意义上的综合，但追求的是内容和结构上的最完美结合，使之一体化。综合课程的实质是课程结构几个要素的整合，因此综合课程总是以追求这几个要素的完美整合为最终目标。综合课程的整合体现为相关学科或知识的整合，课程理论的整合，学生、教师及教材的整合。

（2）整体性

综合课程的理论基础是统觉理论。统觉理论认为，儿童的认识和理解力不是绝对孤立的，而是在事物的彼此联系中发展的。因此，从整体出发，符合儿童的认识特点，更有益于儿童的认知发展。这种整体性既体现在融合的课程中，也体现在结构化的课程中。

（3）开放性

开放性是指综合课程本身的信息与外界的以及课程内部各组成要素之间的信息能通畅地交流。开放性是综合课程的重要特征之一，它改变了学科课程封闭性的缺陷，加强了学科之间、学科与社会之间、学科与学习者之间以及教师、学生与教材之间的互动。开放性使得综合课程能及时吸收成熟的科技知识、社会发展的新问题、学生感兴趣的知识和问题，使综合课程保持鲜明的时代特征和活力，贴近生活和社会。教师和学生可以自主地开发课程，给课程赋予新的含义。

（4）灵活性

灵活性是开放性派生出来的，是指综合课程具有自我调节机制，以及时对外界的变化做出反应。灵活性首先体现在课程的联系上。由于构成课程体系的关键是联系，尽管各种独立的知识要素或课程是相对静止的，但联系却是活的，是随着不同方式、不同维度、不同层次的变化而变化的。其次体现在课程的结构上，其结构上的某一维度或几个维度发生了变化，无论这维度是时间上的、空间上的，还是其他方面的，联系就跟着变化，知识系统中的各要素也就会重新组合排列，形成一种新的结构。灵活性使得综合课程具有很强的黏合力，使得教者和学者有了很大的选择性，开放性更强。

（5）适应性

综合课程的适应性是指结构化了的课程体系依据主体的人和社会的要求，主动地改变自身的特性和存在方式，以适应外部条件变化的能力。综合课程适应了学生的认知特点。他们倾向于使用直接的形象思维，习惯于从整体上进行观察认识。综合课程有利于学生从整体上认识世界，有利于培养学生全面地、多角度地看问题的习惯和能力，有利于学生知识和技能的迁移。

2. 综合课程的设计模式

从微观上讲，综合课程中的综合性学习（或跨学科学习）有以下几种设计模式。

①以科学概念、科学观点或观念为组织核心进行综合，如用一个较高级的概念（如能量）来综合几个学科中的较低级的概念。

②以各学科共同的研究方法或研究工具（如实验、测量）为组织核心，把各学科加以综合。

③以重要现象或事物（如水、大气、交通运输）为组织核心，各学科相互联系地加以学习。如以高铁运营调度问题为核心，通过让学生了解高铁运营管理的方法、机制、技术，学习相关的统筹学、管理学、智能控制技术等内容。

④以重大社会问题（如环境、人口、资源、粮食）为组织核心，综合各学科。如以全球气候变化中的厄尔尼诺对农业生产的危害为主题，以其形成要素、主要表现、对气候的影响和对不同类型农业生产的影响等为核心内容，综合地理、大气、生物和化学等学科的知识形成课程。

⑤以现代化生产中的问题、综合性技术或某一历史时期的科技成就及其影响为组织核心，联系各学科加以学习。

⑥以具体的活动计划为组织中心，综合学习各科内容。

⑦以日常实际生活的场景、情境为组织核心，综合各学科开展学习。

综合课程的开放与实施，需要多学科背景的知识、运用不同学科的专业软件和工具等，教学中师生需要及时地交互和获取更多社会资源（如行业专家和专业应用平台使用）的支持，学生需要查找和阅读信息，观看讲座视频，形成综合学习的学习报告和作品，这些都离不开信息技术的应用和支持。

二、在线课程

近年来，MOOC 席卷全球，在国内，无论是学校、企业还是教育研究者，都在关注 MOOC。其实 MOOC 只是开放在线课程的一种形式，当前国际教育教学活动中，还有各种不同形式的开放在线课程，它们各有特色和作用。

（一）在线课程的发展

经过十几年来开放教育资源（OER）的实施和近几年来开放在线课程（OOC）的实践，已经证实开放教育资源和开放在线课程是促进信息技术与教学融合、优质教育资源共享、教学变革和高等教育均衡发展的可行途径。开放在线课程的出现和应用，如大规模开放在线课程（MOOC），使开放共享从资源走向教学过程和学习过程，实现了课程教学、评价和管理的全面开放。MOOC 出现后，以其合理设置的教学内容、多媒体化的教学资源、经验丰富的教学团队、精心设计的在线学习活动等为学习者们提供了灵活、免费和优质的学习机会，几年间风靡全球，成为全球学习者喜爱的学习形式，也促动很多教育机构开始发展开放在线课程和在线教育项目。

MOOC 被我国学习者和教育界认识后，迅速成为国内教育界熟知的一种开放在线课程，相应的研究和应用也越来越多，成为大家重点关注的一种开放在线课程，甚至在一定程度上成为开放在线课程的代名词，但 MOOC 并不等同于在线课程，而仅是在线课程中的一种。不同层次的教育机构都在尝试开展 MOOC，有的将网络课程直接理解为 MOOC，有的甚至将校内利用课程管理平台开设的校本课程也挂上 MOOC 的名字，可见对在线课程的理解存在误区。实际上，开放在线课程形式多样，应用范围、开设方式和教学过程各有特色。目前全球已经出现许多不同类型的开放在线课程，如 LOOC（区域性开放在线课程）、SOOC（小型开放在线课程）、BOOC（大型开放在线课程）等。不同类型的开放在线课程针对性和教学特点各异，但目的都是为学习者提供更多的学习机会和支持服务，丰富学习机会和方式。这些开放在线课程各有自己适用的情境、关注范围和教育价值，提供了多样的开放课程教学方式，让学习者有机会找到最适合自己的课程类型，也给教师提供了实现自己课程设计的多种可行方案，认识并了解各种形式的开放在线课程对当前正在尝试多样化、定制化和特色性课程项目的教育机构及教师意义重大。

（二）在线课程的类型

1.LOOC

LOOC 即区域性开放在线课程。LOOC 的特点是主要服务于一定社区的成员，课程的参与者因此可能拥有统一的学术标准和地理区域。

LOOC 是区域性的，并有规模控制，因此有利于教学方了解学生的基本情况、安排教学内容和调整教学活动等。通常 LOOC 中采取了同伴互评这种评价方式取代传统的由教师对学生进行评价的方式，可以让学习者相互学习，并在学习过程中创造出有用的、新的学习资源，保证了课程的不断发展和更新。合格完成课程学习的学习者可获学分，并计入正式学习项目中，这些是 MOOC 不具备的优势，因此 LOOC 越来越受到高校和学习者的欢迎。

2.SOOC

SOOC 即小型开放在线课程。小型开放在线课程真正的创新是在学习者的选择性上，课程依然是公开和免费的，互联网上的任何人都可以申请加入，但课程实行选择性限制招生，招生人数缩小到数十或者几百人，而不是数千人。

小型开放在线课程的优点在于：①所有参加课程的学生都是对这门课程真正感兴趣的学生，因此，学生的积极性都很高，也都能取得满意的成绩。②各学习模块都有学员间互动交流的环节，方便学员之间共享信息和交流观点。③时间的灵活性。学习者来自不同的家庭和职业，学习者可以在自己方便的时间学习，在线教学活动尽量安排在大家都能学习的时候进行，促进实时的交流。

3.BOOC

BOOC 即大型开放在线课程，指学生范围控制在 200 ～ 500 人、向所有人免费开放的在线课程。BOOC 是源于很多参与开放在线课程学习的人都希望课程能提供更多的交互活动及方式。在该课程提高了学生的参与度，加深了学生对新知识的理解和掌握，并在网络学习社区上形成了大量学习成果。

4.DOCC

DOCC 即分布式开放协作课程，也是通过网络开设的一种在线课程，强调学习过程中学习者之间的协作。该课程不局限于单一专家授课，其课程专家背景多样，分布在各高校或机构，突出数字时代的协作学习，避免学生被动学习。

5.SPOC

SPOC，字面意思为“小规模限制性在线课程”。其中，small 和 private 是相对于 MOOC 中的 massive 和 open 而言的。“small”是指学生规模小，一般在几十人；“private”是指对学生的私有定制，即课程是面向一定学习群体而定制化设计和提供的，并不对全体学习者开放，同时学习者只有符合学习要求才会被纳入 SPOC 课程，并需交纳课程学习费用。SPOC 的针对性和定制性较强，主要为一定从业人群、有共同学习需要的学习群体开设，如面向企事业的人力资源管理人员、教研员或数学专业的高校生等。SPOC 在教学中依托在线平台开展教学，教师可以根据自己的偏好和学生的需求，自由设置和调控课程的进度、节奏和评分系统；学生必须保证学习时间和学习强度，参与在线讨论，完成规定的作业和考试等，通过者将获得课程完成证书。

第三节 混合学习课程与微课程

一、混合学习课程

（一）混合学习的概念

“混合学习”一直是个热门话题，但大家对“混合”的理解却各有不同。有的学者认为混合学习是面授学习与在线学习的结合；有的学者认为混合学习是认知主义、行为主义、建构主义理论的混合；有的学者认为混合学习强调的是多种数字媒体的混合；有的学者认为混合学习是“以教为中心”和“以学为中心”教学模式的混合；还有的学者认为混合学习是面授学习、自定步调学习和在线协作学习的混合。

根据当前互联网时代下教育的发展趋势，混合学习可指在学校教育、行业培训或社会学习项目中，按照学习项目的目标、学习者的需要、学习活动和学习资源的设计，传统学习、数字化学习及在线学习结合开展的学习方式。它的目标是使学习更容易、更有效，从而获得最好的学习效果。当前，开展混合学习多是将面授学习与在线学习相融合，目的在于促进学习者有效利用学习设备、网络及时间，灵活地开展学习。另一方面由于在在线学习中加入了面授环节，使得单纯的数字化学习或在线学习的缺陷得以弥补，因此线上与线下整合的混合学习出现后立刻引起了教育理论和实践领域的高度关注。美国培训与发展协会（ASTD）把混合学习视为知识传递领域内最重要的十个趋势之一。

（二）混合学习的优势

混合学习的具体形式可以非常多样化，教学方需要根据不同的学习对象、学习需求和学习情境来进行混合，这正为应用混合学习进行课程设计的教师们提供了创新的机会，也有利于发挥混合学习的优势。

①学习者可以采用多种方式来学习，在学习方式选择上具有较高灵活性。如学习者可以在课室学习，然后远程在线复习和练习；可以选择在课室听课或者在线观看教学视频，然后参与在线讨论等。混合学习的一大优势就是学习者可以根据需要采用各种适合自己的学习方式，甚至，在没有老师的情况下，反复看在线的学习资源，根据需要不断重复地学习。

②学习者有更多的机会和老师、同学们进行交流。学习者可以和同学们在课室里对话，也可以在网上论坛、课程聊天室中发帖留言，这比单纯的在线学习和单一的面对面教学都更有优势。在单纯的在线学习中，学习者因为只能在网络虚拟环境中学习，因此学习中会有孤独感；在单一的面对面教学中，学习者又会因为课堂时空有限而没有足够的时间和机会充分思考和交流，而混合学习正好能让两种学习方式的不足都得以弥补。

③混合式课程可方便邀请专家远程参与，引入优质的外部资源。通过网络引入优质教学资源和让高水平教学人员参与到课程活动中，如领域专家，他们在某一领域比该课程的教师有更高的水平，能给学生更多的启发。

④学习者通过更多的学习活动，将有更多的机会对所学知识进行反思。混合学习将所有可能的学习机会交给了学习者，除了在课室中的学习和交流外，学习者可以在课后通过上网学习重新组织和反思所学，还可以与其他的学习者共同反思、协作学习。

⑤混合学习节省了人们花在交通等上的时间，对一些适合在线学习的内容，学生直接通过网络就可以进行学习，让在职学生在学习时间上更有弹性。

混合学习的不断发展也会在一定程度上支持教育的全球化、国际化，学生可以通过互联网找到各种各样的学习资源，与来自不同国家和地区有着相同兴趣的学习者交流互动。混合学习也将促进个性化的学习，学习者可以他们喜欢的方式学习他们感兴趣的内容。

（三）混合学习的设计

目前在企业教育和学校教育领域中混合学习已经得到广泛的应用。混合学习课程设计工作大体可以分为前端分析、活动与资源设计和教学评价设计三个阶段进行。

1. 前端分析

前端分析是指在对课程进行整体设计之前，先对课程教学的基本情况进行分析，用来确定该课程是否适合开展混合学习。前端分析包括三个方面的工作：①学习者特征分析。通过了解学习者的分布情况、基础知识、学习个性等掌握学习者的相关特征。②基于知识分类的学习对象分析。通过分析教学内容确定学习者应当达到的学习目标。③混合学习的环境分析。前端分析的目的是根据学习者和学习环境的特征以及依据学习者相关知识的掌握程度来确定学习目标，从而为后续工作提供依据。

2. 活动与资源设计

这个阶段的课程设计包括三个环节：①总体设计环节；②单元（活动）设计；③资源设计与开发。在总体设计环节，应在明确了课程整体学习目标之后，对相应的学习活动进行组织和安排。总体设计实际上是为其他两个环节的设计工作奠定一定的基础。总体设计将会体现整个课程的整体设计思路与结构，使单元（活动）设计环节和资源设计与开发环节的设计更加顺畅。总体设计环节必须不断追问的问题是究竟哪些活动和资源适合于让学生自学，还有哪些适合于典型的教室情境。

3. 教学评价设计

教学评价设计是课程设计的第三个阶段。主要通过学习过程的评价（如使用电子学档）、课程知识的考试（如在线考试）和学习活动的组织情况评定等方式对教学效果进行评价。前面两个阶段所确定的学习活动目标、混合学习的环境等是进行评价设计的重要依据。

二、微课程

当前，移动网络和智能移动终端的迅速发展与普及，使移动学习成为可能。这种学习方式突出学习的灵活性和互动性，强调学习内容的微型化和碎片化，需求信息容量相对较小、注意保持要求较低的学习资源。过去不少教育行政主管部门和学校等教育机构，录制的“课堂实录”式视频教学资源，因时间较长，内容虽完整但包含太多知识点，让学习者难以保持长时间集中注意力的学习，也难以在常规和移动学习中直接使用，因而微课和微课程应运而生。微课程根据课程目标和学习内容的特点，将某学科或主题学习的重点、难点、疑点和考点等制作成短小精悍的系列化课程。它根据设计方案和教学计划，以一定的主线组织微课教程，提供给学生随时随地通过网络下载或点播。微课程因其微型化、灵活性成为微时代在线学习或移动学习的重要学习资源。

（一）微课程的概念

微课程是依据微学习理论，分解教学目标、内容和过程，突出教学重难点，建构微型化学习资源，以支持微型学习的一种课程。微课程常以在线学习或移动学习为目的，与常规课程相比，微课程也具有完整的知识体系、教学安排、实施设计、教学评价等环节，只是课程目标简洁、内容短小精悍、学习持续时间不长、学习时机灵活。

微课程的核心价值在于“微”，即关注微内容、微故事、微问题、微研究，内容直指具体问题，主题突出，关注点明确而简练，一事一议，一事一课，建立内容体系的同时，将知识进行碎片化、情境化、可视化处理，成为用智能手机、平板电脑等各种便携式终端进行学习的重要资源。

微课程能够为学生提供“自助餐式”的资源，着力帮助学生理解核心概念和重要的观点，难以理解的定理、方法和技能，能够在短时间内将学生的注意力集中在某一主题上，时空分散且主题系统地完成课程学习。

微课程的学习中，学习者要在较短的时间内掌握知识、方法和技能，给学习者带来极大的满足感和成就感。由于重点突出、时长适中、利于理解和记忆，大大提高了课程的吸引力和教学效果。微课程具有时间短、内容精、容量小、模块化、情境化、半结构化的特点，正好满足了人们通过微型移动终端设备随时随地学习的愿望。

（二）微课程的设计

微课程的设计是一个系统工程，一般要经过选题设计、授课视频拍摄、后期加工、在线发布实施、评价反馈等环节，才能确保其质量。

1. 主题设计

微课程的选题要精练，教学内容要明晰，或针对课前导入，或针对关键概念讲解，或针对难点突破，或针对课后拓展延伸，可以是知识讲解、教材解读、题型精讲、考点归纳，也可以是方法传授、经验分享等方面的展示。

2. 课程内容设计

微课程的内容有一定体系，既要完整又不能占时太长，因此涉及的教学目标不应太繁杂，内容体系关系也应简洁，每一个课程具体内容的学习不宜耗费学习者太多时间。

3. 教学过程设计

微课程的教学过程要简短，重点突出。教学过程要注意包括对问题提出、活动安排、学生学习等环节的考虑和设计。

（1）教学过程快速引入

微课程每一讲或每一课都要开门见山直入主题，关联紧凑，迅速切题。具体方式可以是疑问导入、现象导入或操作演示等，也可以从以前的基本教学内容引入。

（2）内容组织线索要清晰

微课程要尽可能围绕主要线索展开具体内容的组织。围绕这条线索突出重点内容，展示主干内容，剪掉可有可无的内容，以避免体系复杂、内容繁多。具体内容的教学中重点要突出，内容要精而简，讲解简明清晰，以免引发新的疑问。

（3）设计总结点评，提炼学习内容

好的总结可以对学习内容起到提纲挈领的作用，可以加深学生所学内容的印象，减轻学生的记忆负担，因此课程中安排必要的总结点评能提高学生学习的效果。

4. 资源设计

微课程的教学内容一般要求指向明确、主题突出、相对完整，通常用视频的方式“统整”教学设计（包括教案或学案）、多媒体教学素材和课件、练习测试、学生的反馈等相关资源，构成一个主题鲜明、结构紧凑、类型多样的“资源包”，便于学生按需学习。

5. 教学活动的设计

在微课程中，配合微视频的观看和学习资源的使用，要适当设计简短而易用移动设备等进行操作的学习活动，如在线练习、投票、主题讨论等，让学生巩固学习到的内容，并通过活动进行反馈强化。

（三）微课的制作

微课程由系列微课构成，每一个微课都包含必要的学习目标、片头、有逻辑的课程内容、概括引导性的片尾等，呈现方式可以多样，但在制作上有以下共同点：①时间控制在 10 分钟以内。②基于教学设计思想编写微课程内容时，内容精练，不泛泛而谈，若内容较多，可以制作系列微课程。③微课程在内容、文字、图片、声音等方面必须准确无误。④讲解时，语言通俗易懂、深入浅出、详略得当，声音响亮，抑扬顿挫。⑤若在讲解中使用课件，尽量做到简洁、美观大方。⑥视频画质清晰，多采用中景、近景和特写等小景别画面，多使用固定镜头，保障视频质量。教师大头像不遮挡教学内容。⑦要有片头、片尾，显示微课程名称、作者、单位等信息。

1. 讲授式微课的制作

（1）讲授式微课的制作工具与软件

数码摄像机（或自动录播）、黑板、粉笔和其他教学演示软件。

（2）讲授式微课的制作方法

录制教学过程。

（3）讲授式微课的制作过程

第一步，选择微课程主题，进行详细的教学设计，形成教学设计方案。第二步，在教室、录播教室和专门的录制室中展开教学过程，用数码摄像机、录播系统等实时记录课堂教学过程中的教师、学生、板书、多媒体信号等教学实景。第三步，对视频进行后期编辑制作和美化。

2. 录屏式微课的制作

（1）录屏式微课的制工具与软件

多媒体计算机一台、麦克风一个、录屏软件、PPT 课件。

（2）录屏式微课的制作方法

对利用电子幻灯片教学的过程进行屏幕及讲解录制，主要进行屏幕内容录制，辅以录音和字幕。

（3）录屏式微课的制作过程

第一步，选定教学主题，收集教学材料和多媒体素材，制作教学课件或教学用电子幻灯片。第二步，开启录屏软件，戴好耳麦，调整好话筒的位置和音量。执教者调出要讲解的课件，并调整好课件界面和录屏界面的位置，单击“录制”按钮，开始录制。按照教案，执教者一边演示课件，或幻灯片，或对其进行各种操作，一边讲解。第三步，对录制的微课程视频用后期视频编辑软件进行适当的编辑和美化。

3. 书写型微课的制作

（1）书写型微课的制作工具与软件

多媒体计算机一台、带话筒耳麦一个、微课笔或手写板、屏幕录像软件、演示软件（Word、PowerPoint，画图软件和绘图软件等）。

（2）书写型微课的制作方法

通过微课笔、手写板或交互白板，边操作演示，边使用手机、微课笔或一体机自带的摄像头或屏幕录像软件录制。

（3）书写型微课的制作过程

第一步，选择微课程主题，进行详细的教学设计，形成教案。第二步，安装微课笔、手写板或交互白板及其配套的专用笔等工具，与计算机连接，使用演示软件对教学过程进行演示。第三步，利用微课笔、交互白板（或手写板）自带摄录软件或专业录屏软件，录制教学过程和教师的声音。第四步，为增强微课程视频的效果，可用视频编辑软件进行后期美化编辑。

第四节　互联网时代的高校英语课程教学思考

近年来，随着社会经济与科学技术的快速发展，互联网进入了全面普及的时代，各式各样的新技术层出不穷。当前，互联网不单纯只是传统意义上的互联网，而是发展为连接无所不在的数据、终端设备，将互联网作为媒介连接真实世界中万物。在此背景下，借助互联网可以大力推动各类创新，最终使得大众日常生活更加便利。于是，对高校在培养创新性人才方面提出了新的问题：如何有效利用互联网技术提高教学效率、提升学生学习兴趣，从而促进创新性人才的培养。

一、高校的高校英语课程

高校英语课程教学是高等教育的一个有机组成部分，而且其是高校生的一门必修的基础课程。高校英语课程的教学目的是要培养高校生们独立英语的应用能力，特别是听说能力，使得他们在日后的学习、工作、社会交流中能正常使用英语进行有效交流，同时希望能够增强学生学习能力，提高综合文化素质，以适应社会发展和国际交流的需要。

然而，现有的高校英语课程却面临着严峻的挑战。主要存在的问题：由于高校招生的缘故，造成在校的学生英语素质普遍较差，无法直接套用传统高校的培养模式；其次，由于传统教科书从撰写到发行所需时间较长，造成上课所选用的教科书普遍存在教学内容较为陈旧的问题，远远落后于时代的发展；最后，上课所使用的方式和方法也多采用传统单向交流的方式，与学生互动性不够，容易造成学生学习兴趣不大，尤其是在互联网社交思想影响下的 00 后高校生群体。

二、互联网下教学新方法和举措

（一）社交软件

由于人类是群居性动物，社交软件本身就符合人类的天性。不管是获取信息还是与他人交流，大部分人都能在社交软件中找到符合自己需求的东西。社交软件的特点就是包罗万象、有不同的人和圈子、内容符合人类的共性，并极有可能形成病毒性传播的趋势等。经过长期与高校生群体的接触及调查，发现当前高校生群体尤其是目前在校的 00 后高校生群体，在日常学习、生活中大多数学生都十分喜爱如下的社交软件：

1.QQ

QQ 为腾讯公司出基于 Internet 的即时通讯网络工具。随着时间推移，腾讯公司旗下的 QQ 软件高速发展，逐渐发展成为影响大众日常生活的重要社交软件。其最大特点不仅仅可以提供点对点的即时通讯，而且还可以提供群通讯功能。

2. 微信

微信也是由腾讯公司推出的一个为智能手机提供即时通信服务的免费应用程序，其最大特点是可以跨通信运营商、跨操作系统平台，可以用极少网络流量进行语音短信、视频、图片和文字交流，并具有共享流媒体内容和基于位置的社交插件，在广大年轻用户群体中极其风靡，尤其是在00后的高校生群体内。

3. 贴吧

贴吧是百度公司推出的一款重量级产品，是基于关键词的主题交流社区，可以与搜索紧密联系，能够准确把握用户需求，通过用户输入的关键词，自动生成讨论区，使得用户即可参加交流、发布自己所拥有的其所感兴趣话题的信息和想法，在各类学生兴趣爱好团体中极具人气。

通过对比分析，可以发现上述社交软件具有的共同特点为：

①社会关系链整合。所提及的社交软件可以清晰地将熟人圈进行整合，形成团结程度甚高的小团体，尤其是在00后高校生群体中最为明显。在这个相对密闭的小团体空间内，由所在小团队中的用户传播信息，可以使得该信息快速通过社交软件进行传播，而且该种传播速度在与目标群体相关的临近群体中传播速度快的超乎想象，极具传染性。

②聊天。社交软件聚合了大量同属性的群体，群体内的用户会对所在群体内有关用户所发起的话题进行及时讨论，形成积极快速的讨论氛围；对于热点话题通常会激发群体内大多数用户的积极性，使得大多数用户积极参加讨论、发表观点。

③图片/视频/流媒体分享。社交软件大都可以使用智能手机/智能平板作为终端，可以很便捷地上传图片/视频/流媒体，而且还可以将图片/视频/流媒体通过社交软件快速在目标群体内进行传播。

④兴趣聚合。社交软件大都是通过兴趣、爱好聚合，即一个所形成群体内部基本上具有一定共同相关属性的联系，该类联系可以使得群体内部用户相互之间形成强烈的聚合效应。

00后高校生群体基本上都喜爱使用上述社交软件，这些软件基本贯穿在其日常生活、学习当中，极具黏性。00后高校生对于上述社交软件每天都保持极高的刷屏率，上述的社交软件俨然已经成为00后高校生群体高校生活中不可缺少的一部分。

（二）高校英语课程教学新方法和举措

利用00后高校生对于上述的社交软件的喜爱，可有以下的课程教学新方法和举措。

首先，针对传统的教科书教学内容较为陈旧的问题，利用贴吧让学生们自主浏览关键词为英语、英语学习的主题社区。通过浏览主题社区，让学生们对主题社区内热点话题积极参与，补充最新的英语学习相关的内容，让学生们感觉到时代的节奏，激发学生英语的学习兴趣。

其次，在高校英语课程每学期课程开至中期阶段，可以适时建立与本课程相关主题的 QQ 群。让学生们对于本课程相关的内容有一个自由发言的平台。作为主讲教师，可以适时引导一些与课程相关的话题，让学生们进行讨论（鼓励使用英语回答），并及时给予一定的指引。而对于学生在群里提问较多或疑惑较大的问题，可以在课堂上直接作为重点内容进行讲解，进一步提高学生的学习参与度和对问题本质的探索精神。待课程及群运营一段时间后，积极挖掘出具有一定潜质的学生，让其作为二次传播的源头，为群内其他同学对课程相关内容进行解惑。

再次，在开始高校英语课程的听力课后，利用群易于共享流媒体内容突破传统课堂教学中教学手段陈旧跟不上时代的问题。主讲教师可以及时给学生传输一些与学习内容相关的资料，供学生参考。学生们也可以积极地行动起来，把找到的与学习内容相关的资料进行传递、资源共享。在恰当时机，适时导入相关英文视频（带有字幕）让学生观看及学习，并积极引导和讲解，激发学生学习的兴趣。

然后，在高校课程接近的尾声，对于部分对英语口语兴趣浓厚的同学，引导他们使用智能手机中的语音助手，如 iOS 系统中的 Siri、Android 系统中的 Google Now 等，将其设置为英语，与语音助手进行口语对话。由于当前科学技术的飞速发展，人工智能技术的进步，使得语音助手能够回答的问题基本上覆盖了日常生活，学生可以通过与语音助手的对话，进一步提高学习兴趣及口语能力。

最后，在课程结束后，引导学生们在智能手机 / 智能终端上面安装英语学习类的 APP，如背单词 APP（百词斩、拓词等）、经典教程 APP（走遍美国、新概念英语等）。引导学生利用日常生活中的间隙时间来完成背单词，积少成多，逐渐提高学习能力。

第四章 互联网时代下的高校英语课堂教学

第一节 互联网时代下的高校英语课堂教学理论

一、高校英语课堂教学有效性的标准

当今高校英语课堂教学效果不尽如人意，这归根结底是课堂教学没有根据学生的身心发展水平和学生的需求进行设计。作为一位高校英语教师，寻找提高课堂教学有效性的途径尤其重要，而这一切都需要从课堂教学有效性标准框架出发。高校英语课堂教学活动中教师设计的教学目标、教学活动，教师本身的教学能力，教师采用的教学反馈以及教师的教学组织与管理都是课堂教学有效性的标准内容，因此，提高高校英语课堂教学有效性应该从这些方面努力。

（一）英语课堂教学目标

教学目标是教师的教和学生的学通过合作来实现教学的预期效果，也是对课堂教学任务的具体化。教学目标是整个教学过程的导航灯，教学目标的制定直接影响教学活动的方向。高校英语课堂教学有效性的教学目标需要教师与学生的共同参与，其主要内容体现在以下五个方面：

①教师所设计的教学目标有价值，体现高期望。教学目标不仅要有价值，还要能体现与课程框架和标准之间的联系。

②教学目标清楚、具体、可操作性强。所有的教学目标清楚，且评估方法可行。

③教学目标适合学生需要。教学目标不仅考虑到班上学生个体，还考虑到学生群体的不同需要，教学目标层次比较分明，体现了教学的公平性和因材施教的教学原则。

④教学目标覆盖全面，综合性强，所涉及的目标深刻。教师设计的教学目标反映了学生建立学习的自主性。

⑤教学目标要明确具体的考核内容和方式，且内容应与教学目标相关，评定的规格或标准清晰，而且明确地告知学生。

（二）英语课堂教学活动

教学活动是学校教学工作的基本形式，是由一连串相互联系、前后衔接的环节构成的，这些环节包括复习→导入新课→讲授新课→师生互动→课堂总结→布置作业。

高校英语课堂教学有效性的教学活动包括：

①教学情境的设置。教师能够根据教学内容设置教学情境，教学情境的设置体现了教师个人的教学经验。在教学情境的设置过程中，教师应该考虑学生的建议。教学情境中所涉及的问题应与学生的认知水平和教学内容相关，也就是学生的“最近发展区”。

②活动目标必须与教学内容一致。教师所设计的教学活动与教学目标一致，能反映出最新的专业研究和学科知识。

③师生互动与生生互动。师生之间的课堂教学交流应该是轻松愉快的，教师表现出对每一个学生的关注与尊重，学生也同样尊重教师。教师关心每一个学生的发展，学生表现出对教师和教学的尊敬。学生彼此间表现出对同学的真诚关心，学习上相互竞争，生活上却能够互相帮助。

④教学活动与作业。教师所设计的教学活动形式多样，根据不同的教学目标有不同的教学形式。所有学生都能够积极地投入教师所设计的活动与作业中，学生能自发地组织活动。

（三）英语课堂教学能力

教学能力包括教师所掌握的教学理论知识和教学技能，英语教师除了要掌握教学理论知识和教学技能，还要熟练英语的听、说、读、写、译技能，熟悉中西方国家的文化差异。高校英语课堂有效性的教学能力主要表现在以下方面：

①教师能够清晰、流利、准确地交流，能将要讲授的内容成功地表达出来。对于教师的教学要求和程序，学生能够一目了然。同时，教师应该有一定的专业敏感，通过对课堂教学的观察预见一些学生容易产生的错误理解。教师口头表达必须精确且富有感染力，书面表达正确整齐，能轻松地调控课堂氛围。

②善于运用提问与讨论技术。面对学生不同的认知思维层次，教师都能有针对性地提出问题，并给学生留有足够的时间回答。学生在回答教师提出的问题的过程中来拓展自己对知识的理解。

③经常变换教学方法。教师的教学方法应该是多样的，不同的教学内容应该采用不同的教学方法。提升学生的学习兴趣及参与课堂教学的意识。

④训练学生的学习方法、思维、元认知能力。教师真正教给学生的不是知识本身，而是学习方法和思维能力。

⑤恰当地运用教学资源和信息技术。教师不仅要了解学校的教学资源，还应该主动地寻找其他教学资源。教师所选用的教学资料、资源、技术要适合教学目标，能激发学生的学习兴趣，起到事半功倍的教学效果，提高课堂教学的有效性。

（四）英语课堂教学反馈

教学反馈是为了了解学生的学习情况，科学的教学反馈有利于调整教学进度和教学策略。教学反馈的制定要考虑到其实效性和高效性。高校英语课堂教学有效性的教学反馈主要体现在：

①为学生提供反馈。教师应该经常为学生提供及时的、一致性的反馈，这些反馈能让学生用于改进以后的学习，包括学习方法和思维能力。

②教师建立与家长的沟通和交流。教师要主动地与学生家长联系，为其提供有关教学信息，及时地与家长沟通有关学生积极或者消极的学习表现，教师处理方法得当。教师和学生能够经常促使家庭参与到教学中来。

③教学反思。教师提出一些具体可行的行动方案和方法，且能够主动征求学生、同行的意见和建议，完善自己的方案和方法。

④课堂评价。一堂课有效与否，实现的目标程度如何，教师都能准确地去评价。

⑤评价方式。作业、测验和考试是对教学内容的评价方式，其内容和过程必须与教学目标相关。评价方式标准清晰，公正公平，操作性强。

（五）英语课堂教学组织与管理

教师的教学组织与管理能力是指教师对课堂教学中各种要素进行调控，使教学能够顺利进行的能力，高校英语课堂有效性的教学组织与管理主要体现在：

①教师应该明确课堂纪律，课堂气氛不能太过于严肃，也不能太过于松散，体现教学的公平性。对违纪学生进行恰当处理，学生对课堂纪律表现出认同与服从，能够积极配合教师的教学活动。

②创建健康学习文化。教师与学生要经常组织一些学习活动和教室环境布置等活动，在这个过程中，教师和学生在无形中建立并保持了相互之间的高期望。学生以自己拥有这样的教师而自豪，对自己的学习活动表现出极大的乐趣，并自觉通过努力来提高自己。

③有效分配、利用课堂时间。教师应该有较强的时间管理意识，根据教学内容合理安排教学时间，教师能高效地教学，学生也能够有效地学习。

④组织与管理教学过程。教师教学更替知识过渡自然，学生能从教师课堂教学中得到较大的提高。每个小组的学生都能积极、独立地投入学习活动中，从学习活动中获得快乐。

⑤管理学生行为。学生都能明确自己的行为规范标准，并且在学习过程中身体力行。教师对学生的学习行为应该有前瞻性，并不时给学生提供建议。另外，学生在学习过程中能够做到自我监控，彼此之间也能够纠正他们学习活动中的不良行为，但前提是相互尊重对方。对于学生的错误行为，教师能够及时做出有效的反应，积极关注学生个体需要。

二、互联网时代下时代高校英语课堂教学

（一）互联网时代高校英语教学的优势

1. 增加学生知识量

高校英语教育是一项具有挑战性的工作，学生对于知识的获得途径大部分是来源于课堂之外，而同时，互联网有着资源共享的优点，一定程度上来说，它将整个世界连接在一部手机或一台电脑上，因其信息资源的丰富性，可以充分满足高校学生对于知识的需求，同时拓宽他们的知识面及眼界。而同样，高校教师可以利用互联网的便利进行自我知识的补充与学习，也可以利用互联网之便学习国外教师的教育方式，以此进行自我提升。

2. 提高上课效率

在互联网时代下，学校引进多媒体教学方式，能够在短时间内将图片、音频、影像图等展示在学生面前，为英语课堂教学带来极大便利。并且，使用多媒体教学更加形象生动，使学生更加容易理解与吸收。且互联网同时具备音频、影像等特点，高校学生在课堂中利用多媒体的连接，可以直观地学习到英语标准发音等，相较于传统教学，极大地提高了课堂效率。

3. 提高学生积极性

近年来，随着我国英语教学的开设，越来越多的人开始接受英语，但真正乐在其中的并不多，因为英语本身就晦涩难懂，在学习过程中需要大量的记忆与理解。且在以往教学中，多以教师口头讲授为主，学生被动接受，这种授课模式在一定程度上影响了学生的积极性，而在互联网时代下，将多媒体技术引入教学中，可以加深学生对所学知识的理解，且多媒体授课本就充满图画与色彩，能有效减少课堂的枯燥乏味，拉近学生与英语知识间的距离，有效提高学生的积极性。

4. 丰富教学模式

在高校英语教学中引入互联网多媒体技术，可以方便教师在教授过程中丰富教学内容，改变教学形式。例如教师可利用网络设置情境表演、视频欣赏与网上作业，等等。

这样的教学既有利于拓展教学模式，又能活跃气氛，让学生积极参与其中。

5. 改善教学工作

利用互联网之便，教师可以网上调阅信息，或在网上完成教学，大大减少了教师的工作量。另外也可以紧密教师与学生之间的关系，如教师可以利用网络在课后进行问题探讨，有利于促进教学效率的有效提升。

（二）互联网时代下高校英语教学的有效进行

在互联网时代下，高校英语教学工作应有效进行的方法有以下几点：其一是合理使用互联网。在高校英语教学中，教育工作者应正确使用互联网，依据教学实际合理设计教学课件，充分发挥互联网的作用。其二是教师应转变教育观念，将学生变被动为主动。推动学生全面发展。教育工作者应认识到学生的主体地位，综合考虑学生的个性特征与学习需求，合理设计教学内容，提高学生自身学习的主动性。其三是教育工作者要加强自身对于互联网的学习与运用。正确认知互联网的利弊，在教学过程中有效结合互联网完成教育工作。利用互联网设计生动有趣的课堂教学，例如可以在课堂中利用多媒体技术引进网上问答，互联网面对面交流等，也可在课堂中为学生适当播放国外优秀影视作品，拉近学生与英语之间的距离，也起到纠正学生口语发音的作用，让学生在文化熏陶中爱上英语学习，提高对英语学习的兴趣。另外，教师也应利用课上课下时间，加强与学生的交流工作，改善师生关系，努力与学生达成一种平等交流的氛围，创建轻松活跃的课堂气氛，提高教学质量。

三、互联网时代导向下高校英语课堂的教学过程

在互联网时代导向下高校英语课堂教学中，在具体的教学中，想要进一步培育学生的英语核心素养，进一步培育优秀的英语人才，需要进一步完善教学的过程，逐步提升英语理论知识、英语问题的学习成果。在互联网时代导向下高校英语课堂教学中，具体的学习过程主要包括以下诸多方面：第一，没有良好的、扎实的英语知识基础，是不能很好地学习英语的。对于互联网时代导向下高校英语课堂教学而言，在英语的学习中，部分学生，虽然具备一定的英语解题技巧，但是对英语知识的理解与认识存在较多的不足，这也是制约其英语核心素养培育的重要方面，这也是其不足之处。对于英语而言，英语知识本身是随着人类自身发展的，是需要学生自己逐步认识与理解的，教师的引导可以缩短领悟的过程，也可以提升学生的英语学习能力；第二，英语学习能力是通往英语的导航图。优秀的英语课堂教学必须要把英语学习能力培养、英语核心素养的培育放在重要的位置。

四、互联网时代导向下高校英语课堂的原则与方法

在互联网时代导向下高校英语课堂教学过程中，大部分学校都遵循了一定的原则与方法，具体包括以下内容：

（一）基本原则

对于互联网时代导向下高校英语课堂教学而言，在教学中，总的来说，大部分学校都遵循了以下教学基本原则。在互联网时代导向下高校英语课堂中，很多的学生在进入学校的课堂之前就或多或少的具备了英语的一些基本知识与想法，纵然水平参差不齐，英语学习能力有高有低，但是相当数量的学生容易忽略基本的英语知识的学习。在英语学习中，诸多的学生对英语基础知识的学习不够重视，这需要老师做出耐心的解释说明和细心的引导。学生没有从学习的起始树立良好的英语学习习惯，导致他们没有建立良好的英语意识。没有良好的英语学习意识，就等于没有建立完好的英语骨架，接下来的成长一定是不顺利的。所以，教师应当放在首要来重视这个问题，从而进一步端正教学态度，促进学生对英语知识的学习与认知，以此为互联网时代导向下高校英语课堂教学夯实基础，促进高校英语核心素养的创新培养。

与此同时，在互联网时代导向下高校英语课堂教学中，制约学生核心素养培育的关键还在于学生的英语学习意识不足，导致学生没有英语学习意识的原因是学生的不重视问题。在互联网时代导向下高校英语课堂教学中，学生的英语学习意识主要是围绕“是否做对题”来决定的。大多数英语成绩不好的学生都犯有如此的毛病，这需要教师引起他们的注意，去严格督导学生，引导学生逐步建立对英语的正确学习意识。如果英语教师听之任之，对于程度不高的学生随意放松要求都是教学上的失误，让学生没有正确地对待学习中的英语活动，使他们只注重英语的正确性，从而淡化其他至关重要的因素。于是乎就不难理解为什么学生总是提起英语就没有兴趣，把英语课堂教学当作机械运动，结果可想而知，一定是恶性循环。在互联网时代导向下高校英语课堂教学中，还有更为可悲的是那些虽然学习刻苦的学生，如果没有良师耐心的教导，在没有英语思维意识，唯正确主义的练习下，结果也是不尽如人意。因而，教师要进一步重视学生的英语学习意识问题，重视学生在英语学习中的各类问题，引导学生正确树立英语意识，积极开展英语思考与探索，一方面切实激发学生对英语的学习兴趣，另一方面，引导学生的英语思考与交流，保障学生的英语学习过程。

正因为如此，在互联网时代导向下高校英语课堂教学中，教师需要秉持耐心的引导态度，逐步以恒心与支持促进学生的英语学习，与此同时，教师还要积极做到以下几点：教师要有敬业精神；在教学中，教师要逐步观察学生，促进学生的英语学习意识与学习

进步；教师要学会针对学生特点，因材施教。因而，在互联网时代导向下高校英语课堂教学中，教师要把握基本原则，充分做好学习的引导者，加强与学生的互动，提高英语学习的效率与质量，促进英语课堂教学质量提升，全面培育学生的英语核心素养。

（二）基本方法

对于互联网时代导向下高校英语课堂教学而言，倘若教师不积极关注学生的英语核心素养的培育，那么学生对英语知识的学习能力与理解能力，必定不会有较快的发展与提升，也难以取得良好的英语学习效果，对于教学而言，这是百害而无一利的，因而教师一定要多多关注学生的英语核心素养的培育，促进学生的全面进步与不断发展，激发学生对英语的兴趣与意识。对于互联网时代导向下高校英语课堂教学而言，所谓的英语核心素养，从本质上来说，可以等同于日常教育中教师经常提及的“英语学习能力”，这是学生在英语课堂教学中的发展基础与发展实践保障。

对于学生而言，从先天的角度来说，不同学生对于英语知识的理解是不同的，有的学生对于英语知识的理解天生就要强一些，而部分学生对于英语知识的理解天生就要弱一些，这是学生本身的基础知识学习所决定的。在英语学习中，学生的核心素养不同，往往会导致不同的英语学习效果，从而进一步影响英语课程的教学。在互联网时代导向下高校英语课堂教学中，对于教师而言，想要逐步培养学生的英语核心素养，需要积极采取以下两个措施：第一，从学生的感性方面进行有效的培养，具体包括引导学生借助于多思考的方式，来进一步提高自身的英语学习能力；第二，教师要积极开展英语学习活动，为学生创设更多的英语学习机会，从而进一步提高学生的英语核心素养，促进学生逐步成长为优秀的英语人才，以此夯实互联网时代导向下高校英语课堂教学质量，促进高校英语核心素养的创新培养。

对于学生而言，想要全面提高自身的英语思维能力，需要进一步促进自身核心素养的全面提升，以此为基础，进一步丰富自身的英语学习过程。对于教师而言，在教学的过程中，要积极引导学生全面学习英语知识。在互联网时代导向下高校英语课堂教学中，对于英语学习而言，学生的知识基础是确保学生能够全面提高自身英语学习能力的基础，只有当学生具备较为充实的知识，才能够促进学生的英语素养的全面提升，从而进一步保障学生的英语核心素养的发展，以此促进学生的英语学习。然而在互联网时代导向下高校英语课堂教学的过程中，很多学生的英语基础知识较为薄弱，对于英语的学习不够积极，这主要是因为学生的知识不够扎实，不能够实现较好的英语学习能力的提升，难以对学生的英语学习起到良好的促进作用。

（三）互联网时代导向下高校英语课堂中教学方法的运用

在教学的过程中，教师最为重要的教学目标应该是进一步引导学生全面掌握英语学习的重要方法，培育学生英语学科的核心素养。对于互联网时代导向下高校英语课堂教学而言，正确的英语学习方法，是教学的核心环节与重要基础，是保障学生英语学习的重要方面与具体保障措施。综合实践的教学方法。

对于互联网时代导向下高校英语课堂教学而言，在教学中，英语核心素养本身具体包含了诸多层次。对于互联网时代导向下高校英语课堂教学而言，在引导学生掌握必备的英语解题技巧的过程中，需要进一步为学生的英语学习活动创设具体的学习机会，以此来进一步促进学生的英语学习，引导学生结合具体的英语问题，深入指导学生的英语学习活动，促进学生对英语知识、英语解题技巧等方面的学习与掌握，从而进一步促进学生对英语知识的理解与认识，对英语解题技巧的深入领会。对于教师而言，在互联网时代导向下高校英语课堂教学过程中，学生的英语知识的学习过程，需要以积极的学习探索为基础，为此，教师要进一步引导学生掌握具体的英语知识，促进学生英语水平的不断提升，以课上的教学为基础，进一步促进学生的英语实践学习过程，不断提高学生对英语知识的理解。对于学生而言，学生的英语学习过程需要不断探索与研究，以实践的英语学习为基础，进一步促进学生英语学习能力的不断发展与提升，推进学生英语核心素养的培育。

五、互联网时代导向下高校英语课堂的组织形式

教学组织形式具体指的是教师以及学生为了进一步完成具体的教学目标，按照明确的教学要求，进一步组织开展教学活动，以此来完善教学组织形式，确保教学目标的全面完成。从本质上来说，具体指的是英语教师借助于一定的方法，依据具体的教学特点，从而进一步促进教学目标的实现，按照教学的具体要求，全面落实教学活动，促进教学组织形式的建设，以此来完善教学的全面实施的方式。通常来说，对于教学而言，具体的教学组织形式具体涵盖了诸多方面的内容，具体包括了以下三种：第一种是小组教学；第二种是集体教学；第三种是分层教学。

（一）小组教学

具体指的是依据学生的英语水平等指标，将学生划分为不同的小组，并针对不同的小组形式开展教学活动，以此形成的组织形式。英语小组教学指的是英语教师借助于学生的英语理论知识水平与英语学习能力，将学生划分到不同层次的教学小组中，依据学生的特点开展教学的组织形式。对于学生而言，在英语小组教学中，教师往往可以借助

于小组中学生的英语学习状态，个性化的设计一样或者不一样的教学目标，针对学生的实际情况，选取一样或者不一样的教学内容，以此为基础，开展不同的教学方式，促进学生对英语基础理论知识以及英语学习水平的不断进步与提升。英语小组教学其实是学校难以解决学生差异性对于教学影响的情况下，教学依据具体的教学实践过程，探索出的教学方式。英语小组教学具体一定的优势，它可以进一步兼顾学生的个体差异性，将学生依据不同的理论学习情况与英语水平，划分为不同的小组，以此实现不同小组的差异性的教学活动，更加符合个性化教学的要求与特点，更加凸显学生的学习自主性与主观能动性，更加有利于促进学生英语理论知识的全面进步与英语水平的不断提升。但是英语小组教学也存在缺陷，它更加适合于教学规模比较小的教学情况，与此同时，在英语小组教学中，教学的成本往往相对较高，除此之外，教学的效率也相对较低。

（二）集体教学

在互联网时代导向下高校英语课堂的集体教学中，其是班级授课制的集体教学的一种组织形式，从本质上来说，具体是将学生按照学生的年龄，变成一个个班级，针对每个班级的教学活动，教师依据教学目标，按照教学计划，遵循一定的教学学时，开展具体的教学活动的一种组织形式。在英语集体教学的过程中，教师们借助于班级授课制的方式，是整体英语班级为了共同的教学目标，教授同样的教学内容，借助于同样的教学方法，制定同样的教学评价标准等，以此开展的教学组织形式。在英语集体教学的过程中，其具备几个主要的特点，具体包括：第一，学生的人数相对固定；第二，教师所教授的教学内容存在一定的统一性；第三，教师教授的教学进度基本保持一致。

目前，随着社会经济的不断发展，个别教学的教学模式效率较低，不再适用于英语教育的逐步发展，因而，更多的学校开始采用英语集体教学的方式。大量的学校借助于英语集体教学，充分解决教师不足的问题，取得了较好的效果。在学校教学中，英语集体教学的教学方式较为多样，具体组成部分包括了以下内容：第一，组织教学；第二，指导练习；第三，针对教学内容布置作业，并指明要求与注意点。

在英语集体教学中，不仅进一步降低了教学的人力支出与教学支出，还进一步提高了教学的实质效果与实际效率。不仅如此，在英语集体教学中，学生拥有了更多互动交流、互相学习的机会，学生还可以借助于交流、讨论，从而进一步锻炼学生的英语思维能力，激发学生对英语课堂教学的学习兴趣，促进学生在英语领域的学习与成长。但是，与此同时，英语集体教学也存在一定的不足，一方面，英语集体教学受制于教学形式的集中化，受制于教学内容的同步化，受制于教学评价的标准化，因而，英语集体教学只能够依据学生的一般水平设置具体的教学目标等内容，没有很好的兼顾到优秀学生以及后进学生的英语水平，在此状态下，学生对英语的学习较为被动，出现了两种极端现象。一种是优秀的学生往往存在难以进一步拔高的空间，另一种是后进的学生往往跟不上教学的进度，这从本质上反映出，英语集体教学忽视了学生的差异性，没有依据学生的主观能动性以及学生的自主性，促进学生在英语知识与英语技能方面的进步与提升，以此引导学生逐步成长为优秀的英语人才。

（三）分层教学

分层教学指的是教师借助于学生目前所掌握的知识水平、学习能力，将学生合理的划分为英语水平大致相同的不同层次化的教学体系，并针对学生的学习层次开展相应的教学互动的组织形式。英语分层教学，具体指的是英语教师在全面考量学生的诸多情况之后，将学生合理的划分为不同的学习层次，针对学生层次的水平，开展有针对性的教学活动的组织形式。英语分层教学是教学活动的一种创新模式，其更加兼顾了学生的个性化差异，更加体现了现代化教学模式的需求，更加有助于促进学生的英语学习成长与英语核心素养的不断培育。

英语分层教学与普通的英语集体教学的区别在于：

普通的英语集体教学时，对所有的学生来说，以下这些内容是相同的，具体包括：①在教学过程中，教学目标一致；②教学内容一致；③教学原则一致；④教学组织形式一致；⑤教学环节一致；⑥教学方法一致；⑦教学评价一致。

在英语分层教学中，针对不同层次的学生，以下这些内容是不同的，具体包括：①教学目标不相同；②教学内容不相同；③教学原则不相同；④教学组织形式不相同；⑤教学环节不相同；⑥教学方法不相同；⑦教学评价不同。英语分层教学能够因人而异，因材施教，基础好、能力强的学生能够“吃得饱”，基础差、能力低的学生能够“吃得了”，真正地体现了面向全体学生。因此，在教育公平的视阈下，英语分层教学比英语集体教学在教学理念、教学模式、教学效果等方面都更加能够适应现代教学的需要。

对于高校英语课堂教学而言，在教学的有效运用上需要针对教师与学生的相关比例有针对性的设定，以此来进一步促进英语课堂教学活动的完善与发展，总之，教学组织形式的运用，一定要审时度势，顺势而为，以此确保学生英语核心素养的全面培养与逐步进步。

第二节　互联网时代下的高校英语课堂教学实施

一、高校英语课堂教学的艺术体现

大学英语课堂是一个语言的环境，它的艺术性主要体现为语言运用的艺术、教学方法的艺术和发现创新的艺术。提高英语课堂教学艺术是提高英语教学效果的重要环节。因此，我们应重视对语言运用、教学方法和创新三者的研究，通过多种方式和途径来提高教学艺术，进而提升学生英语学习的积极性，提高教学效果。

（一）高校英语课堂教学应具有语言运用的艺术

语言是英语课堂上组织、指挥和讲解的工具，也是通过英语课堂的学习开发学生智力、掌握英语的主要手段。因此，高校英语课堂教学中极为重要的一点就是应具有语言运用的艺术，这也是课堂教学中主要的艺术体现。可以想象，如果高校英语课堂上，教师能运用生动活泼的课堂教学语言，那么对于提高教学效果、提升学生英语学习的积极性以及英语学习的兴趣都具有较为明显的作用。因此，如何提升高校英语课堂教学中语言运用的艺术是作为大学英语教师不断追求的目标。

一般来说，艺术化的教学语言应具有启发性、示范性、趣味性、针对性和审美性等特点。大学英语课堂的语言艺术应主要包括以下三个要点：一是教学语言要严谨、简练，富有逻辑性。要提高课堂教学的艺术性，就需精心修炼课堂语言的艺术特色，提高教师课堂语言的精练和准确性。例如，课堂教学中语调的抑扬顿挫、富于变化能使语言有声有色，增强感染力：合适的停顿能起到叙述清晰，引起思考的作用。二是教学语言要有幽默感，富于情趣性。英语课堂的教学中，幽默感是一项必须具备而且效果颇佳的教学艺术。善于用幽默的艺术进行教学，可以消除学生的厌倦情绪，帮助学生理解和记忆，保持课堂活力，提高课堂教学效果。三是大学英语教师口语要流利，语音语调要地道。经过高中三年的英语教育，大学生一般具备了较好的英语语法和作文能力，但是由于基本是应试教育，大学生们普遍存在口语能力较低、英语交流能力较差的现象。因此，他们对于大学英语教师在口语方面会存在较高的期望。学生往往会被教师一口流利的英语、纯正的语音语调所吸引而产生羡慕之情，进而对英语学习产生较浓厚的兴趣。

（二）高校英语课堂教学应具有教学方法运用的艺术

从教学基本原理来看，教师、学生、教材与教法四个要素构成教学的矛盾统一体，它们之间相互依赖、分工协作，而教法是前三个要素的黏合剂。良好的教学方法能够对教师、学生和教材三者产生良好的桥梁和纽带作用，使三者得到有效的融合。因此，教学方法的艺术是高校英语课堂教学中的艺术体现，而且教学方法的使用将会对教学效果产生最为直接的影响。

可以说，成功的教学方法是提高课堂教学效果和激发学生学习积极性的有效途径。提高教学方法艺术是提高英语教学效果的重要环节，应主要从五个方面进行着手。一是导入艺术。俗话说，良好的开始是成功的一半。大学英语课堂上如果能做到精于开头，那么就能产生事半功倍的作用。课堂导入的方式有很多，大学课堂上就应不拘一格。例如正式讲授新课之前，可以讲一个简短的英语笑话，当然，如果能结合课文内容，那么效果会更好。二是转换艺术，即善于转折，引人新课。教学形式由旧过渡到新，要使学生感到自然而顺畅，教师必须善于转折，把握时机引入新课题。三是提问艺术。教师可以通过追问“为什么”来引导和鼓励学生去自主学习课程，进而掌握大学英语课程的内容。当然，教师应注重课堂提问的公平性，以保证每个学生尽量获得公平的教学态度，以及注重提问的方式和方法。四是课堂活动艺术。应采取多种方式提高课堂活动的灵活度，进而提高教学效果。例如，采取分组谈论的方式不但能让每个学生获得锻炼的机会，还能提高课堂的活跃度。五是课堂结束艺术。在课程结束时，教师可以通过设置悬念来进行巧妙结尾。这样不但能使学生课后自我练习，而且能逐步激发他们学英语的兴趣。

（三）高校英语课堂教学应具有发现创新的艺术

高校英语课堂不仅仅是传授知识，而且也具有创新的能力，需要教师去创新教学方式和方法，也需要当代大学生创新性地学习。这也是近年来我们一直所倡导的大学教育的本质和目的。因此，从这个层面上说，高校英语课堂也具有发现创新的艺术。这就要求英语教师注重对传统教育理论和教育方式的消化和吸收，并在此基础上进行创新。可以说，任何教学创新都是建立在已有的经验和理论之上，割裂了已有的经验和传统理论，为创新而创新的教学是无源之水。因此，高校英语课堂教学的发现创新主要包括三个方面：一是教师对于传统教育理论和教育方式的传承；二是重视在已有基础上进行教育理念和教育方式的创新；三是注重引导学生进行创新式的思考和学习，并引导学生进行自主性学习和创新性学习。

二、互动策略与高校英语课堂教学

随着经济全球化进程的不断加快，企业面临的国际竞争局面越来越复杂。为了提高自身的核心竞争力，企业更加注重对于人才的培养和积累，并且要求高校为自身培养更多应用型人才。高校的主要教学目的就是培养更多应用型人才，但根据教育学者对于目前高校课堂的研究，其认为在高校的英语课堂当中，很多学生都保持沉默，整个英语课堂的气氛比较沉闷。为了转变该种现状，高校的教师需要重新调整授课形式，了解学生沉默的原因，并且根据学生的性格特点制定针对性的互动策略，带动学生学习的气氛，让英语课堂变得活跃。

（一）互动策略概述

1. 互动策略释义

在构建主义理论当中，互动教学主要的意义是改善人们在日常交往当中的交往方式。而互动策略则主要是在认知理论的基础之上转变课堂教学形式。互动策略在课堂当中的应用能够转变传统的教学模式，让学生成为教学的主体，教师则在教学过程中考虑学生的思路，与学生展开互动。而互动策略的影响下，学生与教师之间的互动也将成为日常教学当中的主要状态。该种教学互动下，学生与教师之间的关系更加亲密，教师能够为学生创设学习的场景，让学生感受到教学内容的生动。而教师与学生的互动让师生双方都保持在精神活跃的状态下，学生能够更加积极主动地思考教学内容，并且激发自身对于教学内容的学习兴趣。

2. 互动策略特性

互动策略在高校英语教学当中的应用也并不是都能够取得特别好的教学效果。而有效的互动策略需要教师经过特别的教学设计，了解互动教学的具体特性，才能够根据互动策略来掌握教学的规律，制定具有针对性的互动策略。

互动策略的第一种特性是互动目标的多维度特性。在课堂当中，教师所选择的互动目标决定其所应用的互动策略是否会起效果。互动的目标关系到了教师选择以怎样的方式来教导学生掌握知识技能，也关系到学生是否能够对教学内容产生兴趣。选择正确的互动目标，确保互动目标的多维性，就能够让学生形成正确的价值观，能够体会到互动教学的意义所在。

互动策略的第二特性是互动对象具有多样性的特点。传统模式当中的教学通常会以教师作为教学的主体，就算教师在教学理念上相对先进，与学生之间会产生互动，但其互动的方式也多是师生之间的互动。而在互动策略当中，打破了师生互动的局限性，其不仅仅是师生之间需要交流，学生与学生之间也会进行经验交流和讨论。该种交流互动的方式被称为合作学习。该种互动状态下，学生的学习状态比较放松，学生处于自由的环境当中表达自己对于某个知识点的看法，促使其更容易记住教学内容，也更加善于在课堂当中表现自己。

互动策略的第三种特性是动态性，该种动态性主要体现在互动过程中。课堂当中所教授的内容比较多样化，教学主题发生变化，原本的互动就无法满足教学的需求，需要根据实际情况进行变动。在不同的教学主题下为学生创设不同的互动情景，从而取得更好的互动效果。例如，教学内容比较宽泛，教师可以与学生进行问答式的互动。而教学内容比较集中，则可以让学生就教学内容展开讨论。教师需要根据不同的教学资料或学习途径来调整互动的方式，促使互动策略变得灵活多变，激发学生的学习潜力。

互动策略的第四个特性是平等性，也就是说，在采取互动策略的时候需要保持平等的状态。无论是教师还是学生，其都是独立的个体，具有独立的人格。两个人要处于平等的地位上，才能够拥有和谐且融洽的气氛，也才能够真正地敞开心扉来表达自己。

互动策略的第五个特性是有效性，也就是在互动目的明确的情况下，教师在课堂当中应用互动策略需要注意互动内容的合理，并且考虑好互动的动机，确保能够有效减少课堂上的沉默现象。

（二）互动策略在高校英语课堂当中的应用实践

1. 注重互动环境的营造

互动策略引导下的高校英语课堂要求教师为学生的学习创设情境，加强学生之间的互动协作，在学生之间的对话当中存在互动性，促使学生感受到互动教学的课堂效果。首先，要想创造一个良好的互动环境，就需要在课堂当中让学生感受到授课过程中的合作性。教师作为学生的引导者，其在授课过程中要为学生做出榜样，尤其是高校的英语教师。学生学习英语主要用在工作当中，而其所表达的英语口语在语法和发音上都需要有很高的水平。教师在发音的时候要确定自身发音的标准，成为学生主要的模仿对象。而除了英语知识教育，高校的英语教师还需要教导学生做人的道理，让其形成良好的品格，在为人处世上具有更加端正的态度。教师展现出自己在这一方面的人格，在授课过程中表现出和蔼可亲和知识渊博的形象，给予学生足够的尊重，学生能够感受到教师与自己之间的平等，进而愿意参与到课堂互动当中。其次，教师在互动策略当中要激发学生对于英语学习的情感。英语学习本身就需要创设特定的语境，教师抓住这一互动特性，其能够发现英语学习的乐趣，进而积极主动地参与到英语的学习当中。教师利用该种互动策略来培养学生的盈余思维，让学生在互动中学习规范的学习策略。最后，教师需要培养学生之间的合作意识，学生与其他学生之间的交流和互动关系能够更好地理解英语教学内容。而当学生了解更加适合自己的学习策略，其在对英语的心境上就会发生改变，学习其他人身上的长处，弥补自身学习上的不足。

2. 建立互动教学模式

高校的英语教学当中利用互动教学模式来重新设计英语课堂。而在互动教学当中，教师划分了不同的教学主体，根据不同形式的互动来采取不同的教学模式。首先，学生与教师之间的互动是最常见的课堂互动模式，在该种互动过程中，通常都是教师根据教学内容提出具体的问题，并且要求学生根据自己的知识积累来回答问题。也有时候是学生在学习的过程中心存疑虑，因此要求教师为自己答疑解惑。而也有一些英语教师会根据教学的需求，与学生商量和交换意见和想法，从而了解了学生的学习意愿，之后，再进行课程设计。也有教师喜欢在与学生的交流当中采取辩论的形式，由教师抛出问题的分歧，然后教师与学生相互表达自己对于问题的看法，相互理解，最终得出问题的解决方案。教师根据自身与学生的该种互动来设计互动教学的具体方案，在与学生的沟通当中调动学生的学习热情，打破英语课堂的沉默。其次，学生之间也存在互动合作关系，教师可以根据学生之间的互动学习来考虑如何制定互动策略，从而达到活跃课堂气氛的目的。教师可以采取集体研究的形式，在英语课堂当中将学生分为不同的学习小组，并且将学习任务也划分为不同的板块，让每个学习小组都承担学习任务。而小组成员在经过细致的讨论以后，能够得出学习任务的最终结论。教师也可以将学生分成小组以后，进行小组教学，让小组成员制定学习计划，确定教学方案，完成教学内容试讲，从而达到良好的教学效果，让学生都参与到教学当中。最后，竞争性的互动模式也是高职学校英语教学可以参考的一种互动策略，该种策略下，学生同样被分成学习小组，并且分担了小组学习的任务。而在该种学习模式下，小组之间产生竞争，教师评比哪个小组在学习任务的完成数量和质量上更好，组员之间的配合更加默契。例如，教师可以安排小组回答问题，参与辩论，从而让小组之间进行比赛，激发学生学习英语的心理，让学生获得更大的成就感。

3. 优化提问教学策略

课堂当中的提问是最常见的互动教学方式，也是最能吸引学生注意的教学方式。优化提问策略来促进互动策略的升级，帮助教师激发学生对于英语教学内容的兴趣，改善课堂的氛围，促使课堂上学生能够相互交流。而学生在教师所创设的提问教学环境下，能够用英语口语来表达自己的观点，提升了学生的交际能力，也让学生学习英语的成就感增强。首先，为了让课堂提问更加有效率，教师可以在教学开始之前就考虑好要提出的问题，并且拟定解决方案，而教师也要先安排好教学计划，让学生先了解自己的计划，进而在课上提问的时候，学生才能够有所准备，能够事先准备好需要学习的内容，回答问题的时候也更有条理。其次，教师需要把握问题的尺度，不能够为了提升学生的学习水平，就提出非常难的题目，该种情况不仅不会调动学生的积极性，还可能打击学生学习英语的信心。最后，学生在被提问的时候，教师需要给予学生思考问题的时间，等待学生做好准备，从而激发学生回答问题的热情。

三、互联网时代导向下高校英语课堂的课程教学

对于高校英语课堂教学而言，在具体的课程内容上，其往往采用两种教学模式，具体包括：第一，集体课教学模式；第二，采用一对一教学模式；第三，采用一对二的教学模式；第四，借助于科学的教学方法；第五，促使学生掌握扎实的英语解题技巧。

在互联网时代导向下高校英语课堂教学中，一般来说，教师需要逐步引导学生掌握以下技能，具体包括：①具备较强的英语学习能力；②掌握扎实的英语知识；③对英语问题的准确把握；④具备合作能力；⑤了解英语知识的多样性；⑥了解英语知识的多元化特点；⑦开展英语课堂教学的学习；⑧开展小组英语的学习；⑨具备英语的问题处理能力；⑩具备英语的创新能力；⑪ 具备合作处理问题的能力。

对于互联网时代导向下高校英语课堂教学而言，在教学中，要针对学生的英语基础水平因地制宜地开展教学活动。为了使学生的英语知识更加扎实，英语思维能力更强，教师可以适当关注英语课堂教学与其他学科的交叉教学，这样有利于学生能够充分的学以致用，以此促进英语课堂教学质量的全面提升。目前，英语课堂教学活动大致分为：课堂教学、小组讨论、小组比赛等多种形式进行课堂实践，培育学生的英语核心素养。

（一）课堂教学

课堂教学是指在整个教学过程中，教师正确引导，有目的、有计划地进行训练，在特定的时间里达到预期的效果。目前，在互联网时代导向下高校英语课堂教学中，课堂教学必须根据不同情况和不同程度的学生来设定教学内容，围绕着培养英语课堂教学为目标，使学生既能掌握扎实的英语知识，又能与英语实践、社会实践等多种形式相结合，合理地进行课堂教学，通过科学的教学手段，在特定的时间段，最有效地完成教学任务，促进学生英语核心素养的培育。通过理论与实践的结合培养学生的综合能力，提高学生的英语学习能力。

（二）小组讨论

在互联网时代导向下高校英语课堂教学中，英语教师在教学中采用小组讨论的教学活动，以此不断促进学生对英语知识的交流、思考与理解，增强学生的英语思考、交流能力，提高学生的英语核心素养，训练学生团结协作的意识。通过小组讨论活动，可以激发学生的英语学习动力，有效地将课堂所学到的英语知识转化成英语问题的处理方式，大大提高了学生的英语问题处理能力。通过小组讨论，还可以增强学生的英语学习自信，促进学生英语学习能力的全面提升，进一步促进英语课堂教学质量的提升。

（三）小组比赛

在互联网时代导向下高校英语课堂教学中，在部分英语教学中，为促进英语课堂的活跃性与趣味性，除小组讨论外，部分教师还会举办英语小组比赛，以比赛促进学生的英语学习进度。这种多形式、多元化的小组比赛能让学生体会课堂学习中不同形式的英语氛围，以此进一步促进英语课堂教学的发展，培育学生的英语核心素养。

四、互联网时代下英语课堂上的多维互动教学模式

（一）互联网时代下英语课堂互动的重要性

网络的高校英语互动模式强调以学生为中心，实现师生、生生、人机的多维互动模式，互动改变了以往学习历史知识枯燥无味、知识点难记的困难，提升了学习的自主学习能力，拓宽了学生的视野，具有重大的实践意义。

1. 师生间的多维互动

师生互动更注重教师与学生一起成为教学活动的主体。老师更多的是指导者和监督评价者。老师要注重在课堂上增加学生的参与性，通过师生的双向交流调动双方的积极性，从而活跃课堂气氛。课堂上老师可以多添加一些有意思的游戏，在游戏中学习。

师生互动，一方面可以增强学生的学习兴趣，还能够让老师从多方面多角度的去了解学生的内心世界以及学生的生活和学习情况。大多数学生对老师并无好感，通过师生互动让学生对老师的看法以及态度有所改观，让学生真真正正的把老师当成良师益友。

老师还可以根据每一个学生的水平和发展空间以及对未来的规划，针对每一个学生的实际情况，因材施教，为学生定制个性化的学习方案，满足学生个性化的要求。因此，师生互动可以加强师生感情，更能促进学生的学习，岂不是一举两得。

2. 生生间的多维互动

学生与学生之间没有年龄和思想上的代沟，交流起来会更融洽，更和谐，更能相互帮助，彼此学习互帮互助式学习成果达到最大化。

生生互动模式有自由讨论、成对活动、角色扮演、小组活动、小组讨论、主题辩论、短剧表演等方式。学生可以找自己的好朋友组成小组，每天练习口语。在规定的时间内双方用口语进行对话，长此以往彼此的口语水平都会有明显的提升。还有一些英语基础较差的学生，可以找英语水平较好的学生进行帮助，推广一帮一，一帮多的形式为不同差异的学生提供服务。同时，学生和学生之间也可以通过社交软件（qq、微信、e-mail 等）交流学习心得，学生也可以选择一个自己喜欢的西方电影的片段，以小组或寝室为单位，编排或者改编作品在班会上或者班长自行组织在大家空余时间进行一场舞台剧的比拼，

这样更能促进大家学习的积极性。当然学生们也可以结伴去学校的英语角、英语多媒体教室等，让学生有表达自己的思想和交流自己的感情平台。

学校也可以开展学生讲课的实验课，整个上课过程中以学生为中心。学生作为主讲，老师作为辅助，让每一名学生都体验授课的过程，也能感受老师每一节课的不容易。在授课之前，学生一定会准备一些课上相关的内容，通过这样的过程学生对知识的记忆就更加牢固，也会让每一节课的注意力都集中在课堂上。这样学生可以在自己有需要的情况下，在任何时候和任何地点进行英语学习，同时无论是在网络上还是在网络下都能营造出轻松的英语学习氛围，可以消除学生学习英语时所产生的焦虑和倦怠感。通过创新发挥学生的积极性，主动性让学生在快乐开心的氛围中学习。

3. 人机间的多维互动

与传统的教育模式相比，现在多媒体技术给学生带来了更多学习英语的乐趣。如今互联网技术发展迅速，每个人都可以通过网络更好的学习英语知识。现在学生的手机软件里都会下载各式各样跟英语相关的 app 软件，这些 app 软件可以在我们课堂之外，丰富学生们对英语的认识，更好地去提高学生的英语水平。

学生和老师现在通过先进的网络系统教学网站中互动交流，相互学习。现在学生的英语大部分作业都是通过手机来完成的，老师通过手机在学习软件上布置作业，学生应在老师的规定时间内完成并且提交，老师进行批改，这让老师和学生的交流更直接。现在学生购买的大多数学习资料都是赠送视频讲解的。通过这种方式可以让学生对习题理解得更透彻。

在网络时代下学生是学习的主体，现在的学生不再是被硬灌知识的对象。原来学生知识的获取都是完全全地依赖于老师。但学生的水平本来就有高有低，有的觉得课堂的东西过于简单，浪费时间，而有的人认为进度太快，跟着有些吃力，这也是传统教学的大弊病。但现在通过多媒体教学模式，学生只需要在老师指导下自行寻找、获取跟自己层次相同的知识点，通过自身的消化，实现对知识的再构建。

这种教育模式能更好地调动学生学习英语的积极性，增强教学效果有效解决高职高专学生对英语缺乏积极性的特点。而且多媒体网络学习英语不仅效率高，而且方便灵活，是课堂教学的非常有效的补充方式。

（二）网络英语课堂下多维互动的意义

多维互动模式教育充分注重学生的主导性，实现了师生互动、生生互动、人机互动的教学模式。

1. 提升学生自主学习能力

由于课堂上老师与学生的交流时间有限，老师更注重讲解知识点，而没有过多的时间去深究习题，但是通过多维化的教学模式，可以在社交软件、百度或英语 app 上了解更多的知识。通过自主的学习，强化训练，完成课程拓展练习，以加强语言交际能力培养，课堂体现了“生活即教育”的理念，我们可以通过老师安排或者自行组成小组，表演情景剧通过自编自导自演的形式，提高自己的口语水平，利用课上时间进行交流，给予学生展示自我的机会。在这个过程中，学生可以不断的使自己变得更加自信，使自己的水平进一步的提升。

2. 激发学生学习热情

现在的教育模式与原来截然不同，传统的教学模式以老师为中心进行单纯地讲授，学生只是在课堂上倾听就可以了，而多媒体教学模式则正好相反，学生要积极参与课堂中，要让自己从被动学习变为主动学习。学生成了课堂上的主角，使学生在课堂上的参与感更强，更容易融入进英语课堂教学中。

网络技术中充满了互动、有趣的独特功能。学生们在课前预习时，会在网络上搜集各种相关资料，资料的搜集也是一个学习的过程，在这个过程中他们难免会遇到一些问题，以往他们会寻求老师的帮助，而现在他们要尝试着首先自己解决问题，老师只是起到指导的作用。这样可以使学生对知识点的记忆更牢固，更能体会到学习的乐趣。

3. 促进师生感情

中国式教学使学生和老师的关系过于紧张，更多的学生认为老师是十分严肃，并且不好接触的。但多维式的教学模式改变了这一常见问题。师生关系的和谐在教学过程中起着特殊而美好的作用，使学生从简单的认知中学习变为情感的需要。通过多维式的教学模式可以让老师更加了解学生的需求，了解学生们的内心世界，真真正正和他们成为朋友，从根本上解决他们的问题。

学习成绩和喜不喜欢这个老师有很大的关系，很多学生因为不喜欢任课老师，所以上课不认真听讲，导致下课习题不会做，考试态度不认真等等一系列问题。而学生一旦喜欢一个老师就会认真听老师的每一节课完成好老师的每一项作业，学习成绩自然就会有所提升。所以良好的师生关系，是学生学习的前提，希望每一个学生都能跟老师成为很好的朋友。

第三节　互联网时代下的高校英语课堂教学创新

一、互联网时代下不断优化高校英语课堂教学

二十一世纪的现代社会已经步入到信息化时代，无论是人们的日常生活还是社会各个行业的发展，都受到科技这一因素的影响而发生了巨大的改变，尤其是互联网时代时代的到来，进一步推动社会经济形态得到不断演变，为社会的改革、创新、发展等方面提供了更为广阔的平台，从而促进社会各个方面得到全面发展。在互联网时代背景之下，教育领域也受到不少冲击，其中高校英语教学是教育的重要组成内容之一，借助互联网这一手段，能够为高校英语教学带来更加便捷化的方式，在很大程度上促进高校英语教学质量得到提升。而要想实现这一目标，教师要结合互联网时代的发展特点，从学生的实际发展情况出发，在此基础上合理采取有效的措施来予以实现。

（一）高校英语课堂教学面临的机遇

在互联网时代发展背景之下，给高校英语课堂教学所带来的机遇也是巨大的，具体可以表现在以下几个方面：第一，对优化课堂教学模式与方法带来了机遇，由于互联网技术的迅速发展，在很大程度上改变了英语的传统教学模式，教师能够借助互联网这一平台了解或者是学习到很多新型的教学模式和方法，比如说项目式、合作式、探究式等教学模式，改变以往用粉笔和黑板的时代，在充分利用互联网技术的基础上提高学生的主动参与性，从而有效提高高校英语课堂教学质量。第二，对提高教师个人能力以及培养教师全面素质带来了机遇，对教师的个人要求也在不断提高，不仅要求教师具有较高的整合能力，而且也要具备一定的信息技术水平和实用的信息技术知识，在此基础上来更好地开展高校英语课堂教学活动，从而促进整体的进步与发展。第三，对学生的学习方式带来了机遇，大学阶段的学习，基本上要充分发挥学生的自主性，因此，在互联网时代的背景之下，学生可以借助互联网这一平台去收集、学习各种想要学习的知识，并且内容更加具有多样化，形式更加丰富化，能够在很大程度上提高大学生的学习积极性和学习热情。

（二）在互联网时代背景之下高校英语课堂教学的特点和原则

在提出优化高校英语课堂教学的对策之前，还需要对两个方面的内容予以明确，一方面是在互联网时代背景之下高校英语课堂教学的特点，另一方面是在互联网时代背景之下高校英语课堂教学的原则，通过这两方面内容的明确，来更好地为优化对策的提出

做好铺垫。

1. 互联网时代背景下高校英语课堂教学的原则

在互联网时代背景之下，高校英语课堂教学所体现出来的原则，主要表现在以下几个方面：第一是最优化原则，所谓的最优化原则，体现在高校英语课堂教学中就是要整合资源，采用最优的教学方法、教学手段、教学内容、教学形式，形成最优的教学结构，从而在优化高校英语课堂教学的各个环节基础之上提高高校英语课堂教学质量。第二是自主化原则，所谓的自主化原则主要表现在学生方面，简单来讲的话，就是充分发挥教师的引导作用，最大程度上激发学生的主观能动性，从而促进整体发展。第三是互动式原则，所谓的互动式原则就是加强师生、生生之间的互动，打破原先沉闷的教学氛围，让学生的英语能力能够在互动的氛围下得到有效提高。

2. 互联网时代背景下高校英语课堂教学的特点

在互联网时代背景之下，高校英语课堂教学所呈现的特点，主要表现在以下几个方面：第一，可以促使英语资源的利用率得到最大化，互联网时代的出现，能够促使教育信息化得到更好的实现，与此同时，网络资源的出现，能够被教师和学生更好地利用，从而促进教师的教学和学生的学习得到全面提高。第二，有利于促进教学环境个性化，互联网时代背景下的高校英语课堂教学，个性化的教学更为突出，能够在教学活动开展过程中尊重学生的差异性，从而在最大程度上开发学生学习英语的潜力。第三，互联网时代背景下的高校英语课堂应当具有明确的信息化特征，即能够充分地进行英语教学拓展，将教材当中的英语知识拓展到课外，给予学生更多的英语认知。同时，信息化下的英语教学应当有着明确的英语信息联系性，即在学习某一部分英语知识的过程中，可以通过互联网寻找到与其对应的英语知识内容，并进行相应地联系教学，提高学生的实际学习效果，改善整体的英语教学效率。

（三）互联网时代背景下优化高校英语课堂教学的措施

在互联网时代发展时代之下，优化高校英语课堂教学，无论从哪个角度来探讨，都是能够发挥重要的作用的，而现阶段的学生在高校英语的过程中，呈现出来的一个严重问题在于缺失英语学习方向和学习技巧，并且没有合理的学习方法，不知道如何进行合理有效地英语学习，相应的学习效率相当低，有待于得到实时地提高。那么，如何采取合理的措施来优化高校英语课堂教学呢？以下就主要针对于此，提出几个方面的对策来进行探讨和研究。

1. 采用多元化教学方法，构建信息化教学模式

随着互联网技术的不断进步与发展，给教育领域带来了新的变化，因此，在互联网时代背景之下，教师要结合互联网时代的发展特点，在此基础上构建信息化的教学模式和多元化的教学方法，并将其与优秀的资源进行有效的整合，从而促进高校英语课堂教学质量得到有效提升。具体可以表现在以下几个方面：第一，充分利用互联网技术，合理使用“微课”教学。第二，充分利用互联网技术，创设合理有效的教学情境，让学生置身于情境之下来开展有效的教学活动。响应信息化时代的号召，在高校英语教学中已经配置了完善的现代信息设备，因此，教师可以充分利用这些信息设备和信息技术，在此基础上为学生创设合理的教学情境，通过形象、生动的画面来激发学生学习英语的兴趣，以此来优化高校英语课堂教学，从而在一定程度上提高高校英语的教学质量。

2. 整合高校网络教学资源，构建信息化的互动教学

在互联网时代的发展时代之下，优化高校英语课堂教学，所能采取的措施可以从整合高校网络教学资源入手，构建信息化的互动教学，在充分提高大学生学习积极性的基础上促进各个方面得到有效的进步与发展。首先，整合高校网络教学资源，不单单是体现在资源的有效利用方面，而且也体现在构建一个合理的平台来让资源发挥最大作用方面，在构建这一平台的过程中，必须着眼于为大学公共英语教学服务，按照实用性、方便性、共享性等原则来进行设计，尽量优化高校的资源优势，从而产生两个方面的作用，一方面是让教师在利用、整合教学资源的过程中变得更为便捷化；另一方面是让学生能够在这一平台上开展更好的学习活动。其次，构建信息化的互动教学，由于大学阶段的学习使得学生自主性得到进一步放大，相对应的教师控制力度变得更加缩小化，如果在教学活动开展过程中，教师照本宣科，不与学生进行互动来开展教学活动的话，很容易导致学生课中出现注意力不集中的现象，因此，教师在高校英语课堂教学过程中，在利用互联网技术的基础上融入互动教学，无论是对教师的教学还是对学生的学习，都是能够产生积极的影响。而互动教学的开展，教师可以按照一定的原则，将班级里的若干个学生分为不同的小组，在教师的统一引导下来合理开展小组合作讨论活动，以此来活跃高校英语课堂氛围，提高教学质量。比如说，在进行英语听力教学时，针对教学内容和已经存在的问题，让小组分工合作，并将得到的答案进行讨论，优化之后再选择，以此来优化高校英语课堂教学。

3. 加强对学生的学习评价，形成良好的激励效果

在学生学习的过程中，对于互联网上的英语知识都有着不一样的认知，而在进行英语拓展的时候，如果教师没有完善的引导方式，学生会感到十分盲目。同时，由于长期

以来的高校英语教学模式采取的都是传统的传授式教学，教师在整个课堂上具有绝对的主导作用，而学生已经在这样的状态下养成了被动学习的习惯。在实际的英语自主学习和互联网学习拓展当中，学生会由于失去了教师的引导转而变得相当不自信。如果想要强行改变学生的这一习惯，必然是不可取的。教师应当在这一时期通过互联网实时加强对学生的学习评价，进而形成更加全面合理的学习引导，提高学生的学习质量。在英语学习的过程中，学生容易遇到的问题相当多，而对于这些问题的解决，学生通常会交给老师，在老师的指导下进行相应的解决。但是学生是否能够通过自己的努力主动去解决问题呢？俨然是可行的，只不过现阶段的学生往往更加依赖于教师的直接指导。在新时期的互联网教学过程中，由于学生可以通过互联网寻找相关的英语教学资源，并获得更多的英语认知，因而整个学习过程十分便捷。但是也呈现出了一定的问题，如果学生在运用互联网进行学习的过程中，遇到了一定的阻碍，学生无法及时得到教师的直接指导，进而使得问题无法得到迅速地解决。为了改善这个状况，教师可以通过互联网与学生进行实时地沟通和交流，鼓励学生通过更多地实践和学习去解决相应的问题，如果实在不能解决，再寻求教师的帮助。此外，教师也可以根据学生的学习状况，合理地对学生展开科学的评价，对于表现优秀的学生，可以进行突出表彰，并展示在互联网教学平台上，便于鼓励所有学生积极地参与到学习当中去，整个英语拓展教学的开展也会更加具有实效性。

互联网时代时代的到来，由于互联网具有开放性、共享性、便利性等方面的特点，给高校英语课堂教学带来机遇的同时也带来不少的挑战，因此，教师需要采取合理的措施去抓住机遇并且克服挑战，以此来优化高校英语课堂教学，从而促进整体的发展。

二、提升互联网时代下高校英语课堂的教学理念

在我国的英语教育中，在我国的教育发展体系中，我国要进一步做好以下工作：①创新学生的英语核心素养培育模式；②研究自身的素质教育理念；③提升英语教育理念；④创新教育理念；⑤关注文化素质教育；⑥关注学生的精神培育与思维拓展；⑦关注学生英语知识的学习；⑧关注学生英语学习方式的培养；⑨关注学生英语学习兴趣的培养；⑩关注学生英语解题技巧的学习培养；⑪ 关注学生英语思维的培养；⑫ 关注学生英语逻辑思维的培养；⑬ 关注学生英语情感学习的培养；⑭ 关注学生人格的培养；⑮ 关注学生个性的学习培养，这是实现英语课堂教学模式价值取向的理念分析，也是构建互联网时代导向下高校英语课堂的基础。

（一）人文性理念

在我国的英语教育发展体系中，要进一步体现人文性与专业性完美结合的教学本色。学生的英语核心素养培育模式明确提出英语课堂教学的人文性理念，首先必须明确英语课堂教学的教学特色。在互联网时代导向下高校英语课堂教学中，可以明鉴教学的人文性特征。现代社会，英语课堂教学的人文性特征也越来越明显。在互联网时代导向下高校英语课堂教学中，这些无不应该凝结成英语课堂教学理念，体现英语课堂教学独特的教学本色，英语课堂教学服从于社会需要。崇高的英语课堂教学包含崇高的理想，这是英语课堂教学的本色。当前互联网时代导向下高校英语课堂的教学理念必须在培养优秀的英语人才的同时，有更高的人文性要求。

根据当前学生的英语核心素养培育模式的不同培养定位，各级英语教育的教学理念中，对英语课堂教学的人文性本色的强调也会各不相同。只有兼具专业性与人文性完美结合的英语教育，方能完成新时代英语教育的伟大使命，展示其伟大的魅力，以此来进一步夯实我国的英语教育的基础，促进学生英语核心素养的培育。

（二）专业性与普及性

在我国的英语教育中，在互联网时代导向下高校英语课堂教学中，全面重视专业性与普及性，是有效促进英语教育发展的关键措施。对于我国的英语教育而言，专业性本身，具体指的是社会分工的细化，也指所从事的各行业、各领域各学科等。与此同时，专业本身也可以用来形容程度，即行为的规范和精准的级别。在教学理念上需要进一步注重专业性的提升，其本身包含以下几个方面：①加强英语课堂教学的课程建设；②形成英语教育特色；③形成英语教育优势；④重点关注教学建设；⑤突出专业性；⑥体现自身针对性；⑦提高教育水准；⑧学校要进一步明确教育目的。

在我国的英语教育中，教学理念中强调专业英语思想教育、专业英语精神培养，综合英语课堂教学所占用的英语及社会资源、关注教育对象的身心发展状态，教育对象所受的英语知识积累。这种专业英语思想理念的树立，主要针对英语课堂教学，学生的英语核心素养培育也应有之，重视普及理念。

一是针对英语课堂教学的社会责任。所有的英语课堂教学类别，都要看到超越教学之外的提高、普及社会英语教育的责任，由这个责任延伸到英语教育的广阔领域。这个广阔领域将学生的英语学习与社会实践、社会生活联系。学校开设的英语课堂教学，应重视普及英语思维的培养，强调英语教育对提高学生英语核心素养的职能；二是指诸多学校进行英语课堂教学的指导思想设定在学校中，谈英语教育思想的普及教育，应该是一种全新的指导思想。在这种指导思想下，英语课堂教学模式就有可能面向全体学生，达到使他们积极学习英语知识、培育英语精神的自由境界的目的。总之，英语教育的普及包含在普通学校的实施中，也包含在对学生进行的提升英语核心素养教学中，促使其逐步成长为优秀的英语人才的普及教育。

（三）学科交叉性

在互联网时代导向下高校英语课堂教学中，重视学科交叉辅助英语教育特色。在当今各个学科的知识结构中，不同学科交叉互相渗透，这些交叉学科的不断发展，又大大地推动了科学进步，因此学科交叉研究体现了科学向综合性发展的趋势。科学上的新理论、新发明，新的工程技术的产生出现，经常是在学科的边缘或交叉点上，重视交叉学科将使科学本身向着更深层次和更高水平发展，这是符合自然界存在的客观规律的。在学生的英语核心素养培育模式中，关注英语课堂教学所具有的交叉性，关注它与各类学科的互相影响与互补作用，应该也成为互联网时代导向下高校英语课堂的教学理念之一。

目前，我国绝大多数的英语课堂教学往往还是单纯英语知识的教育，英语知识与其他人文学科交叉互补。英语课堂教学与其他学科的交叉互补是指通过以上这些学科的内容来促进英语知识的学习与理解，同时也指，英语活动可以成为这些学科学习的载体。因此，有必要增加这些人文学科知识的普及。学科交叉客观存在，不可回避，从本质上来说，其是进一步建立学科交叉，辅助理念的重要依据。在学科交叉辅助理念下，我们将研究产生新的交叉人文学科。这些交叉学科的知识，其从根本上进一步促进了英语教育的逐步发展，为英语课堂教学提供了广阔的发展空间。

三、完善互联网时代下高校英语课堂的教学设置

在我国的英语课堂教学中，课程论侧重研究“教什么”，教学论侧重研究“如何教”。或者说，课程论侧重研究提供哪些教育内容并如何有效地组织这些内容，而教学论侧重研究如何有效地教学这些内容。课程设置是英语课堂教学的精髓，是教育体系中的主体。

当前，英语课堂教学的课程建设与学生核心素养的培育，学生的英语学习能力的发展速度还不成正比，在这样一个信息传播发展飞快地社会，怎样在课程建设中紧跟英语知识更新的速度，尽可能多的保留当前广泛的、新的有价值信息，因此有必要建立一种英语课堂教学的课程设置文化。在互联网时代导向下高校英语课堂教学中，课程设置既要逐步完善，又要内容丰富。

学校要进一步提升英语课堂教学的趣味性与魅力值，保证其教学质量，逐步培育学生的英语核心素养。教师要积极丰富各类英语知识，拓展学生的知识面，增强其社会阅历，更深刻地认识社会，探索英语问题。因此，应在教学设计上展开新的突破，从学生的需

求与发展的角度为学生设置英语课堂教学环节与内容，达到造就英语人才、提升学生英语核心素养的最终培养目的。总之，要引领英语教育的新潮流，体现高水平专业化的过程。采用学校、教师、学生共同设计教学环节，是英语课堂教学、学生的英语核心素养培育模式设置的走向，以此促进互联网时代导向下高校英语课堂教学的发展与完善。

学校要做好以下几点：①培养确保英语课堂教学的课程设置；②考虑更广泛的适应性英语课堂教学课程；③进一步明确英语课堂教学的师资培养目标；④以差异性的教学为基础，开展英语人才的培养；⑤以学制区分学生的英语核心素养的培育；⑥以个性化管理促进英语人才的培养；⑦围绕课程目标，设定课程；⑧保证基础英语课堂教学质量；⑨在英语活动与教育两方面进行师资培养，推进高校英语核心素养的创新培养。

在互联网时代导向下高校英语课堂教学中，改变教学环节单一，教学结构缺乏弹性、开放性，学生几乎没有根据自己实际情况提出宝贵意见，优化互联网时代导向下高校英语课堂的教学环节的机会，积极设置将知识性和思考性、探索性教学环节融会贯通，英语知识与实践相结合的教学流程。目前，英语课堂教学未体现“一专多能”的特点。在我国的英语课堂教学中，在学生的英语核心素养培育中，学校首先应该保证英语课堂教学开设的质量，而在体现“多能”目标的时候，可以以学生为标准，促进部分学生的拔高学习，让学生根据自身的发展规划来选择知识结构，以此夯实我国的英语课堂教学，促进英语人才的培养。

与此同时，在学生的英语核心素养培育中要积极做好以下方面：①贴近英语学习需求；②满足学生的学习需求；③注意社会发展对人才培养的需求；④注重英语精神培育的需求；⑤防止教学环节设计的随意性；⑥防止教学环节设计的罗列开设；⑦避免教学环节设计随意的问题，对学生学习兴趣的干扰作用；⑧避免英语课堂教学的名不副实；⑨避免英语课堂教学的知识结构落后；⑩避免知识与社会脱节；⑪ 注重教学环节设计的专业性与人文性相融合，促进互联网时代导向下高校英语课堂教学的发展。

在我国的英语课堂教学中，完成英语课堂教学对“人”的培养，课程设置不可不谈人文性。通都会认为英语课堂教学首先要学好基础知识。学生必须为完成教师规定的英语课堂教学任务，埋头苦练，因此失去许多应该在美好学习氛围中，享受的提高英语核心素养的熏陶感染教育，这就有可能带来英语课堂教学中的人文性的缺失，也有可能造成人的畸形扭曲发展。在互联网时代导向下高校英语课堂教学中，部分学校在英语课堂教学课程设置上，对英语课堂教学的人文性引起高度重视，这个重视主要体现在显形课程的弥补。鉴于此，其一，应该认识到所有的课程设置、英语课堂教学本身就是人文科学的一部分，要注意英语课堂教学所包含的隐性的人文课程意义的开发；其二，在我国的英语课堂教学中，还应该进一步研究怎样来开设系统的人文科学课程。

在我国的英语课堂教学中，要进一步推进人文性、专业性相结合的英语课堂教学设计。在互联网时代导向下高校英语课堂教学中，在学生的英语核心素养培育中，从本质上来说，对于高校英语课堂教学而言，应该进一步确定培养目标，重视其中人的因素，这主要包含了以下方面：包含了理解英语的人；包含了学习者本身。

所谓人文主义教育，具体包含了以下内容：对思想的研究、对理论的研究、对原则的研究。教师不可以只讲解题技巧，英语知识的原理、英语知识的发展脉络等都会作为学习材料呈现。这些均属于英语课堂教学的隐性人文性课程，是需要教师和学生在探究性、主动教学和学习中好好实施和认真推敲挖掘的。这种挖掘具有很大的弹性，也产生巨大的英语课堂教学差别，它进一步培育了学生的英语核心素养。所以应该尽快改变目前对这种专业性、人文性相结合的课程实施、评价几乎是空白的状态，进一步加强人文性专业性的课程设置。

在互联网时代导向下高校英语课堂教学中，建立相应的评价考核机制，定期聘请有关校内外专家对英语课堂教学的发展，提出建设性的意见和建议，要求英语课堂教学负责人将所取得的阶段性成果向主管领导及校内外专家进行汇报。实行定期评价考核，积极推进英语课堂教学的健康发展。通过教学管理，引导和鼓励学生的英语等实践活动，处理好上课、实践活动间的相互关系。学校有关管理职能部门对英语课堂教学的发展从人力、物力、财力、教学改革、课程建设等多方面予以管理制度保障，以此促进学生核心素养的培育。

在互联网时代导向下高校英语课堂教学中，为提高学生的英语核心素养培育的管理效能，在管理中做到：工作计划有序、轻重缓急有序、管理流程有序、反馈途径有序；实现深化改革凸显成效、理念创新增强成效、监控运行确保成效、教学反馈检验成效、成果提炼总结成效；从管理制度上、评价机制上、监控体制上分别采取措施加强英语课堂教学管理工作力度。

四、互联网时代下高校英语课堂创新策略

（一）构建互联网教学新环境

在互联网环境下，教师应当引导学生有效应用网络资源获取相关知识，总结出自己无法理解的知识点和课堂内容，在课堂上与教师进行互动交流，通过师生共同解决切实提高学生的学习主观能动性。教师应当将课堂主动权交还给学生，鼓励学生认识到互联网对自身学习的重要作用，并扭转传统的讲授式教学方法，将学生获取的知识进行有效

融合，从而带动学生积极踊跃地参与英语活动，进一步活跃课堂氛围，促进学生更好地学习与发展。

（二）采用多媒体与讨论结合教学模式

在互联网模式下，教师应当加强网络学习与课程教学的有效融合，将传统教学模式中的优势与互联网教学中的优势进行融合，能够满足学生的多元化发展需求，利于教师营造良好的课堂氛围。在课堂设置过程中，可以有针对性地引导学生提出问题，保障学生在线下的学习过程中能够有较多的自主学习空间，从而接触到更加多元的知识点，学生能够形成良好的自主学习习惯，进一步拓宽学习视野。教师可以有效应用多媒体技术，引导学生搜集相关信息实现信息共享，通过多媒体教学激发学生的求知欲望，在此过程中教师起到引导与组织作用，能够引导学生积极主动的搜集相关资料。

（三）增强学生英语学习意识

部分院校认为英语课程学习是以知识点为中心，不够重视学生是否能够将所学习到的知识点进行有效吸收和应用，此种灌输式教育模式，限制了学生的英语用意识的养成，也不利于培养学生英语学科核心素养。在新课程改革背景下，应当着重培养学生的自主学习能力，教师应当有效运用互联网设备，进一步丰富课程教学内容，培养学生在互联网背景下自主学习意识。可以借助大学校园网实现线上线下教育相融合的教学方法，线上是英语课程教学内容，指的是师生之间的互动信息交流；而线下指的是学生根据线上存在的问题，进行课后知识探讨和交流，巩固学生对于知识的理解和认知能力。通过线上学习与课后巩固，有助于促使学生更好地发展。

（四）培养学生英语应用能力

很大一部分学校都会面临学生学习能力培养力度不足这一问题，主要原因在于大学教学过程中一些教师仍然采用满堂灌的教学模式。教师习惯了进行知识讲解，学生只是被动地接受知识，这种模式会导致学生的英语能力存在缺失，甚至有的学生在毕业后难以将所学知识应用于实际工作之中。在互联网背景下，教师可以有效应用网络技术教育平台，进一步丰富教学资源，带领学生探索大学知识从而营造良好的校园文化交流环境，使学生能够在课后环境下进行交流和沟通，能够积极主动地应用英语进行表达，这进一步增强了学生的英语自主学习能力和信息技术操作水平，促进了学生的多元化发展。

第五章 互联网时代下的高校英语教学模式

第一节 高校英语线上线下教学模式

一、高校英语线上、线下混合教学模式的教学理论

（一）线上、线下教学目标

1.课程目标是学习的出发点

“以学生发展为中心”的课程目标重点是要培养学生的自主学习能力、创新能力及协作沟通能力。对学生自主学习能力的培养，教师可将教学内容中的知识点录制成微视频，学生利用网络多媒体设备或移动通信终端等进行自主学习。假设在学习过程中出现难以解决的重点、难点，学生可以通过暂停、多次回放和反复观看视频等多种功能加以解决，这样也可以使学生的自学能力得到锻炼；对于学生创新能力的培养，教师在录制微视频时要创设与教学内容相符合的教学情境，让学生将枯燥的知识灵活应用，用于实际，且教师在设计多媒体教学视频中要巧设疑问，使发掘问题、剖析问题、解决问题的过程变成学习三部曲，进而发挥学生的创造性思维，以克服传统教学模式“只灌输”的局限性，打开局限性，从而激发学生的创新意识；而在对学生协作沟通能力的培养方面，教师在制作视频教学内容时，可在知识点讲解后增加测验题，针对学生的学习效果进行检测并及时得到反馈；此外，学生可以组织互动学习小组进行探讨与交流，及时对测验中存在的问题进行答疑解惑，真正将知识化为自我的财产，并在良好的互动过程中分享自己的学习经验和成果，这也可以使得学生的协助沟通能力上一个台阶。

课程要求对课程体系起到一定的支撑作用。个性化学习就是为每个学生定制符合自身的学习策略和学习方法。学生根据多维化的教学内容，并按照自身的学习能力、兴趣爱好等选取合适的学习内容，在经过一段时间的学习后，能正确地找到自己的薄弱之处，选择相应的知识点检测，通过做题、查看检测结果、针对性训练、个性化学习等进行循环训练。此外，学生也可根据自身的情况采取 4A 学习法（anytime、anywhere、anyway、anybody），即让学生在任何时间、任何地点、采用任何方式、

从任何人那里学习。“以个性化学习为中心”的课程要求，不仅能够赋予学生个性化的、完整的、深度的学习体验，调动学生的学习参与度，还能使教师更有精力洞悉学生的学习情况，从而更好地达成个性化教学目标所提出的要求，以改进学生的学习效果，提升学校的整体教学质量①。

大学英语线上、线下混合式教学从形式看，是将传统的“人与人”面对面线下教学和“隔屏幕”基于互联网的线上教学混合应用，从内涵上看，则存在如下两个根本特征：

①“混合”的直接目的在于“融合”。英语混合式教学并不仅仅是将线下授课的PPT和作业布置放置到网上，简单意义上实现线上学习过程和传统课堂教学过程的“混合”，重点在于将线上可以“何时、何地”进行教学的优势，与线下教学的“当面直观、互助深入”的优势相融合，从而发挥线上、线下教学各自的优势，并克服各自客体存在的不足。这种融合应该包括线上、线下教学过程的融合、教学手段的融合、考核内容的融合等。

②“混合”的最终目的在于“提高”。大学英语进行线上、线下教学方式混合的最终目的，不在于为学生提供获取关于英语学习资源的更多途径，而在于真正促进学生的英语学习效果。因此，检验混合式教学成果的最终标准，一直都不在于线上资源的多少，或者线上教学课时和线下教学课时的比例，而在于学生在线上、线下学习阶段后的效果。

线上、线下混合教学模式运用于英语教学之中，教师可以真正随时随地为学生提供教学，学生也可以随时随地进行学习，突破了时空限制。学生还可以进行碎片化学习。通过对学习内容或者学习时间进行分割，使学员对学习内容进行碎片学习，这样的学习方式称为碎片化学习，十分符合英语这一学科的学习需要。教师还可以为学生提供个性化的学习资源，根据学生的个人情况进行个性化教学，从根本上提高学生的学习效率和学习积极性。在线上、线下教学模式之下，教师可以将教学内容用先进的、新颖的方式呈现出来，各方面的英语渗透，学生的学习环境得到极大的改善。英语作为一门语言类的学科，有一个好的语境对于学生学习来说是非常重要的。运用线上、线下混合式教学模式进行教学，能够为学生学习英语语言创造一个真实的语境，在真实的语境中，学生更加容易理解所学知识，也能够将所学知识更好地运用到实际中来。除此之外，线上教育功能提供在线教育论坛，在线教育论坛为师生之间的交流提供了互动功能，学生通过这一社交功能可以在线上同教师和同学展开讨论，教师也可以在线对学生进行课业的考查，教师与学生、学生与学生之间可以进行学习心得的交流，学生在教师的引导下逐步构建起语言知识架构，建立起对英语学习的敏感性，提高自身的英语素养，获得质的进步。运用线上、线下混合式教学模式进行教学，其所构建的教学小课堂内容丰富多彩，在这里，

① 崔艳辉，王铁．翻转课堂及其在大学英语教学中的应用［J］．中国电化教育，2014（11）：116-121.

学生可以提出疑难问题并及时获得解决，还可以利用多种教学方式进行学习，学生对于英语学习的积极性不断提高。

在学习实践过程中，运用线上教学能够获取英语语言知识，构建在线学习社区。线上教学模式将学习过程中的课文导入、句子讲解等学习内容都融入教学视频之中，学生可以根据自身的时间安排随时随地进行学习，还可以凭借自身的喜好或不足之处选择视频内容，使学习过程变得更加灵活，为其个性化学习提供了可能。线上教学模式实际上是对传统课堂教学模式的一种改革和补充，线上教学将与学生现阶段相适应的教学内容和教学资源进行整合，作为课堂教学的一种补充，线上教育与线下教育相辅相成，共同为提高学生的英语素养作出贡献。利用线上、线下教学模式，教师还可以对学生的学习进行线上的监督，对于学生的学习情况和课业完成情况进行评价，遇到疑难问题，教师可以在线上为学生进行解答，学生也可以同其他学生一起进行学习经验的分享和总结，实现共同进步。

传统的课堂教学中，所传授给学生的知识是有限的，并且脱离实际生活，教学缺乏趣味性，但是在线上、线下混合式模式下，线上小课堂对于线下课堂的知识进行了扩展和延伸。许多课堂上难以接触到的知识，学生可以线下自主学习，不仅节省了教师教学时间，减轻了教师的负担，还拓宽了学生的知识面。线上小课堂的教学也更具趣味性，运用科学技术可以实现许多线下课堂不能实现的特殊教学方式。线上模式下小课堂的构建能够系统性、针对性地将教学内容分为多个小课堂进行教学，每个小课堂的内容较少，满足了学生对于碎片化学习的需求，并且使得学生学习更具有针对性，学生学习起来也更加方便。大学英语的教学本就是基于英语课堂为学生提供探索知识的场地，而不仅仅是单纯的知识输出，因此线上小课堂正好适应了高校英语教学的这一需求，成为学生知识探索的场地。教师可以合理利用小课堂教学模式对学生的学习成果进行检验，学生也可以对教师的教学效果进行打分和反馈，以便于教师进行教学方式的改进。在这样的模式下，教师的教学水平也可以不断提升、不断进步。

要从根本上提高学生的英语学习能力，就要从多方面入手，不断提高其对于知识的综合运用能力。学生在传统的课堂学习中往往无法学习到如何进行知识的运用，做不到知识的融会贯通，此时教师借助线上教学模式对学生进行多方面的培养，使学生在学习过程中能够接触到更多的实践知识，将理论同实践结合起来，也有更多的机会进行口语练习的模拟训练，让学生真正能够将所学习到的知识转化为能力并熟练运用。线上教学作为线下教学的一个补充，可以更加丰富课堂内容，加深课堂内容的深度，在这样的教学方式之下，学生能够全面提升英语学习和运用能力，成为高素质的英语人才，为社会作出贡献。

传统教学中知识资源流动缓慢，且存在时滞，导致师生之间的信息交流不畅，从而不利于教学。而应用了数据挖掘和学习分析的互联网教育平台，创造了实时、快捷的信息交流渠道，能够进行全面、深入的数据挖掘与分析处理。事实证明，利用线上模式这样的信息流动有力地促进了学习者和传授者之间的沟通了解，方便学生掌握学习英语规律，从而优化学习英语过程，提升学生英语学习效果，使教育质量的提高变为现实。

2. 教师引导监控的主导作用

经过对混合教学模式内涵的相关性分析，将理论转化为实践，以教师引导监控的主导作用为中心，分为以下的教学和学习形式：

（1）线下教学

利用互联网各大英语教学资源平台进行线下教学，教师要针对每一位学生提出适合的学习方案，经过综合分析学生的特征、英语学习上的短板以及学习英语的难处，从而为他们量身定制学习计划。将总体的教学目标细分为不同的具体的阶段，因材施教，根据每位学生的能力设置每个阶段的阶段目标，在此阶段目标基础上教师可以制作不同话题的微课，要求微课的内容要具有鲜明的主题、清晰的线索、新颖的教学方式，从而提高学生的学习兴趣，保证学生思路的完整性，提高课堂教学的效率。

（2）线上教学

教师还可以利用互联网各大英语教学资源平台进行线上教学，教师可以为学生在线提供同教学内容相符合的教学资源视频。为了增强学生在线学习的自觉性，教师可以为学生设置在线学习任务，并对完成情况进行检验。教师还可以将视频中的教学重点以提问方式呈现，在平台上发布讨论，在激发学生学习英语的兴趣的同时增强学生对知识点的记忆及掌握程度。教师还可以利用平台组织在线答疑、在线交流，时刻处理学生对知识点的困惑，并对学生的学习情况进行在线评测，为了及时了解学生学习过程中存在的问题，教师可以利用平台建立问题反馈机制，学生也可以对平台的优化提出建议，促进教学进步。

（3）线下学习

在线下，为了增强学生的学习能力、英语应用能力，教师要积极鼓励学生参加各种朗诵比赛、演讲比赛以及微型沙龙与论坛等，加强学生之间的交流互动，提高学生的表达能力，让学生感受到浓厚的英语学习氛围，充分培养学生学习英语的习惯。教师还可以组织学生进行个人讲述学习经验、各阶段学习汇报、相关比赛成果展示、自我评价与认识、小组互评及教师评价等活动，提高对学生英语学习的监督和检验，促进学生吸收知识。

（4）线上学习

教师可以透过平台后台看到每位学生的学习时间，学生可以通过平台进行线上学习，在平台上获得想要的海量学习资源，在课后学生还可以通过在线视频进行二次学习，对不理解的知识点进行巩固，加强学习效果。学生还可以通过在线测试更加清晰了解自身学习的薄弱环节，并进一步进行巩固学习。教师可以通过奖赏制度、分数制度等类似监控手段激发学生的学习热情。

在教师引导监控的主导作用方面进行深入讨论，首先，不同于传统课堂——“课堂只教，课后学”的学习模式，混合式教学的指导思想是“视频测验辅助，以学定教”，学生利用网络资源先选择学习，选择不同名师的课程，如利用智能终端观看教学微视频或阅读其他学习资料，被称为线上学习。在这个学习阶段，学生完全可以依照自己的喜好和兴趣安排学习时间，学习时间灵活，同时可以任意选择学习的地点，而不是所有学生在教师的安排下提前一天进行预习，学习后进行复习这种硬式要求，达到“何时、何地”学习的优势，但这种学习方式会让学生缺少紧迫感和约束力，失去面对面的情感交流，并且观看视频、阅读文字资料的学习方式比较枯燥，没有同学一起共同学习，讨论难题时不能很好地诉说，会引起学生的厌烦心理，因此很难激发学生学习的兴趣，往往让学生很难坚持。综上所述，假设学生在一个相对宽松、没有约束和交流的环境下，缺乏教师的监控，进行毫无乐趣的学习活动，将难以取得良好的学习效果，最终会导致线上教育的没落或是学习效果普遍降低，甚至丧失对所学习学科的兴趣和热情。

其次，学生的线上学习本身就不是学生自己的事情，对教师而言就是线上教学，是课堂地点上的转移，需要教师加倍付出和思索。和课堂教学一样，线上教学也需要教师的有效监管，进行备课，并通过设计一些有吸引力的活动和互动，尽可能地正确引导学生目标明确地进行线上学习，这是线上、线下混合式教育模式成功实施的关键所在。因此，大学英语线上、线下混合式教育模式，必须以教师引导监控的主导作用为中心，教师须结合学科特点和自己的教学经验，构建受学生欢迎的线上教学模式。

参与混合式教学的线上教师，应从传统的知识传授者、灌输者转变为课程的开发者、资源的设计者和提供者，这样的角色转换，对于教师的要求很高，他们必须对课程十分熟悉，有非常丰富的任职经验，擅长抓住学生的兴趣点，从教学大纲的梳理到知识点的划分，再从片头的构思到教学内容的录制，每一个环节都需要教师们倾注大量的心血。建设一门网络课程并不是简简单单地去录播教室录制，甚至比在传统课堂筹划、讲授一门新课程挑战更大。面对摄影机，没有学生的回应，教师在每一个环节的调动显得十分重要。线下教师就不需要再对课程进行详细介绍和解释，主要针对线上教学进行引导、答疑、重难点分析和总结，解决学生线上学习时遇到的困难和问题，以及学生对于课程学习的反馈。线下教师应该重点关注“如何促进学”，教学过程中强调提高学生学习的积极性和热情。总而言之，不管是线上还是线下教学，都必须以教师引导监控的主导作用为原则进行教学活动。

3. 学生作为主体的主动性、积极性、创造性

线上、线下混合式教学更多地以“学生为中心”的教育理念，构建良好的教学环境，在要求教师的角色从“传道授业”的讲授者向“解惑”为主的引导者转变的同时，要激发作为主体的学生学习的主动性、积极性和创造性。学生可以通过自主学习、反复学习，做到与老师和其他同学互动交流而获得知识，从而培养自身学习的主动性、学习的自觉性和对于知识的创新性。教师在网络课程中所担负的工作，可以粗分为线上教科书的制作及线上教学的带领。线上教学只是整个网络课程教学工作的一部分，可与其他网络的及非网络的课程活动相搭配，在课程教师的安排与管理下，共同完成课程教学的目标。

当教师带领着学生在网络联机上从事教学互动时，会有许多种不同的形式，这时线上教师的主要工作，并不是要在有限的时间内，对线上的学生进行单向课程讲述，而应该对线上学生进行指导、协助、解答疑惑、激励反思。学生能提出问题、思考、建构、巩固线上教学议题，线上教师应对学生的学习进度及成果做出不断评估与回馈，以有效完成课程的学习目标。

传统课堂教学，是以教师为中心，教师处于教室正中间，扮演着知识的传播者的角色，教学就是由有知识的教师传播经验给想学习知识的学生的过程；即使是课堂讨论，仍然是以教师为主要资源核心。而在网络上进行线上教学时，这个线上教师的角色与职责，不同于教室上课讲述的教师，甚至与一般在教室中带领实体讨论的主持教师也不相同。网络教学中强调的是以学生为中心，要学生主动地上网自学，教师只是在旁协助、咨询、辅导、激励；由于学生是以自学为主，又是透过网络媒体来进行虚拟学习，所以在线上教学过程中，会有许多有关课业疑难、人际关系、信息技术问题的产生，这些都需要线上教师来细心管理。线上教师要帮助学生参与活动、提供回馈、归纳意见、编织多种意见、打开僵局、处理脱轨行为、注入新题材、鼓励动机及检讨改进教学等工作。

线上教学对学生有两个明确的要求，一是明确自身的学习目标，即学生要清楚自身需要获取什么知识，什么知识对自己有利，获取多少知识后是优秀的，时刻清楚检验知识的水平的方式和方法；二是明确学习行动，即学生要明白为获取知识需要哪几个步骤，需要先完成什么、后完成什么。

在大学英语学习方面，首先，学生需要明白学习任务单上每个学习目标，学习任务单中介绍了本单元学习的目标和详细的考核方案，更直接的是展示一幅学习途径蓝图，该图应该以活动图的形式详细介绍了学生的学习攻略和技巧，让学生达到学习目标和行动方案“双明确”，以此促进学生学习的信心。接下来，依据任务单中学习步骤开展学习活动，简而言之，一般是观看学生自身相关兴趣的视频，利用短视频激发学生的学习主动性，然后按照视频或者其他学生的学习经验，应用于实际案例中，将所学知识落实，完成教师线上布置的测试。这些测试可能完成得不够优秀，甚至出现疑惑。

对于学生上传的作业，学生之间按照教师设定的评分标准和规定，指出不足之处，针对一些存在的问题开展连线研讨。教师再根据个人教学经验，尝试寻找解决问题的方法，相互学习，时刻关注学生的动态，保证学生的学习自觉性。每位学生将通过查找资料、相互帮助之后还没有解决的问题记录下来。

学生通过这般自我学习和互动学习以后，对知识和技能的理解、掌握也已经上升到了一个新的高度，这时候需要开展些实质性活动，将知识进行实际应用。在大学英语学习方面，如英语角、演讲比赛、给电影配音等活动可以检测学生的学习成果，为教师线下课堂教学设计提供良好的参考。好的线上模式的教学，也可以促进线下模式的教学有序进行。

最后，学习情况的自我总结，包括已经掌握的知识和技能点、待解决的问题、学习的经验等。这一阶段，需要教师的奖赏措施或是加分政策辅助进行。自我总结部分，往往很多学生会忽略，尤其在学习英语的环境下，因为小语种科目的特殊性，学生作为主体的积极性、自觉性显得十分重要。教师施以利益措施，可以保证学生学习的主动性和自觉性。

在大学英语线上、线下混合式教学中，学生是学习活动的主体，他们既要通过线下与教师面对面进行交谈，还要在线上寻找多方面不同内容的教学资源。线上学习活动基本不受时间和空间的限制，线上的学习环境建设不仅方便个人学习，还可以通过协作互动式学习，形成与教师和同学间沟通、交流的新型学习环境。线上学习要求学生改变传统的学习观念和学习方法，从传统的接受教师讲授为主转变为自主学习为主，从传统的课堂听课为主转变为线上自主学习为主，需要学生主动观看视频，积极参与讨论、答疑、练习、作业等一系列的学习活动。学生转变的过程，要求自觉性、主动性和创造性很高。但是如果学生接受这一过程的转变，便能够提升英语综合能力。教师对于最终考试结果由线上、线下所占比例进行评分，以确保线上线下混合教学模式的有序进行。

（二）线上、线下混合式教学的理念

混合式教学中的学生是学习活动的主体，他们既要通过线下与教师面对面地进行课堂学习，又要通过线上学习获取课程资源。混合式教学更多地以“学生为中心”来构建教和学的环境，要求教师的角色从“传道授业”的讲授者向“解惑”为主的引导者转变。

对于主动式学习和被动式学习，学习者的体验是完全不同的。前者是积极的、主动的、高效的，而后者是消极的、被动的、低效的。主动性原则是指任何教学方法的采用都要以激发学生的主动性为原则。传统的课堂教学过于强调教师传授知识的系统性和权威性，而不注重学生自主学习意识和自主学习能力的培养。教师在设计线下课堂教学的时候，要采用类似“对分课堂”“翻转课堂”的方式，以线上教学为牵引，将知识的内化放到课堂上，带领和引导学生进行主动的思考和讨论，并通过竞赛等方式刺激学生进行自主学习。

实体课堂与线上教学的结合突破了传统实体课堂的局限，弥补了线上教学的不足。线上教学的模式是完全的在线自主学习，缺乏有效的教师指导；教师与学生不能进行面对面交流，难免存在一些沟通的障碍。而这种两条主线的教学模式，充分考量线上与线下并行的关系，两条渠道、各取所长，较以往各类网络教学，是一种创新。它由传统教学中以教师为中心转变为以学生为中心。教学效果将主要从学生的角度进行考查。充分采集来自学生的信息，监督并测量其数据加以提炼运用。传统教学模式基本没有进行技术性的数据处理。新型教学模式中，将充分运用数据挖掘和学习分析技术，在深入挖掘数据的基础上进行详尽的学习分析，查找各要素间的关联，使整个教学过程得到进一步的优化。

不同于传统课堂“先教后学”的学习模式，线上教学的指导思想是“先学后教、以学定教”，学生在信息技术手段支撑下先学，如利用智能终端观看教学微视频或阅读其他学习资料，被称为线上学习。在线上学习阶段，学生可以根据自己的学习特点设定自己的学习步调，也可以任意选择学习的地点，而不是所有学生在固定的时间、固定的地点整齐划一地完成预习，但这会让学生缺少紧迫感和约束力，并且，观看视频、阅读文字资料的学习方式比较枯燥，没有面对面的学习氛围，缺少和教师、同学的情感交流，很难激起学生学习的兴趣，往往让学生很难坚持。综合起来，学生在一个相对宽松、缺少约束和交流的环境下，进行的毫无乐趣的学习活动难以取得良好的学习效果。

学生由被动变主动，成为学习的主体。在该混合教学模式下，学生由传统课堂的知识接受者转变为学习主体，很好地发挥了学生的主体性作用。课前学生进行课件预览、视频学习，然后进行自我测验、问题整理；在面授课堂带着相关问题听老师讲解重点、

难点，提问释疑，然后自主完成相关实训任务。比如根据学习情境的进程完成所需法律文书的写作，或者完成相关书记员岗位工作的任务等，并在老师的指导下修正自己存在的问题，进一步巩固学习内容，都是学生主体性的发挥。

二、高校英语线上、线下混合教学模式的类型

（一）线上与线下的混合

混合式教学包含两个教学环节，即线上教学环节和线下教学环节。线上教学是指借助现代信息技术和网络技术，教师通过网络平台，为学生提供线上教学资源，供学生在课外进行自主学习。线下教学即面对面课堂教学，是指教师针对教学的重点和难点，以及学生在线上学习过程中产生的疑问进行面对面辅导及深入讲解，以促进学生更好地理解知识、掌握知识和应用知识。然而，混合式教学并不是线上教学和线下教学两种教学形式的简单组合，而需要运用新型教学方式，使两者进行有机地结合并产生优势互补效应。

近年来，借助现代化网络技术条件，以微课、翻转课堂为主的新型教学方式被广泛接受和运用。微课和翻转课堂的使用打破了单一课堂教学格局，让学生通过微课学习新知识后，再返回课堂进行知识的应用。微课以视频教学为主要载体，针对某个知识点或教学环节而开展线上的教与学活动，能满足学生个性化学习和多样化的发展需要，也能达到推动学生开展探究性学习的教学目标。

先线上教学再线下教学的混合教学模式，并不是说双线平行实施、不需要交集。但目前大多数国内高校所运用的线上教学平台无法让学生切实感受面对面交流的课堂氛围，一方面，大多数学生仅仅是“观看”了教学视频，当返回线下课堂开展应用讨论时，经常出现无法进行知识点的探究及应用实践等问题。另一方面，线下教学主要借助的QQ群、微信群等网络交互平台虽有信息发布和交流功能，却无法实现微课知识的应用和实践功能。因此，要真正发挥混合式教学模式的作用，必须将线下教学与线上教学这两个环节进行深度融合。在线上教学基础上逐步展开由上返下、由下及上的双线交替式教学，真正突破传统课堂教学模式，从本质上实现混合。线上、线下交互式教学，是指借助双线交互载体，能实现线上交互与线下交互为一体的新型混合式教学模式。这种教学模式的实施，一方面能提高学生通过微课等线上教学资源实现自助式学习的有效性，另一方面能通过现代信息技术和教师教学技能的有效整合，点燃学生主动参与讨论、深入探究问题的激情，实现线下教学的多向互动和多元互动。

将线上、线下两个教学环节融合并贯穿于整个教学的全过程，需要结合混合学习特

点，通过构建线上、线下交互教学系统，创新混合式教学模式，才能达到培养具有实践能力和创新能力的人才的目标。

①整合线上教学的知识点。通过线上、线下交互系统，将线上教学和线下教学进行有效结合，能使微课中已碎片化的知识点得到系统整合和融会贯通，并经过师生之间、学生之间面对面交流互动，克服微课教学单向传播的局限性，实现在交互式教学中达到知识内化的目的。

②推进线上、线下深度融合。依托线上、线下交互系统，将线上与线下两个教学渠道打通，使教学活动在线上、线下的深度融合中交替展开，能克服线下教学难以有效互动的困难，实现在微课知识的应用和实践中增强对知识的理解和掌握。

③提升混合式教学的实效性。教师通过线上、线下交互系统中各功能模块的设置及应用流程的设计，促使学生积极主动地开展各种形式的交互探究活动，能培养学生发现问题、分析问题和解决实际问题的能力，提升混合式教学的实效性，实现在问题探究中达到应用型人才的培养目标。

（二）“学”与“习”的混合

利用SPOC教学资源平台进行线下教学，教师要综合分析学生的特征、英语学习上的短板，并为他们量身定制学习计划，将总体的教学目标分为不同的阶段，并设置每个阶段的阶段目标，在此基础上教师可以制作不同话题的SPOC平台微课，微课的内容要具有鲜明的主题、清晰的线索、新颖的教学方式，从而提高学生的学习兴趣，提高课堂教学的效率。微课的制作可以选取具有经验的教师进行真人拍摄，也可以进行录屏，对学习内容进行单词拓展、难句分析、课文讲解、文化对比欣赏等，为学生学习建立起一个系统的学习网络。

最常见的“学”与“习”混合模式类型的课堂，以当下流行的翻转课堂为代表，它实现的是两种教学方式的有机结合，即线上教学及面对面教学。线上教学侧重于学生的自学，利用学生的自学时间，教师可以提供微视频、课件及相关电子书等教学资源。由于这些资源可以重复使用，所以学生不明白的时候可以反复阅读，直到理解为止。相对宽松的学习氛围，让学生更主动学习，不懂就学，学不明白便记录下来，有的放矢，没有压力地接受新知识，学生感觉非常轻松，也有足够的时间独立思考问题，分析并解决问题，为课堂学习做好充足的准备。

三、高校英语线上、线下混合教学模式的主要环节

（一）教学方式

1. 教学原则

教学方式应遵循的原则，是指教师在设计线上和线下教学活动时应当遵循的准则，主要包括以简约思维“RISC”思想为原则、以基于学习产出“OBE”教育模式为原则、以主动性“active”为原则和以系统性“systematic”为原则。

（1）“RISC”原则

RISC 是一种简约的设计思想，在这里用来表示教师在设计线上课程内容时要遵循的原则。线上课程为了方便学生观看和自主学习，通常是以微课的形式出现，时间不超过 15 分钟，因此每次微课的内容应当高度聚合，并且能够在规定时间内讲清楚。在对传统课程内容做细粒度划分的时候，应当尽可能地将课程内容分解为相对独立的内容进行线上教学[①]。

（2）“OBE”原则

OBE 是指基于学习产出的教育模式，这里代表教师在设定教学目标和评估方法时应当遵循的原则。因为教学活动通常是一个较长的过程，如何用合适的、具有可操作性的评估方法对教学过程进行评价是教学工作中必不可少的环节。O2O 教学模式涉及线上和线下，对线上和线下教学效果的评估要具有一定的可操作性，将学生所学到的知识、具备的能力和职业素养等一系列能够评定的学习产出定义清楚，并以此为目标反推教学活动应采用何种考核方式、何种教学方式、如何制订教学计划等。

（3）“systematic”原则

这里的系统性包含两个层面的含义：首先，线上教学和线下教学构成一种完整的教学体系，线上和线下的内容可以是相互补充的关系，也可以是递进的关系，但对于一门课程来说，线上的教学内容和线下的教学内容要具有一定的完整性。

一门特定的课程，并不是所有的内容都适合做线上教学，有些较容易理解的内容可以放在线上，让学生自主学习，而一些较为复杂、较难理解的部分则适合采用线上和线下相结合的教学方式。

2. 教学体系

传统的授课由教师进行支配和主导，仅仅凭借教师讲授，学生听的单一授课方式。而教学课程则通过聘请具有一定教学管理经验的教师建立线上虚拟班级，将授课内容拓

① 杜鹃．大学英语教学质量保障体系研究［D］．武汉理工大学，2008：18-19.

展到课外（线上），学生通过网络平台上的微课、在线视频等新媒体，自主学习重点知识，利用课堂时间（线下）组织互动学习小组进行探讨、交流，以便完成知识的消化吸收，从而加强学生的自主学习能力，更好地促进学生协作沟通能力和创新能力的提升。高校构建的教学课程体系能够打破传统课程的时空局限、翻转传统课堂教学中的“教”与“学”、颠覆师生的主体地位，使教学课程的开设具有开放性、体验性、前瞻性。教学课程体系的设计具有完备的要素，围绕课程目标、课程内容、课程要求 3 个方面对原有的课程体系进行解构，跳出学科体系的藩篱，对知识点进行模块化设计，精心择取、凝练、组织教学内容及其他环节，将各知识点进行重构、衔接，从而构成该课程完整的知识体系，将学习从存储知识的过程向应用知识、创造知识的过程转变。

课程资源是课程内容设计的重点。网络技术的发展对教育领域的影响已经势不可挡，教学课程便充分实现了“以多维化教学资源为中心”的课程内容。因此，高校在对课程资源进行重置时，一方面要求进行细粒度划分，使其适应线上、线下的学习；另一方面要求高内聚、低耦合，能够根据线上学习效果灵活调整线下学习内容。教学模式要求颠覆传统课程内容，其课程资源由传统课程与网络虚拟课程构成，线上教学资源异常丰富，如视频公开课、资源共享课、MOOC、SPOC 等更是如雨后春笋破土而出；线下教学资源则是教师在参加各类学术会议、报告会、研讨会后将知识进行梳理总结传达给学生，并针对线上课程内容中所存在的重难点问题进行探究、解决。为了使多维化教学资源为中心的课程内容达到最大优化，课程资源的设定应具备以下几个特征：一是基础性。纳入课程内容的知识必须是核心知识，所要推动形成的能力必须是关键能力，在整个课程体系中具有不可或缺的奠基作用。

二是交互性。课程资源所呈现的逻辑结构和表现形式必须有利于学生学习，有利于师生、生生之间的良性互动。三是生成性。每 1 个课程单元就是 1 个课程模块，要让不同模块之间有机衔接，从而使优质资源达到有效利用。四是开放性。课程内容以多维化教学资源为中心，体现了课程内容的开放性，要选取优质的教育资源供学生学习。五是个性化。根据自己对知识建构的能力水平及个人兴趣爱好等，学生可以自主在网络平台上选择适合自身的学习内容，以激发其学习兴趣。

3. 教学过程

（1）教学前的准备活动

①安排线上、线下教学活动。无论是线下教学还是线上教学，都已不再是单纯的传授知识、技能，而是要以学习者为主体，培养学习者诸如信息处理技能、解决问题的能力与创造能力、学习能力、批判性思维能力、社会交流与协作能力等多方面的能力。在

此目标指导下，对知识进行划分，不同的知识与信息技术有不同的整合方法。

②建设线上平台学习资源。据调查，教学资源的受欢迎程度依次为：导学＞案例故事视频＞在线自测＞辅导课内容。因此，应从这几方面建立相对应的教学资源：导学主要介绍该课程的主要内容、教学方法、学习方法、考试形式等；案例故事视频是利用信息技术，利用网络教学平台的优质资源，挑选其中与考试相关的、重要的、新颖的案例，通过录屏、录播等编辑方式将其转化成可供灵活下载的视频；在线测试则是将重点、难点、考点转换成问题加以强调；辅导课内容主要是上课的课件，供没来的同学或没有听懂的同学反复观看。

（2）教学中的组织活动

①指导使用学习资源。基于信息技术的教学，改变了学习者的学习方式，还要把对信息技术及资源的学习和应用考虑其中。对于开放大学学习者而言，学习资源包括教科书和网上资源。对各类学习资源的使用，仍应充分发挥线下教学与线上教学的作用。教科书的指导和使用一般主要通过面授课完成，班级自建资源中的导学资源给予辅助。网上资源的使用虽以网上学习为主，但仍离不开面授课的指导，告知学习者各类资源的分布设计，梳理出相关的重点资源。如讲解一个知识点，可以借助网上资源，在指导学习者使用资源的同时，帮助学习者加深对知识点的理解。

②恰当选择教学策略。教学策略是为了达成教学目的，完成教学任务，而在对教学活动清晰认识的基础上对教学活动进行调节和控制的一系列执行过程。恰当选择教学策略对教师有挑战性，开放大学的对象是成人，在教学过程中会有突发情况的发生，教师要想恰当选择教学策略，就必须及时把握教学过程中的各种信息，及时获得反馈和调整教学的进程及师生互动的方式。教学策略有多种，没有一种适应任何情况的教学策略，要根据实际情况灵活应用。

③组织开展小组讨论。建构主义强调有组织的协作会话，对于线上教学，组织性尤为重要，是信息技术与课程教学互动性双向整合向更高层面发展的关键。首先，小组分组有讲究。要事先与班主任和班长沟通，对学习者的已有知识、经验和能力有所了解，然后强弱搭配，挑选组织能力强的学生作为组长。其次，小组讨论要有组织性。该课程的学习者是新生，彼此之间不太熟悉，对网上平台系统也不熟悉，不容易产生互动交流，因此可在机房组织一次小组讨论，让学生之间彼此熟悉，方便教师的统一指导。再次，小组讨论主题要有独创性。小组讨论在机房进行，以往很多学习者会将讨论的主题直接通过百度等搜索引擎寻找答案，进行复制、粘贴，为避免这一情况再度发生，在确定讨论主题之前要事先查看网上关于这一主题的资料，确保该问题尚没有“标准”答案。最后，

小组讨论形式有待改进。随着信息技术的发展，可以通过微信、直播课堂、BBS 等多种形式开展小组讨论，既紧跟信息技术发展步伐，又方便学习者的学习。

（3）教学后的评价活动

①巧妙设计在线测试。在线测试是非常重要的一种学习资源。随着信息技术的发展，在线测试已经成为教学过程中实施形成性评价的有力工具，是信息技术与教学深度融合的又一举措。它可以让师生及时得到反馈，让学习者了解自己对知识的掌握程度，让教师看到学习者的学习情况，以便及时调整教学。

②注意收集评价数据。教学活动要尽量做到形成性评价与终结性评价相结合。形成性评价主要通过统计出勤率、访谈、座谈、活动小结等方式进行；终结性评价主要通过总校数据的统计结果、出勤率趋势、学习心得、满意度测评、考试合格率等数据来反映。评价数据的收集和分析，一方面离不开学校的学习支持服务；另一方面，大部分学生常用 QQ 和微信交流，这些网聊工具已成为收集相关评价数据的重要渠道，而且更能真实地反应学生的情况，是教学交互和教学评价的有效补充。

（二）课时分配

采用三段式的“翻转课堂”教学模式，将课堂教学主要分成课前、课堂上、课后三个阶段，在教学设计中将教师活动和学生活动两部分有机结合起来。关于课前课后学习时间，对于学生来说，由于混合式教学中的课前在线学习及课后任务时间相对传统教学占用了其更多的课外时间；对于教师来说，由于线下学习时间的碎片化及学生学习互动及反馈的随机性，要求教师利用课余时间来引导和参与互动及反馈。因此不管是学生还是教师都意味在课外环节需要更多的时间和精力。课前及课后时间要不要纳入标准学时内，如何计算标准学时，这些也是混合式教学中需要进一步研究的问题。

1. 线上：课前

课前教师的主要任务是选取教学视频，教师可以选取需要讲解知识点相关的实际项目案例或名师授课视频。如果找不到，教师可自己录制，通过理论讲解和操作演示，录制与课程知识点一一对应的 5 ～ 15 分钟的授课视频，帮助学生通过视频学习，对知识点在理论层面上有一定的认识，熟悉实际操作过程。

接着教师针对视频设定相应的课前自主学习案例，帮助学生通过解答案例中的习题，加深学习的兴趣。学生在授课视频和阅读材料的帮助下，完成课前自主学习案例，并且通过线上的交流讨论，巩固知识点或提出新的问题。

2. 线下：课堂上

课堂教学是师生面对面交流的最佳平台，教师在课前从 MOOC 平台掌握学生的课前预习状况和疑问所在，在课堂中就可以进行重点的分析讲解和解答，也可以组织学生进行讨论，采用课堂问答和主题演讲等形式，调动学生积极性，加深对知识点的理解。

课堂主题演讲时间控制在 5 ～ 10 分钟之内，演讲完成后其他学生可以提问，最后由教师进行提炼和总结。无论是主题演讲还是课堂讨论，教师的任务是把控讨论的主题，在自主讨论中积极引导学生按照既定方向进行，同时控制时间，提高课堂授课的有效性。在讨论中，学生必须是主体，在教师点评的环节，也要以正面表扬为主，以期调动学生的积极性和创造性。在课程实践环节，教师也可布置一些主题要求学生分组讨论。学生讨论的分组，完全按照自愿的原则，在完成分组后，选出一个组长，组长要负责主题拟定、组织交流、记录心得等工作，教师则要把握小组讨论的进程，适时指导。

3. 线上 & 线下：课后

教师完成 MOOC 平台上未答疑问题的解答，并评定学生本知识点的学习成绩。学生线下完成老师布置的作业，在线上 MOOC 平台复习巩固已学知识，在作品交流分享、学习测试评价和总结分析中加深对知识点的理解。

（三）考核方式

线上和线下教学方式的混合，决定了考核方式的混合性，即对学生学习效果或者教师教学效果的评价应当在遵循“ROAS”原则的基础上，选择能够反映学习产出的方式。仍然以微机原理与应用这门课为例，对学习效果的考核，应当从汇编语言程序设计能力、接口芯片控制能力、自主学习能力、团队协作能力等方面进行考核。可以用汇编语言程序设计综合实验、接口芯片综合实验、线下交流及讨论情况、学生间互评等环节的考核分数，结合笔试成绩，分配不同权重来作为最终的考核成绩。

线下平时表现，占 15%，按照学生的出勤情况、课堂纪律情况和作业上交情况给分。

线下课程设计：占 15%，以一个数据库备份恢复操作的综合实验作为题目，要求学生团队完成，作为学生本学期数据库管理综合能力的考核。

线上、线下互动，占 20%，根据学生参与课堂讨论的次数、平台交流区发表帖子的数量和课后的个人总结等均可作为学生学习态度和学习主动性的评定依据。

线上学习，占 10%，从线上网站中搜集学生的课程学习过程数据，包括学习进度、提问个数、笔记个数、测验成绩，从这几个方面综合评价学生平时成绩。

期末考试，占 40%，本课程将以课堂教学的技术为核心，对线上、线下教学的知识点及案例进行考查。根据考查情况，给予相应成绩。

这种课程考核方案，不仅能评测学生对课程内容的掌握程度，更能对学生的自学能力、探索性和分析应用知识的能力进行全面的评估。

（四）教学效果

线上、线下混合教学方法实施后，对教改试点班和普通班的学习情况进行比较分析后发现：虽然教学大纲相同，但由于采用了不同授课方案，从教学进度、考试成绩、能力培养等方面来看，教改试点班都要优于普通班。由于改进了课堂教学内容，使课堂教学更注重学生对知识的理解，课前的线上学习培养了学生自学能力，一个学期下来学生的实践和工程应用能力提高了。而且，试点班学生的期末考评除了期末考试还有线上学习、课堂讨论、课程设计大作业等评价，这种面向过程的评价方式更加客观和全面。

1. 激发学习兴趣

无论是在线上学习还是线下学习过程中，教师应做到及时反馈激励，进一步激发学生学习兴趣。尤其在线下课堂面授时，教师应先反馈线上学习情况，每人学习任务完成没有，完成了多少，作业或测试成绩如何。同时反馈线下作业完成情况，及时点评并指导他们进行修改，要求学生及时查漏补缺，巩固本节内容学习等。及时地反馈能激励学生认真学习，并进一步激发学习兴趣。

2. 学习效率提高

线上、线下混合式教学，提高了学生学习效率。在传统课堂教学中，由于学习时间、地点固定，学习资源单一匮乏，教学效率不高，教师和学生都感觉比较累。线上、线下混合式教学模式下，学生学习的时间与地点可以自由选择，学习资源与形式也十分丰富；这种状况一方面正好满足了那些信息技术应用较强、表现欲高的学生的需求，提升了他们的学习兴趣，为提高学习效率打下良好的基础；另一方面即便老师不能亲临现场教学，也可以通过资源库平台和云课堂，遥控学生及时学习，解答学生的问题，指导学生完成相关学习任务。这样学生学习的信息量上升了，学习效率自然就提高了。以英语书写作课为例，在该混合教学模式下，学生学习的英语作文的种类和数量都多了，相应地，学生会写的英语作文种类和数量也多了。学生反馈，一个学期的学习收获比没有开展前几个学期总和都多。

3. 学习成效显著

线上、线下混合式教学模式，让学生形成课前学习，课堂提问，课后复习与学习的行为习惯，学生一直处于学习、询问、消化、学习的状态。主动学习的记忆效果远比被动接受的效果高，完成相关工作任务后能得到及时指导与修改，可巩固相关的技能；得到高分和老师的肯定也增强了学生的学习兴趣和信心。

第二节　互联网时代下新型教学模式的特征和意义

一、互联网新型教学模式

互联网时代教学主要是以超媒体技术为基础，以超媒体环境为支持的一种新型的教学模式。从学习环境上来看，互联网新型教学模式是以多媒体信息环境为教学基础的，这种基于超媒体的教学方式，其实质是一种多媒体信息教学。这种教学模式的出现，对高校课堂教学模式的探索与发展具有重要意义。在互联网新型教学模式环境中，信息是通过教学内容呈现出来的。同时，通过多媒体设备能将教师搜集到的这些信息传递和表达出去，在现阶段的教学中教师主要是通过图片、文本、动画以及声音等方式来传递教学信息。信息内容的获取与教学互动都是以超媒体环境为基础，学生通过运用多媒体平台可以实现教学内容的非线性获取，同时通过多媒体互动平台实现与师生、同学沟通交流。在互联网教学模式下，互联网教学系统中包含着丰富的教学信息，这种教学信息的组合属于非传统的线性文本。在互联网时代教学环境中具有丰富的信息节点，这些信息节点之间的多页面链接则构成信息的非线性组合，并通过不同的分类实现这些学习信息的多维度导航。通过超媒体交互可以实现一系列的学习活动，例如，学生可以通过互联网进行自主学习，继而利用便捷的交互平台实现交互活动，教师则可以通过交互活动掌握学生的学习动态并及时的更新信息。互联网时代教学环境的多种传递形式可以实现信息整合，而丰富的信息节点链接可以让学生进行实时访问，且信息的储存不受时空限制，充分满足了随时随地学习的环境与技术支持。互联网教学模式被称为极具发展前景的教学模式，互联网教学系统为教师、学生以及学者提供了新的教学和研究方向，通过在高校教学中融入互联网教学模式，有利于实现高校教学模式的新发展。

首先，互联网教学模式是以教室为基本单位的互联网教学模式。在这种教学模式下，教师作为教学活动的主要引导者，通过利用多媒体技术将教学内容制作成教学课件。然后，借助教室的多媒体网络环境在计算机上进行授课，实现即时调度。在此种教学环境中，学生能根据自己的需求查看或保存教学课件中的相关内容或其他教学资料；教师也可以通过便捷的网络环境制作并上传测试习题，学生则通过互联网环境进行自主学习或练习；学生提交课堂作业也可以通过网络实现，学生只需要在局域网服务器将课堂作业上传至平台，教师通过下载即可收到学生的作业；同时，教师可以实时为学生进行答疑解惑，师生可以及时快速地获取资源信息，为师生交流提供了便利的环境基础以及技术支持。

其次，互联网教学模式是以互联网教学视频为传播载体的教学模式。在这种教学模式下，教师通过前期的设计与整理制作好教学视频，并通过互联网服务器将教学视频上传分享给学生。这些教学视频包括基础教学内容以及延伸辅助资料，以充分满足学生的学习需求。同时，教学视频通过丰富的影像画面将教师教学与教材内容紧密结合，充分符合学生联想记忆学习的特点；按照内容属性进行组合的视频，将大量的教学内容与信息资源囊括其中，具有学习需求的多样性以及连贯性特点。这种教学模式可以让学生根据自身需求进行自主学习，能够适应不同学生的学习时间、学习环境以及学习兴趣（需求）等多种差异，使得学生可以自行下载或观看教学视频，并自主利用视频调控学习节奏，实现高校学生对教学内容的全面掌握以及巩固内化。

再次，互联网教学模式是以互联网为基础环境的教学模式。教师利用 Internet 网络和 WWW 链接技术下载教学资源，将制作的教学课件或教学视频上传至 web 服务器；学生则可以进入网络平台进行认证登记，访问相关教学站点，观看或下载网络平台的教学资源。这种建立在互联网基础上的教学模式，打破了传统教学的时空限制，教师和学生可以实现实时互动、学习；同时，学生的学习资源也更加丰富多样。除了教师制作的教学课件、教学视频以及教学资源等，还可以通过站内链接直接访问相关站点，如其他院校的学习互动平台，了解优秀的教学案例，或请教其他学校的教师、学者；此外，除了提高教师的教学效率，还可以有效缓解部分高校校园教学内容相对滞后、教师资源相对缺乏的状况。

然后，互联网教学模式是以教师个人网站为传播基础的教学模式。教师根据教学目标、教学内容、学生的学习水平及学习需求制作教学方案，从而根据教学方案进行教学设计、教学课件、教学资源的制作。教师通过个人网站将教学资料上传并分享给学生，学生则进入这个网站了解和阅读教学内容，实现教学资源（视频）的观看与下载。同时，学生可以通过多种网络互动形式向教师请教疑难问题；教师则可以通过网站互动平台收集学生的学习反馈、意见等，及时掌握学生的学习动态，帮助学生解答疑惑；并根据学生的学习情况进行学生自主学习以及课外学习的辅导和调控。

最后，互联网教学模式还是以教师博客为传播媒介的教学模式。这种模式主要适用于教学交流过程。教师通过在互联网上注册博客，然后将博客网址分享给学生，学生则可以进入教师博客实现互动交流。教师也可以通过发表个人博客文章让学生了解到课堂延伸知识或其他教学内容，学生可以对遇到的问题进行留言，与教师或同学共同探讨。这种互动相对于教学平台的及时互动，可以给学生更多的思考空间，还便于教师收集整理学生的学习反馈。此外，由于博客媒介的教学环境较为轻松，学生能表达除学习外的多种疑惑，能帮助教师全面了解学生。在拉近师生距离的同时，利于教师教学活动的开展。同时，教师还可以观察了解高校学生的道德素质、学习能力、社会责任等，以更好地促进学生的综合素质培养。

二、互联网新型教学模式的特征

互联网新型教学模式充分发挥了互联网和多媒体在教学中的作用，结合文字、图形、声音、动画、视频等多种形式展现教学内容，丰富了教学模式，促进教学内容的全面展示，让学生能更好地理解和吸收教学内容，进而更好地实现教学目的。与此同时，互联网新型教学模式还借助网络的优势加强教学管理，实现了教学资料的远程共享和网络访问，为教学提供了诸多便利，其主要特征有：

（一）教学内容的丰富性

互联网新型教学模式在教学内容上具有明显的丰富性特征，这体现在教学课件内容的丰富多样上。通过网络链接，使得教学内容不仅仅局限于书本，学生也能够通过互联网浏览、下载教学课件、练习试题以及课外资料等诸多学习资源。

（二）表现形式的多样性

互联网新型教学模式在教学内容的表现形式上具有多样性。多媒体技术的应用实现了文本、声音、图像多种媒体的统一，通过多种形式表达教学内容，丰富了信息的表现力。通过多种表现形式共同作用于学生，教学内容通过声画传达出来，刺激学生的感官，帮助学生通过认知、联想、思考、反馈等活动学习知识，活跃思维，构建知识体系，优化学习能力。

（三）教学资源的共享性

互联网新型教学模式下教学资源的使用具有共享性。教师可以通过互联网下载相关教学资料制作教学课件，学生则通过网络平台观看或下载教师分享的教学资源。此外，这些教学资源不仅为教师和学生所用，还可以被任何互联网用户观看、保存和分享。例如，在不同院校的高校教师可以从互联网平台进行教学课件的共享，实现教学资源跨区域的优化组合。从教学资源的使用、学习等活动中，全面体现了互联网教学模式下教学资源的使用共享性。

（四）教学信息的综合性

网络能够整合各种超文本和超媒体技术，有多种方式的表现形式，且在表达和传递信息的时候不会受到时间和空间的限制。随着社会经济的发展，教学的需求也在不断增多，根据教学的需要以及学生的需求，可以促使教学内容更加生动形象的表现在学生面前。能够促使学生自主的调动各种感官来配合以及更深层次的理解教学知识。同时，网络信息教学是运用多种符号进行的。信息的容量比较大，且知识比较全面，学生容易接受其知识，同时，在课后也能进行知识的拷贝，从而进一步提高学习的效果。

（五）教学过程的交互性

多媒体技术具有一定的远程功能，能够促使学生获得更多的图文教育信息。同时，因为教学过程是互动性的，能够促使学生对学习的知识产生兴趣，从而进行主动的学习。其次，在进行学习的过程中，实现教学过程的交互性也可以让学生及时地看到自己学习上的弱点，从而不断调整自己的学习状态，提高学习的效率和质量。同时，远程技术也能够为广大师生提供超越了时空限制的开放的教学环境以及提供更多交流的可能性。在这种比较宽松的环境之下，学生不用受到教材、教师教学进度以及知识的制约，而可以根据自己的需求来制定学习计划，在学习的内容、地点以及时间等上掌握主动权。总的来说，多媒体网络教学的发展，促进了师生教学过程中的双向互动，有利于学生实现自我更好的发展。

三、互联网新型教学模式的意义

互联网教学方法是在互联网影响下的一种新的教学模式，互联网教学离不开计算机的使用，同时也必须使用一些多媒体设备以及网络技术，再结合以现代化的教学手段，来进行教学活动的一种方法，互联网教学能够促进教学资源得到共享。

而互联网时代的教学模式拥有很多的优势，在互联网时代的教学模式当中，整个教学过程中包括了教师和学生，以及媒体和素材等四大要素。这四个因素之间是相互作用的关系。而互联网时代下的新的教学模式就是要促进教学要素得到一定的转变，从教学的角色来看，教师的地位和角色都会发生改变，从教师的地位来看，在新型的教育模式当中，教师不再占据主导地位。从角色上来看，教师也从知识的传授者转变为学生学习以及教学过程中的设计者。并且教师也同样是学生学习的指导者以及学生参与课堂活动的组织者。而从学生角度来看，学生也从知识被动接受者变为主动参与合作以及知识的建构者。同时，运用于教学的多媒体设备也变成了学生获取知识的重要工具。总的来说，在多媒体网络技术环境之下，要求大多数的教学模式必须得到一定的完善和发展，在教学设计、教学管理、课程实施以及教学评价等方面使用互联网技术所带来的新的冲击。而互联网新型教学模式的实践意义主要包括以下几个方面的内容：

首先，互联网新型教学模式具有很丰富的特征，教师能够在网上进行教案工作，在网上布置预习任务以及工作等。其次，在这种新型模式之下，还能不断扩展教育教学的内容，并且能够在计算机上面实现传输、存储、运行以及修改等以便于更好地运用多媒体课件资源。教师可以利用互联网丰富的资源展开教学设计，制作教学课件，编写丰富的教学资源库。同时，这些教学资源通过互联网平台可以实现即时快速的传播，为任何用户所接收，如此一来，学生就可以实时观看或下载教学资源。

其次，互联网时代下的新型教学模式还具有共享性的特点，能够更进一步扩大教学的空间。并且，这种新的教学模式因为网络技术的发展促使其传播信息的速度非常快，因此，这一教学模式的覆盖范围也非常广泛。在网上对这些资源和教学信息进行设置之后就可以实现资源的分享，同时，在资源的分享上是不受时间和空间的限制的，资源的分享会非常快。互联网时代新型教学可以实现双向互动，利用便捷的交互方式实现沟通交流，让学生能够利用多种学习形式进行自主学习、协作学习。学生通过在互联网与同学、老师以及其他学科上的专家进行交流和互动，能够对学习内容有更深刻的理解，并且能进一步开阔自己的思维，扩大自己的学习范围，并进一步提高自己的学习效率。

再次，互联网时代的新型教学模式非常注重发挥学生的主体性，尤其是以强调学生主动性为特征的一种教学模式。在这种教学模式之下学生可以发展自己个性，并且发挥自己的主观能动性进行学习。实现自己的个别化的需求，并且创造一个良好的学习氛围。在遇到问题的时候，培养自主的分析问题和解决问题的能力，并且能够创造性地采取一些措施来使得自己的问题得到解决。同时，值得注意的是，学习者还能够按照自己的需求来选择学习的时间和内容，促使学生在教与学的过程中能掌握绝对的自主权。

最后，互联网新型教学模式还具有多向性的特点，能够对传统的教学中的一些缺陷进行完善，同时，因为是网络教学因此其更加便于管理和组织。教师可以有更多的时间以及精力来进行教学设计，可以根据网上学生的学习情况，来了解更多学生的学习状态以及学习的偏好，从而具有针对性地制定一些预习任务以及教给学生一些自主学习的方法。网络教学在一定程度上也促使学生变成了自己学习的设计者。

四、互联网时代高校课堂教学的冷静应对

（一）互联网时代对高校教育的冲击

互联网时代给高校教育带来的影响是不可预估的，更是不可低估的。这种影响随着互联网技术在高校教育中的应用更加显著和突出，然而如何应对这种冲击，实现高校教育生态系统的进一步发展则更为重要。因此，高校校园首先要正确认识互联网时代形态对高校教育的重要影响，同时在面对其带来的机遇和挑战的时候，尽量地发挥互联网时代的作用，促进高校教育的快速发展。

互联网时代使高校教育由传统的封闭式教育转变为开放式教育形态。互联网时代高校教育模式下，改变了传统教学下知识垄断的状况，教师不仅是知识的讲授者，更是知识的传递者和教学的引导者。所有互联网用户都能制作教学课件，获得教学知识；学生可以自主获取、分析和使用教学资源，实现了个性化教学和自主化学习。在现阶段互联网不断发展的大背景之下，社会也是开放的，随着全球资源库的形成，优质的教育资源能够得到极大的丰富和充实。人们通过同样的资源需求聚集在一起，互联网将他们联结成一个整体。让人们随时随地都能够最大限度地获得自己想要的资源。这样一来，使得人们获得知识的成本降低，使得人们愿意投身学习中，从而有利于推崇终身学习的建设。

在互联网时代的冲击下，教师和学生的关系出现极大转变。在传统高校教学中，教师教学是学生获取知识的重要来源，教师的地位具有权威性以及主导性特征，学生是知识的接受者，教师通过课堂教学在教学中占据控制权。然而，在互联网时代高校教育环境下，学生除了教师课堂传授教学知识外，其知识获取来源更加丰富，也更加便捷快速。师生之间的教学互动也不再局限于教师讲授知识，互动式教学、探讨式学习、协作学习等多种教学方式让学生可以实现自主学习、独立思考等优势。如此一来，教师更重要的则是学生学习的引导者或是指导者，改善了传统的师生关系，师生互动的增加亦便于教师教学活动的开展。

在互联网时代的冲击下，教育组织与非教育组织的界限逐渐淡化。高校教育的实践性与社会性需要更多教学资源以及教学思路的来源，而社会教育机构的灵活性、互联网时代教学的便捷性都为高校教学提供了丰富的教学资料，有利于高校教学质量的提升。此外，互联网时代高校教育更能适应经济社会发展的变化，不断更新教学内容，扩展教学的深度以及广度，且教学资源的制作者亦是使用者，实现教育共同体化，同时对于促进高校教育跟上时代的发展与社会经济的发展一起协同发展具有重要意义。

从本质上来看，互联网时代对教育的影响主要表现在对教育资源的重新分配上，从这个角度来看，首先，互联网能够让人们注意到优质资源教育的重要性和作用，从教师的服务人数就可以看出来，以前，一个优秀的教师只能服务于少数的学生，现在随着互联网技术的发展，一个教师可以服务于上百个甚至更多学习者的需求。其次，互联网也能够跨越时间和空间的限制实现各个地方的合作研究。从而进一步完善互联网时代的新型教育模式。

互联网时代同样也具备促进教育进行自我进化的能力。一个事物只有不断发展不断进化不断创新才能长久的生存和发展下去，传统的教育由于与社会经济的发展完全脱节，因此，存在自我进化能力较低的问题。互联网使得教育变得更加开放性，人人都可以是教育者，人人也有可能成为被教育者。这种新的教育生态在适应社会经济发展的前提之下也会给高校教育生态圈带来更多便利。总的来说，在社会经济的发展之下，高校教育面临着很多的挑战，主要包括以下几个方面。

首先，高校教育在开放的教育生态环境中面临着被逐渐弱化的问题。因为，在传统教学模式的发展之下，教师是通过跟学生面对面的交流将知识传授给学生。而在这个过程之中，教育工作者也随之将一些良好的品德以及价值观传达给了学生，让学生受到更多的美德以及艺术层面的潜移默化的影响。与此相反的是，在互联网教育中，师生之间以信息的交流为主。学生很容易对以互联网为主体的辅助学习设备形成依赖，忽略教师育人的作用，久而久之，教育的育人功能将被弱化。

其次，互联网环境开放、信息丰富，学习者（尤其是低龄学习者）缺乏较强的辨别力与抵抗力，如果教育工作者没能及时加以引导，这一群体很可能会受到网络上鱼龙混杂的信息影响，从而极易妨碍学生培养美好的道德品质、树立正确的价值观念、形成积极的生活方式，甚至可能养成一目十行、囫囵吞枣等不良习惯，使之很难形成刻苦钻研的品格，也无法磨砺其意志，进而难以掌握新知识、学到真本领，不利于学习者智力的提高、能力的增强和长远的发展。

再次，碎片化的学习方式很可能会降低学生学习的专注度和深度。在互联网的作用下，理论知识可以通过分享、转载、购买等方式实现大范围传播与阅读，这不仅给学习者带来了极大便利，也大大降低了学习门槛，人们可以不再受时间、空间的限制，可以根据自己的需要或兴趣来学习知识与技能。同时，借助互联网的力量，学习者涉猎知识的范围和层次逐渐扩大，不论是否熟悉该领域的内容，都能够获取到相关资料。但与此同时，人们学习的内容和时间都呈现出碎片化的趋势，使其很难给零散的知识点建立完整的框架体系，从而容易降低知识的关联性，无法保证学习者学习的深度和关注度。

（二）互联网时代高校教育的冷静应对

面对互联网时代时代给教育带来的这些机遇和挑战，高校校园需要冷静应对。

1. 要坚持“教育为体、互联网为用”

首先，这要求高校教师明确并谨记一点，无论互联网的出现给课堂教学工作带来了多少便利，它始终只是一种为高校教育服务的技术手段和工具。尽管高校教师能够借此简化教学流程、提高教学质量，但使用该技术的出发点是为了满足高校教育工作的需求，提升高校课堂教学的效果。因此，可以说，有一定的教学需求和效果是高校教师运用互联网开展课堂教学的前提条件和必要依据。也就是说，高校教师在决定是否使用互联网进行课堂教学之前，必须要想清楚互联网技术需要用在哪个教学环节，它能够起到何种作用，是否可以加强和学生之间的交流，促进学生的思考，激发学生的学习兴趣，带来更优于传统教学方式的效果，以便能够有的放矢地展开相关教学工作。试想一下，高校教师应用互联网技术或设备不是以加强课堂教学为第一要务，而只是为了实现减轻备课负担、减少板书麻烦等带有满足个人利益的目的，这样不仅不能够充分发挥互联网的积极作用，还很可能会因为滥用互联网技术降低课堂教学效率，妨碍后续教学工作计划的有序进行，从而影响高校教学目标的实现。

其次，高校教师如果为了简化教授、解说知识点的步骤，直接让学生观看网络教学视频或课件，而没有适时引导或加以说明，这或许能够发挥互联网技术一部分教学功用，帮助学生接触、了解到教材范围以外的知识点，但是，如此一来，做的是“换汤不换药”的无用功，因为这样不仅和运用传统教学方式呈现的教学结果并无本质上的差别，也违背了以满足高校教育工作需要为出发点的根本原则。因此，这种做法并不能够完全体现互联网时代高校课堂教学的优势，也不值得高校教师学习借鉴。由此不难看出，要想有效发挥互联网技术和设备的辅助作用，促进高校课堂教学工作顺利实施，高校教师必须要保持本心，始终秉承教书育人这一核心目标从事教学活动，围绕“教育为本”这一基本理念开展教学工作，遵循“互联网为用”这一指导原则进行课堂教学，从而避免出现本末倒置、事倍功半的情况，进而确保互联网能够完全发挥促进高校教育变革、提升高校教学质量的积极作用。

再次，这需要高校教师把握好引入互联网进入课堂教学的度，尽最大努力做到不乱用互联网设备，不滥用互联网技术。现阶段，随着互联网的大面积推广应用，大部分高校教师已经意识到互联网可以为教育所用，能够给高校教育发展带来不容忽视的影响，因此，这部分走在时代前端的教师应当试着摒弃陈旧观念，更新教学理念，尽可能将课堂教学与互联网融为一体，将教材理论与网络信息完美结合，进一步优化教学的手段和方法，设置更丰富的教学环节，创造更多师生互动、交流的机会，以便有效活跃高校课堂的气氛，提高学生学习的热情和积极性，进而提升高校课堂教学的效率和质量。

2. 要发挥宏观调控下的市场主体作用

在互联网时代时代，为了减少国家政策方面的限制，优化高校课堂教学的生态环境，推进高校教育变革，很有必要充分借助“风口”的作用，顺势发挥宏观调控下市场主体的作用。互联网时代时代下，高校教育改革的主力军是新兴互联网教育企业，一方面，要确保这些互联网教育企业的自主地位得到尊重、自主作用得到发挥，从而避免因政府制定过多限制性政策、约束性条例妨碍这一新兴企业发展、壮大，以便为高校教育创造一个自由民主的变革环境，搭建一个双向互动的交流平台，进一步推动高校教学朝着开放、有效的方向发展；另一方面，政府要在此基础上加强引导，并有效把握好宏观调控的度，充当好裁判员或情报员的角色，适时适度提供有关高校教育变革的重要信息，并对高校教育变革做出公正公平的评判，从而减少或避免出现高校院校和互联网企业等重复建设的现象，缩小或消除育人单位与用人单位之间的交流鸿沟，使之成为教育共同体，促进二者协同发展、进步，进而深化高校教育变革，有效提升高校课堂教学的质量和效率。

3. 高校学校教育要敢于从知识教育向思维教育转变

随着互联网时代时代的到来，越来越多的学习者开始通过网络获取教学资源，学习专业及非专业知识与技能，因此，为了更好地承担教育者的责任，充分做好“授人以渔”的工作，高校以及高校教师有必要明确自身职责，厘清高校教学思路，划清高校教育和高校院校之外的教育的界限，从而实现在明确分工的基础上，简化高校课堂环节，优化高校教学方法与手段，进而实现以理论知识为教学重点向以开放思维为培养重心的方向转变，并在此过程中有效提高高校课堂教学的质量，顺利完成高校院校及高校教师教书育人的目标。

总之，在面对互联网时代的挑战之下，教育不能完全不采取任何措施，不能让互联网占据改革更大的部分，而需要掌握真正的教育变革的需求，抓住互联网技术发展带来的机遇，迎接挑战，让教育事业在互联网时代的帮助之下有更大的发展。

第三节 互联网时代下新型教学模式的探究

一、互联网时代新型教学模型的构建

互联网时代与教育相结合同时也需要构建一个新型的教学模型，而构建新型的教学模型的选择主要有两种，首先是构建一个具有丰富的网络教育特色的高校教学模式，其次，是在继续使用现有的远程教育的高校教学模式的前提下，对一些细节的方面进行一些创新。首先对现有的教学模式进行深入的分析和了解，其次，再以网络教育的一些理论作为基础，并结合构建主义的相关原理和原则，来构建一种具有典型性的，以网络教育为特点的高校教学模式。

互联网新型教学模式可以从“自学—助学—测评”三个方面来看，互联网教学模式是这三个方面互相结合在一起的一个整体。在自主学习理论、认知结构理论以及人本主义理论的指导下，充分地发挥学习者的主体性，同时提高学习者理论知识水平、转变学习者的思想观念，以及提高学习者的实践能力为目标。促进学生提高自学能力，提高学生的综合素质水平，其中主要包括以下内容：

（一）自学过程包含三个必要环节

即制定学生自主学习计划、利用互联网等平台学习和小组合作学习

1. 制定学生自主学习计划

学生自己制定的学习计划主要包括个人的课程学习计划以及学生的选课学习计划。在学生自主地制定学习计划的时候，教师要给予学生充分的建议，给学生一定的参考。以此为基础，教师具有指导学生制定自己的学习计划的作用，在这个过程中教师是作为一个指导者的角色，同时教师的指导者的角色还可以延伸到以学生的兴趣爱好为基础来对学生的扩展学习进行指导。让学生清楚地认识自己，按照自己的实际情况来制定计划。

2. 利用互联网等平台学习

在互联网教学模式下，学生进行自主学习的平台以网络平台为主，教材、多媒体等为辅。学生可以以此为基础，并不断地利用网络平台进行自主学习，可以通过网络平台来阅读学习资料、收看学习视频以及其他学习资源等，在网络上，大部分学生都可以实现自主学习。学生可以在网上互动平台下载教学资源，观看教学视频、进行习题练习等。

3. 小组合作学习

小组合作学习同样是需要在教师的指导下进行的，主要是指学生事先根据自己的兴趣爱好以及学习兴趣等，自行组成学习小组，或者是由老师指定组成学习小组，一起合作完成难度比较大的作业，小组在不同的学习阶段有不同的任务和目标，要实现不同的目的，在学习的重点和难点的讨论上，在对每一个章节进行总结、与其他学生一起交流学习等方面都可以以小组的形式进行，而在这个学习过程中，教师需要做的就是根据不同的小组需求，来设置不同程度以及不同方面的习题。

首先，互联网教学模式十分注重培养学生的自主学习力。以高校学生为例，他们都是成年人，有自己的思考方式以及知识的储备基础，并在相关的实践中积累了很多的经验，能够进行自主学习，并且通过自学，可以自行解决很多的问题。其次，互联网教学模式下，网络教学资源十分丰富，可以满足学生多样化、个性化的学习需求。最后，互联网教学模式以网络互动平台为传播媒介，学生可以通过网络互动平台与教师或同学进行沟通交流，及时有效地进行探讨，解决自学中遇到的问题。

互联网教学模式下，对教师和学生都提出了更高的要求。对学生的要求：首先，第一个要求在于学生必须自己要转变学习的观念，在接受互联网学习的时候，自己要学会从被动走向主动学习，学生只有具备自己主动学习的积极性以及热情，才能在互联网学习找准自己的定位。其次，学生必须继承之前在传统教学中做笔记的良好学习习惯，俗

话说得好，“好记性不如烂笔头”，只有把自己自学的知识点都记下来，才能更好地进行以后的学习。再次，教师在这个时候也要发挥一定的作用，其必须要加强对学生的学习小组的了解，指导学生正确地开展小组讨论等。同时，教师要保持自己随时在线，并向学生提供自己的联系方式，以便在遇到问题的时候，学生可以随时向老师提问，与老师进行交流和讨论。

学生进行自主学习也是学生进一步提高自己的学习积极性和主动性的过程，只有让学生有自主学习的热情和自觉性，才能真正地提高学生的自学能力，对于网络教学之下的学生的学习来说，其是对传统课堂的创新，从以教师为中心变成了以学生为中心。

（二）学生在网络上的学习辅助的对象

学生进行学习的时候总会遇到各种问题，而学生在网络上的学习辅助的对象主要包括三个方面的内容，即资源支持、学生互助以及教师帮助。

1. 资源支持

资源支持即是指学生学习的辅助资源，要求高校校园能够充分的运用互联网技术不断建设和完善网络学习平台以及各种网络资源系统，只有这样才能真正地为学生提供各方面的支持，让学生有一个自主学习的好的环境，同时还可以开设一些网络信息技术培训，给广大师生普及网络技术，鼓励学生自主报名参加计算机一级或者二级的考试，从而为学生进行学习掌握一定的计算机水平打下基础。只有不断为学生提供适合学生的各种人性化的、丰富的、科学的以及多元化的网络辅助资源，才能为学生的自主学习提供资源保障。

2. 学生互助

学生互助主要是指学生与学生之间的合作与学习的过程，有时候，一些问题的难度比较大，在与教师讨论之后仍旧没有相对应的解答思路，这个时候，就可以通过学生之间的互动来促使自己完成那些无法解决的问题，而学生的互助学习主要包括视频教学活动、小组合作学习以及 BBS 讨论和集中参加课程辅导等方面的内容。

首先是视频教学以及答疑的过程，在这个学习过程中，学生可以加强与对方的互相了解，同时互助的过程中，解决一些问题，有利于开拓学生视野，拓宽学生的知识面，启发学生思维，是生生互助学习的重要表现。高校校园搭建的网络互动平台都可以实现群聊互动，其次网上论坛、贴吧以及微博等都是能够让学生进行自主学习的地方。

其次，是要充分发挥小组学习的优势，小组学习也是学生进行自主学习的重要组成部分，在与其他学生进行讨论的过程中，可以让学生开拓自己的思维，同时不断地提高自己的学习效率。学生首先在进行自主独立学习的时候，就已经对知识有了一个很深的了解，而进行小组活动学习的原因主要在于让学生与其他学生一起进行合作解决那些难度系数比较大的问题，同时小组合作学习也能让学生感觉到团队的力量，培养团队合作意识，教师在这个过程中可以引导学生开展小组活动进行学习，并且鼓励学生进行独立思考，解决问题。

最后，是对学生进行集中辅导，其中集中辅导主要指在互联网互动平台之上对学生的实时辅导，很多时候学生总会因各种原因，不能完成自己指定的学习计划，以及有很多积压的不会解答的难题，在这种情况下，学生也可以自主选择网络上的一对多的集中辅导，可以通过教师对知识点的再次讲解来深化自己的学习。

3. 教师帮助

主要是指学生通过自学的方式，在初步进行了教材的熟悉和学习之后，能够独立地解决一些问题，但是对于教材中一些重点和难点的把握程度还比较差，这时候就需要教师对学生进行指导和帮助了。因为学生进行自主学习并不是万能的，相反，学生的自主学习还具有一定的问题，教师对学生进行适当的帮助是非常必要的，这样可以加深学生对学习的理解，同时，完成学生学习的整个过程，而教师的帮助又主要包含了教师引导和教师辅导。

一个方面是教师引导，从引导一词我们就可以看出其是指教师通过各种手段来促使学生产生学习的兴趣，进一步转换自己的学习观念，调节自己的学习方式，并且教师引导学生掌握进行自学的方法和技巧。教师之所以要完成对学生的引导，主要的原因还在于学生的年纪还比较小，对网络上的各种资源的辨别能力比较弱，其网络技术能力以及自主学习和自我控制的能力都有待提高，教师引导学生进行自主学习主要包括以下几个方面的内容。首先是进行课程导学，这个主要是在学生已经掌握了每个单元的基本内容的前提之下帮助学生将课程教学大纲以及课程教学的具体细则进行梳理，将每一个章节的各种信息交流渠道都告知学生，让学生掌握更多的自主学习的方向。指导学生对学习课程的性质、教学模式以及教材的一些特点进行更深入的了解。同时还需要指导学生制定自己的学习计划，因为每个学生的资质是不同的，学习效率也是不同的，教师在指导学生进行自主学习计划制定的时候，必须要学生按照自己的实际情况来进行，而不能盲目地制定计划；其次，教师要激发和保持学生的学习兴趣和学习的积极性只有这样，具体来说，教师可以将一些优秀学生自主学习的事迹进行专题收集并且展示，告知学生给学生们一定的激励和导向作用。

另一个重要的方面是教师辅导，这种形式主要是在互联网教学模式之下的教师辅导，主要是指网络互动平台的及时互动辅导，一般情况下来说，只能将其安排为计划学时的一部分。这种辅导方式和以往传统的面授式的辅导方式不同，传统的辅导方式能够在固定时间进行面授，而在这个过程中，教师发挥了检测、组织协调和指导的作用。首先是检查学生的自学情况，在进行网络互动辅助中，教师可以根据学生所提出的问题，来了解学生的学习情况，同时也可以检查学生的自学笔记以及查看学生的作业进度，进而去了解学生的学习态度。在这个过程中，教师要及时关注学生的学习动态，及时发现和了解学生在学习过程中存在的问题，进而开展针对性的辅导。其次，重点讲解和答疑。教师依据课程的实际要求，结合学生在自学过程中存在的问题，借助于以互联网为载体的互动平台，对课程中的重点和难点进行详细讲解。再次，多种媒体优化组合。在这个过程中，教师可以充分利用电子教案将文字、视频、录像等各种多媒体资源进行整合优化，并在这个过程中对学生如何利用多媒体进行指导。然后，创设互动情境。教师利用组织对话、角色扮演、小组讨论、分组表演、集体讨论等灵活多样的形式，激发学生的学习兴趣以及思考能力，尤其是协作探讨的能力，全面提高高校学生的专业能力和综合技能，弥补远程学习过程中学生因缺少实践而对实践课题的探索较为匮乏的缺憾。另外，方法指导。这种主要是指教师还应该传授给学生科学的、正确的学习方法，要注重培养学生的自主学习以及探索学习和合作学习的各方面能力。最后，教师还需要布置作业，以及收集学生对于教学的反馈意见，并且及时地对学生的作业进行批阅和修改，在给学生进行辅导的同时，对学生的作业完成情况进行讲解。让学生对自己的学习情况有一个更加全面的了解，同时教师要检查和评价学生的自学、小组学习作业完成情况，对学生的自主学习起引导和帮助作用。

（三）测评过程

测评包括自评 + 他评、形成性评价和终结性评价。

1. 自评与他评

学生进行自评主要是指，学生通过一些网络上的测试以及网上教师布置的作业等，来了解自己的学习情况。而学生他评主要是在小组活动中的，在进行小组合作的活动结束之后，学生对这个小组的学习结构进行评价，从而使得小组内的每一个组员都能提出自己的意见，发现自己的不足，在以后的小组活动中不断改善和调整自己的不足。自评就是评价主体针对自身的评价，而他评则是其他人对主体开展的评价。只有将这两种评价结合起来，才能够获得更多的关于学生的信息，这样才能帮助学生真正地认识到自身存在的不足，进而提高他们自身的反思能力。

2. 形成性评价

形成性评价是一种动态的评价。形成性评价主要是发生在教学设计或者教学的过程中的，主要是为了不断完善教学过程以及教学设计，促使其给学生带来更好的学习体验的一种对学生学习结果进行的评价。进行这一评价的主要目的在于对学生的学习过程进行正确的指导以及科学的管理，能够及时地了解学生的学习情况并改善教学设计，指导学生进行正确的学习，进一步提高学生的综合素质，促进学生的全面发展，具体的操作方式包括作业分析、经常性的测试以及对学生的日常进行观察等。

3. 终结性评价

终结性评价又称事后评价，这种评价主要是在教学活动进行了一段时间之后，对这一段时间的教学成果进行总结和评价。比如，学期末的各种考试等，主要的目的就是为了测试学生是否真的掌握了这一知识点。总结性的评价同样也是对一段时间内的教师教学状况的最终评价，涉及的内容比较广泛，主要包括学生的结业、毕业以及获奖以及教师的职称评定等。

二、互联网教学模式的教学类型

（一）讲授型教学模式

讲授型的教学模式主要是以教师为中心的，通过教师讲授知识以及学生听讲知识的过程，让学生对一个章节的知识有一个了解。这种教学模式是一种比较经典的教学模式，是传统的教学模式的一种，这种模式因为有其独特的优势，因此，在教学中不能够完全被取代。讲授型的教学模式中也可以加入互联网的因素，教师运用多媒体技术对学生进行知识的讲授，而讲授型模式在网络教学中按教学的时间特性，又可分为同步式讲授与异步式讲授两种形式。

1. 同步式讲授

这种讲授方式主要是指通过网络技术将教师现场授课的情况同步地传送给远端教师或者学生的电脑上，教师进行网络授课直播，学生在同一时间内进行收听。同时，教师与学生也可以通过各种途径进行交流与互动，这种网络教学要借助局域网或者其他的系统来实施教学。在同步的讲授教学中，教师要具备多媒体设备，同时也只能在有相同设备的学习教室内进行学习。

2. 异步式讲授

异步式的教学模式是与同步式教学模式相对应的，这种教学模式并不要求学生一定要在同一时间内听课，相反的，学生可以按照自己想要的时间来进行教学。在这种教学模式当中，教学的整个过程都是在网络上进行的，教师要将教学要求、教学的主要内容以及教学的资源和导航链接等做成网络文件，并发布在特定的互联网平台上，学生可以根据自己不同的需求来下载并进行自主的学习。同时，教师还可以请专业的摄影师将自己的实际讲课过程录制下来，经过剪辑做成视频文件，发布到网络上供大家一起学习。学生在其他地方听课的时候也能将自己遇到的问题通过发布电子邮件，或者在网络平台上跟教师聊天，向老师提问，教师应该给予及时的回答，并且，教师还可以做到在自己的教学内容的相关版面上设置一些问题讨论区，供大家一起交流讨论，对于那些提的问题比较多的知识，教师可以重新录制一个视频对其中的重点难点进行讲解。当前，随着多媒体技术的广泛应用，特别是课件在线点播系统的运用，学生可以借助于这些技术重复学习网络课程，还可以在网络上自由地检索学习资料，参加测试。在这种模式之下，教师可以在全天的认识时候开展教学，学生可以根据自己的实际情况，合理安排自己的学习时间和进度，并且能够随时下载自己所需的学习内容，随时向老师请教问题。

总而言之，基于互联网开展的讲授型教学，组织形式比较简单，同时有统一的学习进程，能够和学校的课程实现同步。因此可以说，这个教学模式是在传统教学模式的基础上，实现教学的多媒体化和网络化。这种模式对教师个人的要求不是很高，针对教师而言，他们只需要准备相应的教学内容，而技术人员则负责多媒体方面的进程，当前，大部分的网络教学模式都是实施的这种模式。这种模式最大的优点就是它可以不受人数、时间和地点的限制，能够让学生自由的选择教师。开展网上教学，人数没有上线，在任何可以上网的地方都可以开展教学，同时学生可以在全世界范围内选择适合自己的老师。但是这种教学模式，同样存在一定的缺点。比如这种教学模式，不能够像传统教学模式一样实现学生与教师面对面的互动，同时教学活动的情境性也不够强。这种教学模式比较适用于那种自学能力相对比较强的学生，比如成人教育和高校教育等。同时这种教学模式和传统教学模式相比，也存在一定的共性，其共性大于个性，除了在教学手段方面变化比较大之外，其思想实质和传统教学并无太大差别，仅仅在空间方面表现得更加广阔，时间方面更加灵活。

（二）个别辅导型教学模式

这种教学模式主要是对于讲授型教学模式的重要补充，在教学的过程也占据着非常重要的地位，无论是传统的教学模式还是现阶段的互联网新型教学模式，都具有一个共同的特点，就是比较注重学生进行因材施教，也就是说应该根据学生具体的学习情况以及学生的学习需求来采取不同的教学手段，对学生进行个别化的辅导，但是这样因材施教的形式因为现实生活中教师资源比较缺乏而很难得到实施。但是这种问题随着互联网技术的发展能进一步得到解决，网络上主要包括两种个别辅导的方式，即教师与学生利用网络通讯工具进行个别辅导，还有就是利用 CAI 教学课件来进行辅导。

首先是通过网上通信的个别辅导方式，这种方式主要是通过电子邮件以及聊天软件来实现的。通过邮件进行教学的个别辅导的优势主要在于，学生向老师提出问题不会受到时间和空间限制，可以随时地向老师请教，但是这种方式的问题主要在于，学生请教不可能很快就得到教师的答复以及及时地讲解。这种个别辅导的方式也像是教师和学生面对面地进行交流和讨论一样，到学生遇到问题的时候，马上向教师进行提问，也是学生不断发挥主观能动性的重要表现。教师可以根据不同学生的问题进行有针对性的个别指导。在这种个别指导的方式之下，教师能够了解每一个学生的学习特点，在实际的课堂教学中根据这些情况进行因材施教。

而通过 CAI 的教育辅导软件对学生进行个别教育，主要的原因在于 CAI 软件具有一些优势，其具有记录学生的学习情况以及与学生进行交流互动的作用，能表现出一个学习者的自身的学习特点以及发现学生个别的学习环境。CAI 软件可以代替教师的作用对学生进行指导帮助学生完成作业，解答题目。这样的话既可以减轻教师的负担，同时也可以使学生获益。网络环境下运用 CAI 软件其可以为学生提供一个个别化的学习环境，学生通过运用学习软件进行主动的学习，并对一些重点和难点进行模拟练习以及查看软件关于知识点的演示和讲解，对自己不懂的知识有一个更深层次的了解。同时学生也可以根据自己的学习情况和学习能力，来自己设置学习的进度以及问题的难度，从而进一步实现自主性的个别化辅导学习。

像这种类似的个别的辅导模式比较适合学生在课外辅导中进行，如果学校能够指派一些专业的教师进行在线答疑，以及编写更具专业性的软件，这种个别化的辅导模式将更具实用性，能够让学生获得更大的发展空间。现在的教育界存在一个很大的问题就是教师自主创新教学资源等方面还存在着很多方面的不足，教师如果能够编写一些比较优秀的课程软件对于促进学生的个别辅导模式的发展具有重要意义。总的来说，个别辅导模式能够很好地满足学生的各种需求，真正地做到因材施教，在未来的发展过程中，还需要不断提高教师的能力，以促使这种辅导模式获得更长远的发展。

（三）协作型教学模式

协作型的教学模式中协作学习是非常重要的，协作学习对于发展学生的批判思维。创新思维、探索发现精神以及自己团队合作精神具有重要的作用，能够促进学生提高自己更高层次的认知能力，并且形成良好的人际关系，促进学生的身心健康发展。

网络技术发展条件下的协作学习主要包括两个方面的内容，第一种是完全借助于网络平台的一种学生之间的协作学习，学生可以通过网络来搜集信息，并且搜集到有着共同问题的学生，并在网络上与学生结成协作团队，共同讨论交流，进而解决一些问题，同时，也可以组成团队一起向相关的专家咨询学习，向教师请教。另一种类型是将网络通讯工具作为协作学习的重要工具，学生并不完全地在网络上进行学习，也可以在现实生活中与其他同学一起交流和讨论网上的各种问题和资源。

（四）探究型教学模式

探究型的教学模式主要是从学生解决实际问题的方面出发的，要让学生知道对学习的深度理解最终还是需要让学生去解决实际过程中的问题，从而锻炼思维，让学生的学习结果更具实践性。探究型的学习模式主要是指，教师在提出了某个研究课题之后，要求学生根据自己对主题的理解来搜集相关的资源，并提出自己的思路以及进一步得出自己的结论。在这个研究的过程中，学生应该根据教师的指导，进行实地的调查，并且，在网上搜集资料，进行网络问卷调研等，并且与其他学生或者相关学者一起讨论学习，从而综合起来，形成自己的见解和观点。让每个学生都完成这个工作之后，教师在一起组织学生进行集中讨论。并最终根据全体师生的意见形成总的课题的倾向性意见。总的来说，探究型的教学模式主要分为确定问题（课题）、组织分工、收集信息、整理/分析信息、构建答案/解答、评价与展示等几个环节。因为这种教学模式充分运用了各种互联网上的教学资源，因此对于发挥和提高学生的主观能动性具有重要的作用。

探究型的教学模式非常重视对情景的创设，因为探究型的教学就是要将课程学习的具体内容和目标直接转换成为可以实践操作并完成的具体的目标，而要创设一个好的情境主要包括以下三个方面的内容：首先，是要让学生知道自己将要学习的主要内容；其次，是教师要运用各种手段，通过各种方式让学生对课程的内容产生兴趣；最后，需要为学生建造一种学习的“支架”并适当地引出学习的任务和提出各种学习要求。

探究型的教学模式在互联网上的发展比较广泛，从一些电子邮件到复杂的学习系统中都可以看到探究型教学模式的影子。在实际的教学中，主要都是通过一些教育机构包括学校以及研究机构等，来根据学生的特殊情况制定问题，可以通过网络平台发布出来，让学生进行自主的研究和回答。在发布问题的同时，也提供相关的可以查阅的资料，同时还会请到一些专业的专家对于学生在解答问题中遇到的各种问题提供帮助。当然，可以确定的是，这种帮助并不是给学生一个确定的答案，而是启发性的线索，引导学生进行思考。

（五）案例研习型教学模式

在案例教学模式当中，教师也需要给予学习者一些特定的任务和目标，然后，通过运用计算机来提供真实的情景来解决相类似的一些案例。通过让学习者看到具体的案例中解决问题的步骤和方法，来自主设计方案，并迁移知识技能，帮助学生最大程度上发挥自己的推理技能。同时，案例教学也是一个将实践与理论知识结合在一起的过程，学生能够在分析案例的过程中，再次巩固自己的理论知识，并且能够在相关的案例当中获得一些技能。案例教学的最重要的一个部分就是让学生制定学习目标，同时教师进行案例的选择以及组织学生学习和分析案例，并从中获得知识。

在这一种案例教学当中，可以研究的案例主要包括历史案例、故事描述以及活动模拟等等，通过模拟一些真实的案例场景让学生根据自己的学习目标和任务来选定适合自己的案例，尽可能地从多个方面和角度来探讨这个案例所要说明的道理。教师在这个过程中要不断地对学生的行为进行提醒和指导，以启发学生进行多方面的思考。同时，教师还需要对学生的学习结果进行评价，让学生着重将注意点放在解决问题上去，而不是去简单地看案例的细节。在网络教育中，案例研习模式可以设计为：让学生通过阅览教师事先编辑、存放在服务器的大量案例，或直接浏览互联网上的相应网站，来获得对各种案例的感性认识；然后，学生在教师的指导下，对各种案例进行信息加工，特别是对案例进行分类，寻找各类案例的共性，从而形成新的概念。

（六）讨论型教学模式

这种教学模式能够极大地激发学生的学习思维，对于调动学生的学习积极性具有重要的作用，在传统的教育课堂中的讨论活动，由于在特定教学环境下学生比较胆怯和紧张，因此实施起来比较有难度，但是在网络环境之下，学生可以做到自由地发表自己的见解，毫无拘束，能够增加学生的课堂参与度，增加学生对学习的兴趣。而网络讨论型的教学模式主要包括两种，一种是在线讨论，另外一种是异步讨论，前者的优势是讨论能够实时地显示出来，其不足之处在于，发言的时间比较短，且相对来说没有固定的范式，主要依靠教师对场面进行掌控。后者主要以文章的形式进行，谈论会比较全面一些，但是不具有及时性。

网络环境下的讨论式教学，借助网络教学通讯工具的支持，可以扩大讨论群体的范围，拓展讨论问题的角度，集思广益，在讨论中开拓学生的思维，提高学生学习的积极性，激发学生的学习热情。

三、互联网教学模式的实践策略

随着互联网时代的不断发展，各行各业受互联网的影响渐趋加深，而互联网技术与教育深度融合的趋势更已不可阻挡。尽管互联网时代教育不可能完全取代高校校园课堂教学，但不得不重视的是，互联网新型教学模式对高校教育的发展有着重要意义。高校校园应正确认识互联网时代教育，更新教学观念，对高校教育进行系统规划，积极探索互联网时代背景下高校教育的发展路径，大力推动高校教育的网络化、信息化深化发展。

（一）更新高校课程教学理念，改进教学方法

教学理念作为高校教学的指导思想，会直接影响教学方式以及教学模式，从而影响教学活动的开展和教学效果。实现互联网新型教学模式在高校校园的实践与应用，首先要求高校学校更新课程教学理念。尽管互联网时代教育的理念不断深入高校校园，但大部分高校校园的传统教学理念仍根深蒂固。现今，高校校园教学模式和教学方法较为单一，教师授课仍采用“满堂灌”的方式，高校课堂教学时间分配不合理，教师讲课时间占课堂时间的 70% 以上，探究式、互动式教学较少。在这种教学模式下，学生处于教学被动状态，其学习主体地位没有得到充分体现，学生也因缺乏自主学习和思考的空间，独立思考能力相对薄弱，实践能力不能得到有效培养。究其根源，在于这类高校校园教学理念陈旧，没有很好地适应时代发展以及经济社会发展的需求，致使学生的能力不能得到有效提升，教师教学也收效甚微。

第一，要转变教学理念，增强学生的主体地位。

首先，要坚持以学生为中心。互联网教学模式强调“以学生为中心”，教师则是学习的组织者、引导者和促进者。高校教师要转变教学理念，将学生的学习主体地位融入进教学设计、课堂教学、学习互动等各个环节，使学生真正成为“学习的主人”，让学生有更多的机会独立思考，提高自身的职业应用能力，促进自主学习能力和专业技能的培养。其次，要增强师生互动。互联网教学模式重视师生交流，强调互动教学。高校教师要增强与学生的互动交流，变讲授式教学为引导式教学，提升学生的学习积极性和自主学习、思考的能力。

第二，要改进教学方法，提高课堂教学的效率。

高校教师要重视互联网教学模式的优势作用，更新教学理念，丰富教学方法和教学形式，将互联网教学模式与传统教学模式相结合，提高课堂教学效率，提升学生的学习兴趣。互联网教学模式要求教师以学生为中心，从如何学的角度出发，围绕教学目标以教学主题为单位，依据学生的学习水平进行课堂设计。这种教学模式强调学生在实践中学习，学习通过自身的体验收获知识以及实现知识的内化。例如，教师可以通过引入微课教学，让学生在课前即进行自主学习。课堂教学则以探究式教学、互动教学为主。这样优化利用了课堂教学时间，也有利于学生有独立的时间和空间进行独立思考。

（二）积极推动信息技术在教育教学过程中的全面应用

互联网时代教育以现代信息技术为技术基础，以互动平台为学生学习以及师生交流的在线平台。高校校园要积极推动互联网教学模式在课程教学中的应用，就需要积极推

动信息技术在教育教学中的全面应用。随着经济社会的不断变化发展，高校教学也应顺应时代发展的潮流以及经济发展的需要，不断更新教学技术和教学内容，使高校学生所学知识以及技能可以满足就业需求。互联网具有传播便捷、信息量大、及时互动等特点，而互联网融入高校教育教学则具有教学资源丰富、教学互动快捷、教学内容传播便利等优势，既可以提高教学效率，还能帮助学生扩大知识面，提升专业技能。高校校园要重视信息技术对高校教学实现互联网教学模式的重要作用，并不断促进信息技术在高校教学中全面应用。

首先，要完善互联网时代教学环境。互联网时代教学环境是开展教学活动的重要基础，也是推动互联网教学模式在高校校园应用的重要条件。完备的教学环境便于学生进行学习，也有利于教师教学效率的提升，更有利于高校教育顺应时代需求。因此，高校校园需要全面建设互联网时代教学的教学环境，改善教学模式，更新教学方法，建立与时俱进的教学资源库及教学评估体系等。

其次，要搭建教学互动平台。互联网教学模式强调师生互动，高校校园要积极搭建并完善教学互动平台，为教学活动的开展提供必备的平台基础。有了便捷的互动平台，教师才能将教学资源分享给学生，了解学生的学习动态，掌握学生学习情况；学生才能通过互动平台进行自主学习，与教师或同学进行及时的互动交流，进行疑难解答，获取知识和技能。

再者，要更新教学评估价体系。在传统教学模式下，教师一般通过随堂测试进行教学检验，根据学生的测试成绩了解教学情况。而互联网教学模式下，教师则可以通过建立完善的教学评估体系了解教学效果。例如，教师可以从教学环境的构建、教学实践的效果、教学互动情况的开展、教学总结与研讨的评价等方面进行综合评估。评价体系的搭建可以让教师了解教学活动开展的优缺点，从而扬长避短。

（三）要审慎选择，认真组织网络课程

互联网教学模式的重要特点就是引入了网络课程教学，学生可以通过互联网平台进行自主学习。网络教学视频的内容要以特定的教学主题基础，教师围绕这个教学主题建立相关的教学资源库以及教学辅助资料包；通过对教学内容进行分析展开教学设计并在此基础上开展教学活动，其中教学设计包括教学内容的设计、教学活动的设计、教学资源库的配置等。而教师通过分享网络视频拓宽了知识传播的渠道，还可以了解学生的学习动态和对知识的掌握情况。同时，网络课程的开放性与自由性，可以让其他学者也浏览网络课程，教师不仅可以通过学生的反馈进行教学设计的改进，还可以与其他教师或学者沟通交流，进行经验总结。此外，建立网络教学资源可以为学生学习提供丰富的学

习资源，优秀的网络教学课程也可以展示学校的教学优势，形成教学品牌。

网络课程之所以取得成功，其最重要的原因就是尽最大努力为学生提供高质量的课程，有个性化，适合学生需求的服务。因此针对高校院校而言，就要严格要求教师进行谨慎选择，教师制作的内容要精心，设计要科学，而不是仅仅将讲学内容复制到网上。通过对当前部分在线课程的分析发现，一些网络课程就是简单的课程录像，并附于简单的 PPT，同时课堂的内容依然非常枯燥。在这样的形势下，就要求教师改革传统的课程教学内容，调整教学内容的结构，从而适应网络教学的需要。

（四）加强教师队伍建设，提高教学效率

教师作为整个教学活动中最重要的主体之一，是教学活动的引导者，直接关系到教学质量的高低，因此可以说，教师的教学素质直接关系到高校教育的教学水平和发展程度。高校院校要重视高校教师队伍的建设，以及教师专业能力的提升，并采取多种措施逐步提高教师的教学水平，并不断完善教师队伍。

第一，要精减教师队伍。

当前，我国部分高校院校的教师来源于文化基础课教师或者其他途径改制，相对于专业教师而言，他们属于准专业教师。由于专业教师在高校院校中的比例还比较低，所以已经严重影响到高校院校的快速发展。针对这个方面的问题，高校院校要不断地增加专业教师的数量，进而对文化课教师进行分流。而教育主管部门，同时也要充分结合高校院校的发展状况，对专业教师进行专业对口交流，交流到所需学校，从而降低高校院校的负担，为招聘专业教师留足空间。

第二，要引进专业教师。

针对专业教师比较缺乏的状况，高校院校需要通过多种途径来解决这一问题，比如从企业一线或者相关的科研部门引进教师，从而充实专业教师的队伍，同时这也是高校院校建设高质量师资队伍的重要环节。教师作为相对比较稳定的职业，由于受到多种因素的影响，他们对市场行情以及企业的发展和运行规律不够了解，同时也难以获得最新信息。因此，通过引荐一线企业工作人员从事教学，传授最新的技术知识，才能使得学生学到的技能与实践之间无差别，实现与的真实对接。学生通过获取最新的信息，掌握最实用的一线技能，才能切实做到真学真用。

第三，教师要开展团队合作。

在互联网时代的形势下，互联网时代教育并不是部分教师的独角戏。作为一种全新的思维方法和模式，是各个教育主体之间相互配合的结果，它需要教师、辅导教师、技术专业等各个方面专业人士的共同合作。在课程建设方面，教师要投入大量的精力和时间，对课程的内容进行认真精心的设计和准备。同时高校院校要通过政策支持，推进课程的团队建设，构建教师积极参与的激励机制，促进教师团队合作的形成和发展。通过搭建智能化、科学化的课程服务体系，促进教师分工的细化，推进集成化形式的管理，从而促使教师由个人努力向团队合作转型。

（五）科学进行课堂设计，提高学生参与程度

互联网教学模式不仅仅是教学模式的改革，更是通过把各种网络资源和专业领教的名师整合在一起，为学生创造一个能够积极参与、主动开展学习的良好氛围。在这种模式下，学生可以结合自身的学习目标，自身的知识储备和自己的兴趣点，自我组织和开展学习。在学生学习的过程中，教师的参与度和支持度对学生的参与积极性有很大的影响。因此要充分发挥网络技术的优势，加强师生互动、学生互动环节的设计，可通过视频聊天室、在线游戏、网络沙盘及线上论坛等多种形式，加强师生之间的互动交流，而这种形式的互动交流才是整个学习过程的重中之重。这种教学模式，对教师的时间和精力提出了更高的要求，因此这就需要高校院校在政策和制度方面给予足够的支持，在保障机制和激励机制方面创新教师的师资队伍。开展网络教学，不仅仅是模式的改革，同时还打破了传统教学与科研之间的已有关系，因此高校院校需要进一步对教学模式和科研政策进行调整，以适应这种教学模式。

（六）创新高等教育管理体制

互联网时代模式在给高校教育带来机遇的同时，也给现行的教育制度带来了巨大的冲击，导致现有的学术权力、行政权力关系被打破，从而促进关系的解体以及重构。在现有的高校院校管理体制下，高校彼此之间的边界非常清晰，彼此之间是一种隔绝封闭的状态，互相之间很少开展教学合作，因此导致课程资源浪费的现象比较严重，传统的教育管理模式已有的管理制度对互联网教育造成了制约。但是，互联网教育是社会发展的趋势，是一个促进传统教育改革和提升的历史性机遇，因此政府相关部门和高校院校都要充分认识到这一特点，进而对现有的高校院校教学模式和管理体制进行改革。在这场高校教育的互联网战争中，除了高校院校要积极参与之外，在宏观层面还要对高校院校的管理体系进行改革和创新，构建多元化的办学模式，拓宽高校教育的融资渠道。

第四节　互联网时代下自主学习的教学模式创新

一、高校英语自主学习模式与传统教学模式比较

自主学习教学模式是以行为主义心理学家所认为的自主学习，包括自我监控、自我指导、自我强化三个子过程为理论依据。自主学习实际是元认知监控的学习，是学习者根据自己的学习能力、学习任务，积极主动地调整自己的学习策略和努力程度的过程为理论基点，它是在教师指导下，创设学生的自学思考的情境，通过师生及生生间的互相交流、探讨，归结出学习内容的重点和规律性的知识，从而促使学生掌握知识、建构自己的认知结构、激发学习动机，实现“他主性”到“自主性”的转换，开发多元智能的一种教学方法。

自主学习教学模式并不等同于自学，也不是无教师主导的教学。它是一种以教师为主导、以学生为主体的，既培养综合语言运用能力又注重发展自主学习能力的全新教学模式。教师的教学信念影响着教育实践和学生的身心发展，习得并使用适当的教学模式对于提高教学效果有着至关重要的作用[①]。

二、高校英语自主学习教学准备策略

教学是一种有目的、有计划的活动。在活动之前，教师需要进行必要的准备，在头脑中或书面上做一个计划。足够的课前准备是有效教学的前提，学生一届届更换，知识一天天更新。即使教授同一课程，教师仍需认真备课，以加强教学的针对性，这样可以减少教师教学时的不确定感，找到一种方向感、自信心和安全感，也可以借此过程进行学习、收集和组织材料，安排时间和活动顺序。制订计划还可以直接运用于教学。这里是从课堂教学的基本要素，包括教学目标、内容、行为和组织形式，来对准备课堂教学策略进行探讨。

（一）确立高校英语自主学习的教学目标

教师在活动之前关于如何进行计划，主要有两种不同的取向：一种是“整合计划”模式；另一种是“目标、手段详细计划”模式。“目标、手段详细计划”模式是一种技术性、策略性的取向，先把宽泛的目的一步步地分解为具体的目标，然后根据详细的目标选择、组织教学内容，选择合适的教学行为、教学组织形式，形成详细的教学计划，即教案。

① 张铭．当代大学英语教学理论与研究［M］．北京：九州出版社，2019：102-103.

高校英语教学是以英语语言知识与应用技能、学习策略和跨文化交际为主要内容，以外语教学理论为指导，集多种教学模式和教学手段为一体的教学体系。第一，培养学生英语综合应用能力，特别是听说能力，使他们在今后工作和社会交往中能用英语有效地进行口头和书面的信息交流，同时增强其自主学习能力、提高综合文化素养，以适应我国经济发展和国际交流的需要。教学目标是教师进行教学活动的指南。教学目标与学生的学习目标应该是相同的。让学生对目标认同并真正理解，让学生积极参与目标的制订，发挥其主动性。

第二，培养学生的英语应用能力，增强跨文化交际意识和交际能力，同时发展自主学习能力，提高综合文化素养，使他们在学习、生活、社会交往和未来工作中能够有效地使用英语，满足国家、社会、学校和个人发展的需要。

根据我国现阶段基础教育、高等教育和社会发展的条件现状，高校英语教学目标分为基础、提高、发展三个等级。在三级目标体系中，基础目标是针对大多数非英语专业学生的英语学习基本需求确定的，提高目标是针对入学时英语基础较好、英语需求较高的学生确定的，发展目标是根据学校人才培养计划的特殊需要以及部分学有余力的学生的多元需求确定的。高校英语教学与高中英语教学相衔接，各高校可以根据实际需要，自主确定起始层次，自主选择教学目标。分级目标的安排为课程设置的灵活性和开放性提供了空间，有利于实施满足学校、院系和学生个性化需求的高校英语教学。

（二）高校英语教学中教学材料的加工

无论是自己编制所教课程内容的教师，还是根据已经规定好的内容进行教学的教师，根据教学的意图或目标对可得到的材料进行编制、研究和分析都是进行准备工作中不可少的环节。教学材料是指教学内容的各种形式的载体。教科书是实现课程标准和确定教学目标的重要保证。为了打好语言基础，培养语言应用能力，提高文化素养，教科书应为课堂教学提供最佳的语言样本和有系统性、有针对性的语言实践活动的材料。

教师要充分利用教科书所提供的语言材料组织好课堂教学和指导学生课外自学。此外，外语教学的教师可以采取集体备课形式，结合教学大纲及教学计划，对所教科目知识的性质及所面对学生的需要、兴趣、能力水平和学习与思维习惯的特征，在深入了解的基础上，集众人的智慧共同编制开发补充教学的相关课件和辅助教科书，根据实际教学对象的特征，选择和组织相关教学内容，以便更好地适合自己的教学情景。结合信息技术手段，在课堂上以声、像、图、文等多种形式为学生提供教学内容，对教科书更好地辅助和补充。其外观、版式设计色彩鲜明，内容贴近现代生活，围绕学生这个主体向外扩展，让学生在学完一个单元后懂得自己能做什么，到相同的情境该怎么去听与说，在不知不觉中提高听说技能，消除可能产生的心理问题和听说障碍。相比之下，传统教科书却很容易给学生以较为呆板的印象：一幅图、一段材料、一个生词表、几道练习，色彩单一，排版单调，学生不感兴趣，对英语学习的兴趣就会降低。教学课件与教科书有机地结合，为我们展示生活中方方面面的知识，提供诸多与学生身边现实生活有关的话题，可以促进学生对语言知识的运用能力。

（三）教学行为的选择

根据教学目标或教学意图，教师对教科书进行选择与确定等处理后，还必须考虑选择什么样的行为才是适当的。选择教学行为的依据如下：

①教学目标或教学意图。每节课都要针对认知领域、情感领域及动作技能领域，有一定的目标或教学意图，采取何种教学行为要与教学领域及要达到的学习水平联系起来考虑。在促进高校英语自主学习教学中，主要着眼于学生的自主性，教师以指导的形式为学生提供学习情境，创造学习条件，让学生主动参与教学活动，促进英语综合能力运用。

②认真研究学生。学生是学习的主体，教学的有效开展依赖于学生的参与。所选择的教学行为要与学生的认知水平、经验水平、学习风格相符合。当某一方式适合学生的能力、需要和兴趣时，他们会感到非常自如，并且学习效果最好。大学生在认知发展方面已具有丰富而完备的学习策略，大学生在自我发展方面已成为其自身发展的主体，在学习方法上对自主性要求较高，教师在选择教学行为时都应有所考虑。

③考虑环境因素。在进行教学行为选择时，教师还应该把环境因素考虑在内，诸如可用的空间及各种信息技术手段等。

三、高校英语自主学习教学实施策略

教学实施策略是实现教学目标的关键阶段，涉及多方面的教学策略。教学实施策略的选择应以教学理论为依据，既要符合教学内容、教学目标的要求，又要适合教学对象的特点，还要考虑在特定的教学情境中的必要性和可行性。下面从普遍性策略和具体策略两个方面，对高校英语自主学习教学实施策略的选择与运用进行分析。

（一）普遍性策略

普遍性策略是指适用于各种课型的教学策略，不管听、说还是阅读、写作，甚至是复习，都离不开教师的组织教学。教师都有必要采用不同的方式激励学生，作为师生交互活动的主要组成部分，提问也是任何课堂都无法回避的教学行为。这里将普遍性策略分为组织策略、激励策略和提问策略进行探讨。

1. 组织策略

课堂组织是成功完成教学任务的一个主要因素。没有教师的有效组织，任何活动都不会起到应有的效应。教师有必要掌握一定的方法和技巧，合理安排课堂活动，有效地了解课堂问题，保证课堂教学顺利进行。课堂上教师重要的任务是“创造有利于学生自主学习的环境”。现代外语教学理论的发展使人们对语言的学习和语言的教学有了新的认识。交际教学的普及、人本主义理论的运用把学生推上了课堂的主体，使教师的角色发生变化，教师是课堂教学活动的组织者、控制者、检测者、启发者、参与者和信息源。课堂组织要选择适当的交互模式，课堂内的交互活动是教学活动的载体。交互活动决定着学生的参与程度。交互模式是否得当、运用是否合理等都会直接影响课堂的组织。课堂活动的互动方式一般分为四种：班级、小组、同伴、个人。不管采用什么方式，都应尽可能让学生参与教学活动。例如，在进行读、写、译课程教学时，采取合班形式将两班的学生合为一班，在多媒体教室进行班级授课。教师讲授，配合课前准备的教学课件，通过文本、图像、影视、动画及音响等多种呈现方式，突出教学重点，在有限的教学时间内提供广泛而充足的语言输入信息，扩大知识面，大大增加课堂教学容量，使学生以多种感官接受“刺激”，使大脑两半球都活动起来，从而增强记忆，提高学习效果。

听力与口语课程，采取小组教学形式，在教师的指导下，对每单元课文和网上学习内容进行讨论，让每一位学生开口讲英语，突破开口难的第一步，重点培养听力理解能力和提高学生口语。

2. 激励策略

所谓动机，就是对某种活动有明确的目的性，以及为达到该目标而做出一定的努力。第二语言学习者首先要有强烈的学习愿望，从而产生学习动力，进而付诸行动。动机与外语学习效果的联系极为密切，因此，如何激发和培养大学生英语课堂学习动机，是教师面临的一项重要的任务。

（1）动机的激发

一个完整的动机概念包括三个方面的因素，即动机的内在需求、外在诱因和自我中介调节作用。这样把动机理解为自我调节的作用下，个体使自身的内在需求（如本能、需要和驱动力等）与行为的外在诱因（如目标、奖惩等）相协调，从而形成激发、维持行为的动力因素。

一是内在需要的培养与激发。动机源于个体的内在需求、内部唤醒状态。需要的形成和转化是有效地培养和激发个体的内在需求的主要途径，个体的内在需求在与目标相联系的情况下，就由一种基本需要状态转化为唤醒状态，形成具有一定能量和方向性的驱动力。而驱动力又是行为的直接动因。通过让学生对其学习目标有相应的明确认识，来加强学生的内部唤醒状态，提高其学习的内在驱力水平。持有这种内部动机的外语学习者有持久性，他们不会受外界因素的干扰，会把精力集中到英语学习中。实际教学中，教师要针对教学内容，收集相关内容信息和资料信息获得途径，联系现实生活，为学生创设语言情境或课下知识扩展提供帮助。这样不断满足学生的学习需求和激发学生的兴趣。

二是外在诱因的设置与运用。外在诱因主要是指行为目标和奖惩等。实践教学中教师要根据学生个人具体情况设置教学目标，目标应稍高于学生已有发展水平，这样更能调动学生学习的积极性，且应长远目标和近期目标相结合，让学生不断获得成功，在体验成功的基础上形成向长远目标奋斗的动机。教学中对于低成就和力求避免失败的学生，教师要多给予鼓励。教师的一句“Good”“OK”或者点头、微笑都可以起到激励的作用。惩罚的作用在于克服学生在学习过程中出现的注意力涣散和不努力状况，让学生尽力去避免惩罚，从而达到促进的目的。但惩罚往往有伤学生的自尊，易引起学生敌对情绪，不宜频繁使用。

三是自我调节能力的培养。自我调节是连接和协调动机的内在起因与外部诱因的桥梁。在教学中教师要进行合理预期。预期是指人对某行为目标实现的可能性大小及其价值的估计，是个体在行动之前对行为的结果产生认识。根据预期来调整自己的动机水平、行为目标等，使行动方案符合个体的内在要求。教学中还应及时向学生提供学习效果的反馈，让学生及时了解自己学习进展和结果，获得相应的评价，从而更好地调节自己的学习动机和学习行为水平。

四是自我效能信念的培养。自我效能是一种反映个体对自己已有能力能够成功地完成某项活动的信任程度的心理特性，也称自信心。动机的缺乏很大程度上源于自信的缺乏。通过自我效能信念能够判断个体进行某一活动的成败，直接影响教学目标的确立、学习动机中各因素间的协调等。每个学生都有证实自己能力的愿望，正是这种愿望赋予其克服困难的勇气和持之以恒的精神。教学中教师应让学生自己拟定评估自己的标准，给学习能力相对薄弱的学生适当的补救性帮助，给优秀学生提供挑战性较强的任务，设计弹性评估程序，使优秀学生看到自己的高水平，使差生看到自己的收获。让学生体验成功，肯定其学习的潜能，有助于提高学生的自我效能信念，激发学生的内部动机。

五是结果成败归因的训练。所谓归因，就是个体对自己或他人行为结果产生的解释或推论。在学习活动中，每个学生都会在自己的学习行为及其结果中体会到成功和失败，也都能够找出各种各样的理由来解释自己的成败。归因是否适当，直接影响到学生对自我的判断和对学习的态度。当学生将其失败归结为能力不济，就可能会失去信心；归结为方法不当、努力不够时，他会尝试努力去做。当学生把成功归结为自身能力时，成功会使其增强自信；归结为奋斗时，意味着问题的难易程度是适中的。

因此，教师要让学生感觉他们具备学习能力。指导学生个体在学习活动中注意总结学习成功和失败的经验教训，成功固然更添信心，失败也不归咎于不可控制的因素（运气不好或能力差），而是客观寻找学习中可控制因素（如努力程度，学习策略运用情况等），并且吸取教训，下一次争取做得更好，培养一种良好的归因心理。归因训练，可解决学生的认识问题，改变学生的归因方式，从而调动学生的积极性。

（2）兴趣的激发与培养策略

兴趣是学习动机中最现实、最活跃的成分。学生有兴趣学习，就会诱发求知欲，产生极大的学习热情。教师应充分利用信息技术手段的优势，吸引学生注意力，使学生投入到学习任务中，才能激发学生学习兴趣。

一是创建积极的课堂环境。大量已有的研究证明，积极的课堂环境能激发和保持学生的学习兴趣，促进学生自主学习。这里的课堂环境的创建，不仅是一个适合学生学习的物理环境，更重要的是要创建适合学生自主学习的学习氛围。学生学习环境虽然是影响学生学习的外因，但它可以激发学生的学习动力，教师对学生的积极态度能有效提高其学习动机和学习成绩。积极的课堂环境可以促使学生对整个学习过程都充满兴趣，并主动参与学习过程，这正是自主学习的重要特征。

二是创设问题情景，激发学生学习兴趣。问题情景是指不能直接用自己已有的知识处理，但可以间接用自己的知识处理的情境，就是在教学内容、生活实际与学生求知心理之间产生一种认知冲突，从而把学生引入问题解决的情境中，吸引学生的注意力，使其产生兴趣和好奇心。

三是开展英语第二课堂。教师有意识地激发和培养学生的兴趣，努力使学生的兴趣从有趣、乐趣发展到志趣。英语第二课堂是指为学生在课外进行语言实践活动提供环境和指导。开展第二课堂，一方面使学生能够把课上所学用于实践，提高语言实际运用能力；另一方面，实践中的问题反过来指导和激励学生的课上学习，学与用互相加强、互为动力。例如，开办校园英语广播，以新闻播报、英语诗歌朗诵、小对话、文化故事、学习辅导等作为广播内容；创办英语网站，建设高校英语网页，为学生提供网上学习平台，丰富英语自主学习环境，教师可以在网上布置作业，提供专题辅导、阅读与欣赏、优秀作品及竞赛展示等，推荐或提供经典外国电影，为学生播放英文原版电影，使他们在实际情境中感受语言文化，促进语言环境的建立；举办中外专家英语讲座，邀请国内外知名大学专家学者开展讲座；举办外语竞赛，如演讲、辩论、作文、词汇竞赛等活动，提供一些具有挑战性的任务，激发学生学习兴趣，促进学生运用英语的能力；举办英语口语广场、晚会联谊等活动，促进学生语言交际能力的训练。

四是培养师生之间的积极感情，以激发学生英语学习的热情。成功的社会交往能使学生充分体会到安全感，频繁而有效的交往也能很好地激发学生在群体中的个人学习动机。营造轻松热烈的课堂气氛，减少学生的情感焦虑，使师生之间高度和谐，可以激发学生学习兴趣。师生之间民主、平等的关系更有助于唤醒学生的自我意识，促使自主学习顺利进行。运用信息技术，计算机可以“扮演”教师角色，更加耐心、公平，创造一种和谐的信息环境，使学生没有压力，敢于冒险，大胆尝试，增加成就感，增强英语学习兴趣。

3. 提问策略

提问是课堂教学最常用的策略之一，也是最富影响力的教学艺术。学生只要产生了解谜的心理需求，求知欲和探索欲就会促使其去探索。而学生探索学习的积极性、主动性，往往来自充满疑问的情境中。教师通过创设问题情境，在教学内容、生活实际与学生求知心理之间产生一种认知冲突，从而把学生引入问题解决的情境中。提问、回答作为高校英语课堂中最普遍的一种话语形式，可以加强师生之间的交往，激发学生的学习动机，调控教学过程，对语言习得有很大的促进作用。提问可以保证学生在学习活动中的参与度，通过问题的调节，语言会更加清晰易懂，对交互活动的开展有很大的促进作用。问题是组织教学的主要手段，适用于课堂教学的各个环节。

（1）计划策略

要使学生积极参与问题，教师应提前确定提问的目的，选择问题内容来组织问题，并尽可能预测学生的答案。

（2）问题设计策略

尽可能设计启发学生的思维的问题，应相对于学生的语言能力、思维能力、知识水平有一定的难度，对学生具有挑战性。对这类问题的正确回答，对学生的自信心及学生能力的发展具有十分重要的作用。

（3）控制策略

教师在提问的过程中要有意识地调整提问方式，使问题由易到难，体现层次性，给学生留有思考的时间。当学生不能回答提问时，教师应调整问题，给予提示或引导学生找到答案，也可以将问题转向另一个学生。

（4）反馈策略

及时对学生的提问或回答给出评价，是提问有效进行的保证。鼓励、引导回答不当的学生，对学生能力表示认可，教师对学生良好表现口头称赞甚至非语言性的动作、表情都可以作为反馈，使学生体验成功，唤起自信心，进而走向成功。

根据高校英语的性质和具体的教学内容，教师将学习内容转化为各种形式的有价值的问题，并在网络教学演示课件上呈现，为学生在课内外的研究性学习设置起点。因此，教师应多为学生创造思考的空间。这就要求教师在教学过程中，善于通过多媒体教学系统引导学生思考、讨论、回答问题，而不是限制学生的思维，被动地跟着自己走。

（二）具体教学策略

具体教学策略在本研究中是指用于培养学生听、说、读、写能力的教学行为。我们根据所涉及的教学内容，从听力与阅读教学策略、口语与写作教学策略以及词汇与语法教学策略等角度，探讨信息环境下促进高校英语自主学习教学策略。

1. 听力与阅读教学策略

听力是听者积极主动地接收目标语言，理解、筛选有用信息并存入长时记忆，逐步扩大听觉渠道的一个过程。

心理语言学认为阅读是一个信息加工的心理过程，读者利用视觉信息自下而上对文章的字、词、句进行解码，逐步理解整个语篇的意思；读者也可利用已有的背景知识，自上而下地预测内容。在阅读过程中，二者常交替综合使用。听力与阅读材料是一定社会和文化的产物，需要一定的文化与社会背景来真正全面理解内容。信息环境下，高校英语教学就是利用以多媒体计算机为核心的信息技术和资源，构建高校英语教学活动，传授基于信息技术的高校英语听读的基本知识、基本技能，培养学生利用信息技术获取必要的外语听读信息的能力和外语听读的能力，使学生从中感悟计算机文化的丰富内涵，扩大学生的文化视野和言语信息的输入或输出。信息技术的发展为多媒体辅助高校英语阅读教学提供了良好的条件。同传统印刷文本的阅读教学相比，多媒体可以将文本和声音、图像等其他媒体结合，形成一种综合信息，增加学生阅读的兴趣。由于多媒体带有内置帮助手段，如在线词典、在线词汇表、句子解释、电脑发音等功能，学生更容易理解阅读材料。另外，多媒体辅助高校英语阅读教学的另一个优势就是它的“可改变性”。学生可以直接在电脑上对电子文本进行修改、复制、重组，阅读活动不再是单向的交流，而是一种文本与读者之间的互动、对话。这种双向的交流，更容易实现学生的自主学习。基于阅读和听力二者都涉及接收、处理信息的过程及社会文化背景对理解力的影响，对这两项技能进行训练时，以下三种策略比较重要。

（1）建立、扩展图示策略

建立、扩展图示策略指在听力、阅读教学过程中，教师要训练学生积累与听读材料有关的背景知识，增强对篇章的联想理解。教师要提供机会以唤起学生已有的背景知识，同时还要拓宽与信息相关的背景知识。该策略主要用于听力、阅读课教学的引入阶段。

在教学过程中，教师对不同文化、不同价值观和不同道德标准之间进行对比，利用信息技术的视频、音频、动画等效果或实物、图片等建立图式，帮助学生理解听读材料，或为学生提供相关背景知识材料，如在听读前，组织一些以提高背景知识为主的课堂活动。

学生对听读材料的背景知识知道得越多，理解的程度就越深。背景知识对于英语语言水平较差的学生来说尤为重要。这些学生由于低层次处理技能即语言符号识别和句法结构认知能力欠佳，常逐词逐句阅读且断断续续，而启动和建立背景知识属高层次处理技能，如借助丰富的背景知识，就可以弥补这些不足。信息技术为我们在教学过程中生动地展现或导入背景知识提供了便利。

（2）训练学生听、读技巧，“授人以渔”策略

训练学生听、读技巧，“授人以渔”策略是指教师在听力与阅读教学过程中要训练学生，使其掌握运用高效听读技巧，提高听读理解能力。该策略在听读教学中以完成任务方式进行。高校英语教学中该策略通常训练以下几种技巧：猜测技巧，指听读者根据已有的背景知识或图式的建立，高效地预测所要听读内容的技巧；寻读特定信息，这一技巧使人们能很快获得某一条或几条特定信息的方法；略读大意，指无特殊目的，只需了解材料大意和中心思想；识别功能、话语结构技巧，指学生通过识别特殊符号，进行有选择地听、读，提高听读效率的技巧；根据上下文猜测的技巧，指学生对阅读过程中所出现的生词和较难的句子能通过上下文猜测其意思的技巧。

（3）丰富语言输入策略

语言课堂教学活动可分为两大类，即为学生提供语言输入类和鼓励学生运用语言类。语言输入靠听和读，语言输出靠说和写。输入／输出关系密切，相互促进。通过听和读，输入的语言材料和语言知识越丰富，越有利于输出的准确性、流利性和多样化。教师要广泛收集、选择适合学生程度且不局限于教科书的、语言地道准确的多种听读材料，为学生提供尽量多接触真实语言的机会，通过大量的听读活动训练学生的听读技巧。在教学过程中，教师可以充分利用信息技术手段，采用英语小故事、幽默、笑话，听英文歌曲，或用英语报告重大新闻等方法来训练学生的听读能力。

2. 口语和写作能力教学策略

口语和写作是基本的语言表达形式。语言教学的中心任务是培养学生通过听、读获得信息，以说、写表情达意、交流信息。学生开口说英语的最大困难是心理障碍，如害羞、怕出错、缺乏自信心等。克服心理障碍的有效方法就是创造轻松、愉快的课堂气氛，鼓励学生大胆开口。

（1）教学过程交际化策略

教学过程交际化策略是指教师针对性地训练学生说、写能力时，其教学过程应强调交际训练的成分，让学生进行真实的信息交流。教师可以提供背景，学生进行模拟交际，让学生自由思维、自由创造，在给定的背景下自由表达，从“想说”到“想说好”，如借助信息技术在线聊天和电子笔友等功能，为学生创造一个真实的说、写语言运用环境。

在与英语国家的学生笔友通信往来时，学生听、读到的是地道的英语，还有对方独特的思想观点。与英语国家学生通信本身也是一种跨国文化交流，使学生直接接触异国文化，这必然有助于学生英语语感的形成和跨民族文化意识的培养。电子邮件写作具有灵活性和高速性的特点，提供适时远程交互。word 文档的拼写和语法检查功能帮助学生检查写作错误。电脑词典提供词义参考和查询，便于文章的修饰和修改，且操作方便快速。总之，利用电子笔友进行英语写作教学可以为学生提供真实的英语交际语境，提供体验英语和使用英语的机会，可以大大提高学生的写作积极性。

（2）巧妙处理语言错误策略

巧妙处理语言错误策略指教师应树立正确的语言错误观，正确看待学生表达中出现的错误，在不同阶段、针对不同学生、按错误的程度区别对待语言错误，引导和帮助学生改错。教师要及时引导学生看到自己的进步，并加以鼓励。许多研究表明，害怕错误的学生常在口语练习中保持沉默，或在写作中机械照抄课文原句，教师在纠错的过程中，要帮助学生树立自信心。

（3）练习方式活动化策略

练习方式活动化策略指教师有目的地设计语言表达练习活动，为学生运用语言提供足够的机会，而不仅仅是单纯的语言形式机械重复。可通过开展英语游戏、演出，举办演讲、竞赛等活动，使学生运用课堂以外的信息、经验和知识，在不知不觉中运用学过的语言。

3. 词汇语法教学策略

词汇语法在外语中起着重要的作用，它们在语言课堂教学中不仅有用，还对加快学习过程至关重要，是帮助学习者达到较高外语水平的重要途径。词汇语法教学以提高学生的外语交际能力为目标，教学重点放在如何使学生在特定的语言环境中，为实现交际功能正确而又得体地运用这些语言形式。

（1）完整步骤化教学策略

完整步骤化教学策略指教师在进行语言形式教学过程中，应策划一系列完整、有步骤的教学活动。学生通过这些步骤掌握语言知识，最终达到运用语言形式进行交际的目的。运用该策略，教师应引导学生走过一个从“不知”到“知之”，直到“用之”的过程，简称为 PPP 过程。

呈现指学生以何种方式接触将要学习的语言现象，教师的任务是表明其构成及意义。应先让学生接触语言现象或为学生提供运用这种语言现象的情境，使学生自己通过疑问、猜测、探索过程，在教师的帮助下总结归纳。练习指教师要提供足够的时间与活动使学生练习所学的语言结构，确保学生能准确掌握语言知识。运用指在学生理解并掌握语言形式及其意义之后，教师要为学生提供可运用语言知识的机会。在高校英语教学中，学生是 5 个环节的活动主体，教师要充分创造条件，提供学习情境，指导学生各个环节，更好地运用语言。

（2）训练有效记忆策略

训练有效记忆策略指教师在进行词汇教学时应有意识、有目的地训练学生运用有效的记忆方式和技巧，提高记忆效率。这类训练在学生已经掌握部分词汇的基础上，有助于进行词汇扩展或加深记忆。

（3）整理归类、区别对待策略

整理归类、区别对待策略针对词汇教学来讲是指教师要区分主动性词汇和被动性词汇，应采取不同的教学手段，提出不同的教学要求。教师应引导学生对词汇适当进行分类，按同类的转化、派生，以及一词多义、一义多词、近义词、反义词等帮助学生整理词汇，达到巩固的目的。在词汇较多或复习阶段，教师运用该策略可以帮助学生在大脑建立词汇间相互多重联系，以巩固和加深记忆。

（4）比较概括策略

比较概括策略是针对语法教学来讲的，指教师要适时对所出现的语法现象进行对比、分析、归纳、总结，加强对语法现象的理解与掌握。借助信息技术可用图表、故事等方法对语法进行总结。

第六章 互联网时代下高校英语教学创新

随着互联网技术与大学英语教学的深度融合，出现了很多创新的方法与技巧，如生态教学、跨文化交际教学、ESP教学。同时，大学英语教学的创新发展也离不开教材的创新。

第一节 生态教学的创新

一、生态课堂

生态课堂是从生态学的视角出发，对生态状态下的课堂加以研究的学科，其强调教师、学生、教学信息与组织、教学环境、教学评价等环节要实现和谐统一，是对师生关系、课程结构等进行的新型建构，是一种各个环节之间彼此联系与和谐共生的教学形态。

教育要以人为本，因此英语生态教学也应该这样。人的生命发展具有多元性，而学生个体的发展具有多样化，这包含他们身心和谐的发展、个人的求知欲、与他人和谐相处的能力等。但是，学生个体的发展不能牺牲他人，因为教育面向的是全体学生，因此要兼容并包，对其他学生要予以尊重。

二、英语生态教学的理念

无论对于教师还是学生而言，英语生态课堂都是一个全新的教育观念，需要每一位教师付诸自己的心血来经营和追求。构建一个完整的英语生态课程系统十分困难，包含创设课堂环境、和谐师生关系、加强课堂互动、构建多元评价机制等。

（一）创设和谐生态课堂环境

对于师生而言，课堂是他们演绎生命意义的舞台。创设一个和谐的课堂环境，是师生完整生命能够自由成长的基础与前提。生态课堂创设，不仅涉及物理环境的创设，还涉及文化环境与心理环境的创设。

1. 物理环境创设

英语生态教学中生态课堂的物理环境，是由自然环境和一些教学设备构成的，自然环境包含照明、光线、噪音等，教学设备包含教师布置、书桌布置等。这些在课堂教学互动中发挥着不同的生态意义与功能。

（1）适当的光线和照明

在课堂中，适当的照明与光线对于教师和学生都有重要作用，尤其是对学生的健康与心理等。例如，如果光线太弱，那么学生在学习中就会感到视觉疲劳，甚至产生厌倦心理；如果光线太强，那么学生就会受到过度的刺激，对健康产生影响。

（2）降低噪音

噪音会对人的生理机能产生影响，这是不容置疑的，而且会让人感觉到非常的不舒服，也会影响学生的心理，如使他们感到焦虑，记忆力下降，甚至思维变得迟钝等。在教室中，噪声大小与教室位置、班级学生密度有关，与位于城市的位置有关。也就是说，班级人数多，那么噪声就偏大；距离城区越近，噪声就越大。

另外，学生对噪声的承受能力会因为个性、性别等产生差异。因此，要想构建一个英语生态课堂，在位置上要远离城市中心或者比较喧嚣的地方。其次，对于班级的规模也应该予以控制。一般来说，公共英语的班级较大，教师应该根据具体的情况，对不同形式的教学活动进行安排，从而减少噪音。

（3）布置教室

作为课堂活动的场所，教室的教学设备、内部构架等都需要精心的设计与安排。教室内课桌的摆放以及墙壁等的布置整洁干净，会让师生感觉到精神上的舒适感与愉悦感。

形状不同的教室，有着不同的优点。一般来说，梯形的教室适合讲座，长方形的教室适合课堂讲授，因为这样的教室便于安排座位；圆形的教室适合小组交流与讨论，这样座位的布置也是圆形的。

2. 文化环境创设

在英语生态课堂中，文化环境包含物质文化环境与精神文化环境两类。前者指的是符号化与物化的结果，属于一种表层的文化环境；后者指的是态度、情感等，属于一种深层的文化环境。

在英语生态课堂中，物质文化包含课本、教室、教学设备等这些硬性文化，或者可以称为显性文化，这些文化会对人的行为产生不知不觉的影响，因此在创设生态课堂文化时，能够调动各种物质文化的积极性，如班训、班报等，这样可以使课堂更富有气息等。

生态课堂中的精神文化环境包含学生个体的思想与个性发展、学生群体的精神风貌与其他学生之间的关系、师生关系等，这种文化是隐性的，属于一种软文化。对生态课堂中精神文化环境的创设需要将课堂中各个力量凝聚起来，形成具有特色、集体观念的生动课堂。

3. 心理环境创设

在英语传统课堂中，很多学生受学业压力的影响，存在一定的心理问题。因此，为了减轻学生的压力，教师需要考虑学生的健康情况，为学生创设一个自由、轻松的环境。

首先，家长要转变教育观念，对孩子的期待也要有一个限度，不能给孩子施加过多的压力，这样才能让孩子成为一个健全的人，而不仅仅是一名“好学生”。

其次，教师要做到以德育人、以理服人、以知教人，做到与学生和谐共处，平等相待。

最后，学校应该设立心理辅导课，发现学生的各种心理问题，并给予恰当的解决方法。

（二）确立民主平等师生关系

在英语生态课堂中，要保证师生关系的民主与平等，可以考虑从如下两点着手。

就教师层面来说，应该充分考虑学生的实际需求，对每一位学生的问题都要认真对待，发挥学生的主动性与积极性，尊重每一位学生的人格与个性发展，并多与每一位学生交流，真正地了解每一位学生的情况。

就学生层面来说，应该充分尊重教师，并接受教师的指导与帮助，在日常学习中也要积极地配合教师。

总之，师生之间应该建立一种平等对话的关系，彰显课堂的活力，彼此之间没有压力与猜疑，共同探讨与研究，学生可以畅所欲言，从而使课堂呈现一种和谐之美。

三、英语生态教学的模式

英语教学是植根于中国社会文化语言生态环境之下，学生需要将英语语言知识作为载体，英语教师充当引导者的身份，帮助学生在对英语语言文化了解与接受的基础上，对语言概念体系加以构建，从而培养学生语言与思维，促进他们形成和谐、统一、动态的交往模式。

英语生态教学模式下的教学环境不仅涉及课堂教学环境，还包含学校环境、社会语言学习环境等，但是课堂教学环境占据主要位置。

英语生态教学是集合整体性、系统性、动态性、协调性为一体的一种教学模式，其从多个视角对教师、学生、语言、语言环境的作用进行分析和研究，并探讨了这些层面对语言习得的影响。因此，采用突现理论对语言生成进行整体的认识，采用多维时空的流变性对语言学习过程进行研究，采用符担性对语言学习与环境之间的关系加以探讨，这样才能对英语生态教学与研究有着全面的认识，也才能更好地指导英语生态教学。下面就从这几个层面入手进行分析。

（一）生态语言生成观——突现论

语言是一个复杂性、动态的系统突现出的特征的集合，语言学习是特征突现的表现。语言这一系统在人与世界的交往互动中生态地形成，并且其是一个在不同集合、不同层次、不同时间相互影响、相互作用、相互适应的复杂系统。其中不同的集合包含网络、个体、团体等，不同层次包含人的大脑、身体、神经等，不同时间包含新生、进化、发育等。

对于语言突现这一问题，现在的描述还不够完善，但不得不说的是突现论已经对很多语言现象进行了分析和描述。例如，人的发音过程主要依靠喉头、舌头等多个器官的协同作用，同时成人发音会对儿童产生影响等，因此音系结构就是对声道的生理制约而突现出来的。

（二）生态语言学习过程观——多维时空的流变性

一般来说，空间包含长、宽、高三个维度，时间包含过去、现在和将来三个部分。对于空间维度，人们是非常熟悉和了解的，但是对于时间维度，还未引起人们的重视，因为人们常常使用自然时间对人文时间、心理时间进行遮蔽，实际上，无论是人文角度，还是心理角度，都能够体验到现在、过去和将来，也能够对三者的区别与联系加以确认。

如果离开了过去、现在和将来，那么时间流程和时间观念就没必要提及了。从人文时间中的历史时间来说，可以划分为古代、近代、现代、当代，有些人也将当代称为后现代，但是后现代并不是时间概念，而是一种价值取向。人文社会科学不仅涉及过去与现在，还会谈论到未来，如人类学、历史学等都是对人类文化、历史等的未来进行预测与预期，而新兴学科“未来学”更是以未来作为时间坐标。

就心理时间来说，现在往往与目前、当下、此刻等有着密切的关系，过去往往与回顾、回忆等心理活动有关；未来往往与期望、预测等心理活动有关。

普通语言学的研究一直都以时空语言研究为重点，但是自从历时语言学与共时语言学被提出之后，语言学对时空的理解都存在一定程度的偏差，因此有学者将时空观念引入语言学研究之中，便于人们从时间与空间视角对语言系统进行整体性理解。在时空观念之中，时间与空间被认为是概念的存在，而这一概念只能从语言系统整体性生态存在中获知与体现。

通过这一观念对语言加以认识，可以帮助人们追溯语言及其语言流变，进而将语言时空结构统摄下的语言特点揭示出来，以语言流变所展现的时空特征对其过程状态加以解析，从而理解与探析语言整体状态。

英语生态教学观从时空观的视角出发指出，语言学习在时间上的流变性较为明显，如现时语言学习模式必定是以前学习模式的复制与改造，同时对语言形成的经验与思维加以学习，构建以后语言学习的经验与思维。这样，以后的心智结构投射能力必然是与当前的经验与思维相关。

四、英语生态教学的优化策略

（一）英语生态教学的优化原则

英语生态教学的优化需要按照一定的原则展开，从而明确优化目标。具体来说，需要坚持如下几项原则。

1. 稳定兼容原则

随着信息技术逐渐融入英语生态教学之中，必然会对一些教学环境产生干扰，进而影响系统内部各个教学要素的关系。这时候，本身兼容的各个要素之间也会因为新要素的引入呈现不和谐现象，这时候就要求教师、管理人员、学生等都需要进行一定程度的改变，从而促进信息技术与各个要素之间的融合与发展。就教学管理层面而言，要改变传统的管理模式，给予教师充分的知识，优化教学的环境，从而使信息技术与各个要素更好地融合与发展。就教师层面而言，教师要不断转变自身角色，不能仅作为分析者与讲解者。就学生层面而言，学生也应该发挥自身的主动性与积极性，从而主动探究知识。

可见，各个要素置于自己的生态位上发挥应有的作用，才能实现兼容，才能保证教学结构的稳定与平衡。

2. 制约促进原则

信息技术的介入使学生能够自主学习、个性学习。实际上，在教学中出现很明显的信息技术误用情况，如对信息技术的过度使用、滥于使用、低值使用等，这些误用对学生的个体发展是极其不利的，导致我国学生的自主学习能力与应用能力下降。信息技术的使用要考虑具体的教学目标，以学生为中心，运用恰当的方法，不可过度使用，也不能不使用，从而促进学生的发展，保证各个要素都能在各自的生态位上发挥作用，并且彼此之间相互依存。当然，功能的发挥需要设定在一定的范围内，不能随意扩大，也不能丧失他们的作用，要综合看待各个要素的功能，从全局出发进行把握，也不能失去微观意识。

总而言之，制约是为了更好地促进，促进又是合理制约的结果，这样英语生态教学才能更自然地进步与发展。

3. 可持续发展原则

可持续发展是 21 世纪教育的根本。英语系统是高等教育的一个生态系统，要求应该坚持可持续发展原则。而社会的可持续发展主要归结于人的可持续发展，因此英语生态教学的发展也必然依赖师生的这些教学主体的可持续发展。就学生而言，要想培养学生的可持续发展能力，教学的目标不仅在于知识的传授。

现代教育包含四大支柱：教会学生认知、做事、共同生活、生存。学生的能力也是随着这些理念逐渐发展起来的。英语教学改革的目的在于提升学生的英语学习可持续发展能力。这种能力指的是学生在阶段及以后的学习和生活中，应该不断完善自我，不断发展。

从学科性质上说，这种能力指的是学生自主学习与自觉学习的能力。教师应该对学生的个性特点予以尊重，发挥学生学习的积极性与主动性，培养他们的探索意识与自身潜能，完成教学实践。

从教师层面上来说，要想实现教育的国际化，教师也需要遵循可持续发展原则，即如果仅仅是一些传统的教学理念，显然不能满足当前教学的要求，因此教师应该考虑国际化的形式，努力拓展自己的视野，拓宽自己的知识领域，培养自身的学术能力与思辨能力。

但是需要指出的是，教师、学生与其他生态因子都是教学生态系统可持续发展的重要组成部分，因此这些因子之间不能损害各自的利益，任何一个因子的缺失都会影响其他因子的发展，影响稳定性与和谐性。

（二）英语生态教学的具体优化策略

英语生态教学系统的优化需要在坚持上述原则的基础上，结合各个生态因子之间的关系，采用恰当的优化策略。当然，这是一个复杂的过程，在这一过程中，需要以教师作为突破，因为教师在英语生态教学中的作用非常关键，教师教学的态度、理念等如果发生改变，那么就会影响具体的教学情况。因此，只有保证教师的生态化发展，才能保证教学的优化。具体来说，需要从如下几点做起。

1. 促进教师的生态化发展

教育是国家大计，只有拥有好的教师，才能搞好教育。因此，要努力打造一支技术精湛、道德高尚的教师队伍，这是当前教育改革与发展的重要目标。

就教育生态学而言，教育生态系统主要由教师、学生、环境等构成，在这一系统中，教师是一个完整的生态主体，其对整个生态系统起着非常重要的作用。教师与其他环境之间要多进行能量与物质上的转换，因此其生存、发展必然是周围环境相互作用的结果。同样，英语教师在整个生态教学系统中也发挥着巨大的功能，教师的行为、理念等会对学生、教学等其他因子产生巨大影响。当然，要促进教师的生态化发展，需要做到如下两点。

（1）优化教师的生态位

在教育生态系统中，各生物主体之间与环境间是直接又是间接的关系，这种关系可能是竞争关系，也可能是共生关系，他们共同对系统中的资源进行消耗。在系统中，每一个生物主体的位置都是特定的，这就是所谓的生态位。在生态环境中，教师要服从学校的各种要求与规则，从而保障生态系统的稳定，同时还需要不断发展自我，不断适应变化的环境。显然，教师几乎与系统中的各个部分都有着密不可分的联系，生态位在这之中起着中介的作用。

在英语生态教学中，教师需要明确自己的地位，以学生作为中心与出发点。在信息技术背景下，教师需要有强大的适应能力。可见，教师是信息技术与英语生态教学整合的关键层面，对英语生态教学的发展起着十分重要的作用，并且随着环境的改变而不断完善与发展。

（2）提高教师的专业素质

一名合格的英语教师需要具备如下素质。

第一，专业知识扎实，专业技能充足，即词汇、语法知识与听、说、读、写、译能力。

第二，人品修养较高，个人性格要好，要有好学、谦虚等品质。

第三，现代语言知识具有系统性，也就是英语教师要系统了解语言的本质与规律，并能够用语言知识对教学进行指导。

第四，外语习得理论知识要把握清楚，尤其是要了解外语习得与外语教学的特殊性质。

第五，掌握一定的教学法知识，将教学法的优劣把握清楚，并取长补短。

当然，进入 21 世纪，除了具备上述素质外，教师还需要具备信息技术知识，不断转变自身的观念，提升自己的专业素质，从而向生态化方向发展。从内部来说，教师需要培养自身的反思精神，从外部来说，教师需要创建外在生态学习网络，通过参与和分享，不断提升自己的科研意识与水平，实现英语知识结构的更新，促进个人生态的进步与发展。

2. 建立和谐的师生关系

英语生态教学系统是相互联系的整体，在这一整体中，师生之间通过不断地交互，构成一个整体。在英语生态教学中，师生无疑是最重要的关系，是一种和谐共生的关系，他们通过交流与对话达成一致，教师以特殊的方式对自己的灵魂进行塑造，学生在教师的心理留下印记。

师生关系有以下三个要素。

第一，真实，即真诚，要求师生之间在交往时应该坦诚相待，诚实表达自己的观点与看法，教师不能将自己的意愿强加给学生。

第二，接受，即教师要相信学生能够进行学习，接受学生遇到问题时的那种犹豫和恐惧，同时要接受学生的冷漠。

第三，移情性理解，即教师要对学生的内心世界、生活环境等有所了解与把握，从学生的角度看待问题，真心地为学生着想。

可见，师生之间的交往活动不能仅依靠教师的话语来实现，还要与学生紧密相连，如果没有学生的发展，教学的价值荡然无存。英语生态教学不仅是为了传输知识，还是师生之间情感的互动，而要想实现教学目标，这样的互动是分不开的。

英语生态教学属于一种人文教学，即培养素质与人格的过程。就语言学习层面来说，学是首要的任务，而不是教，因为学习的过程就是在教师的指导下传递情感与信息的过程。师生之间要建立和谐的关系，需要做到如下几点。

首先，师生之间的地位要平等。这是开展课堂教学的前提条件，也是英语生态课堂的基本特征与心理环境，能够保证课堂生态系统的平衡，激发学生学习的动力与积极性。在英语生态教学中，师生这两大教学主体是有思想、有感情的人，彼此作为独立的生态因子，应处于平等的地位。

其次，师生之间要不断增进交往，拉近彼此之间的距离。由于中国学生谦虚、不张扬的性格使得他们很少与教师展开交流，教师上课来下课走的情况更使得彼此之间交流甚少，师生之间比较淡漠，缺乏互相了解，这让教学活动很难真正地展开。既然学生的性格不能主动找教师，那么教师就需要多和学生接触，努力创造了解每一位学生的机会和时间，使学生对教师产生依赖感与信任感，或者他们可以通过邮件或者QQ、微信等进行交谈，这样避免了面对面的交谈，也使得学生减少一些尴尬。

3. 转变教学环境中的限制因子

教育生态学中的限制因子定律具有自身的特殊性。在教育生态学中，所有的生态因子都可能被认为是限制因子，如果某些生态因子的量比临界线低时，就可能出现限制作用，但是如果某些生态因子的量比临界线多时，也可能会产生限制作用。教育生态系统中的有机体不仅对限制因子的作用具有适应性的作用，而且能够采用恰当的方法，创造条件对限制因子进行转换，成为非限制因子。这一定律对于英语生态教学是非常适用的，即在英语生态教学之中，每一个生态因子都可以进行转换，限制因子也同样可以转换成非限制因子。

教学生态系统即将复杂人际关系包含在内的系统，是一个集合智力、非智力等因素的系统，也是一个复杂的信息管理系统。要想对英语生态教学过程中的失衡现象加以调节，不断提升英语生态教学的质量，就需要明确这些限制因子，并将它们找出来加以改善，只有找准这些因子，才能对其进行转化。当然，要想找到这些限制因首先就需要进行观察，要认识到这些限制因子的限制界限，以及这些限制因子是如何阻碍教学发展的。

就目前的英语生态教学而言，教师需要从当前形势出发，使用信息技术展开教学，当然使用信息技术并不是说过多使用信息技术，要把握好使用的度。实际上，信息技术就是一种限制因子，因为如果学生不能进行网络自主学习，也同样对其自身发展不利。

当然，只找到限制因子还不充足，还需要将这些限制因子，转变成非限制因子，这样才能将这一复杂过程进行简化，发挥师生的主观能动作用，加强交流与合作，创造有利条件，消除限制因子的不利方面，推动英语生态教学健康、和谐地发展。

4. 构建开放和谐，多维互动的语言环境

在生态环境系统中，生物并不是孤立的成分，而是与其环境有着紧密的联系。环境对生物产生影响，生物也会对环境产生影响。受生物影响发生变化的环境又可以对环境产生反作用，二者是不断协同进化的过程。因此，在英语生态教学中，要对自然、社会中的物质环境、人文环境展开分析和探讨。

课堂是教学的主体，是教师、学生与环境组成的基本系统。英语生态课堂的物质环境不仅对师生的身心健康产生影响，还会对学生自主学习能力的发展产生影响。因此，课堂良好的物质环境能够使课堂更有活力。英语生态教学的课堂可以被认为是一个小的自然生态系统，其不仅需要广阔的场地，还需要光线、温度等因素，还不能有噪声的影响。只有这些物理环境达到标准，才能实现彼此之间的协调。同样，教室内座位的编排也是非常重要的，因为在课堂这一系统中，需要时时刻刻地交互活动，这样才能保证课堂的动态性。

构建开放互动的语言环境，还需要为语言学习营造氛围。在英语生态课堂上，只有愉快、和谐的氛围才能让学生在学习的过程中得到解放，才能将自己生命的活力展现出来。在具体的教学过程中，教师应该考虑英语学习的特点，通过演讲、小组活动等为学生创设语言交际的情境。

语言学习并不是将知识机械地传输给学生，而是多种因素综合的结果和行为。用语言展开交际是语言学习的目的，其需要语言来参与其中，因此教师需要从教材出发，做到将教材中的教学情境真实化，这样才能让知识的教授更加生动。当然，在英语生态教学中，还需要为学生创设轻松的心理环境，这样有助于师生之间的交往，促进班级的和谐，教师要为学生营造一个有助于互动的班风，从而打造有助于多维互动的心理环境。

第二节　跨文化交际教学的创新

一、跨文化交际

跨文化交际这一现象并不是近期才出现的，而是自古就有。随着人类不断进步，跨文化交际的内容、形式等也在不断改变。在当今时代，跨文化交际的手段和内容变得更为丰富。通过跨文化交际，国与国之间可以相互交流，这种交往的过程是十分复杂的过程。

虽然交流的时空距离在不断缩小，但是人们的心理距离、文化距离并没有随之缩小。由于受文化取向、价值观念等的影响，文化差异导致了一些冲突和矛盾的出现，不同文化背景下人们的交流面临着严峻的障碍。为了解决这些障碍，对跨文化交际进行研究是十分必要的。

“跨文化交际”一词指代的是一些长期旅居国外的美国人与当地人之间展开的交际。但是，随着跨文化交际的深入，其定义变得更为广泛，指的是不同文化背景下的人们之间展开的交际活动。

现如今，很多人将跨文化交际定义为来自不同背景的人们之间，通过语言来实现信息的交流与共享的过程。

二、跨文化交际的影响因素

（一）心理因素对跨文化交际的影响

心理因素指运动、变化着的心理过程，例如人的感觉、知觉和情绪等，它们往往被称为事物发展变化的“内因”。广义地讲，人的心理因素包括所有心理活动的运动、变化过程。具体来讲，人的心理因素主要有两种：积极心理因素与消极心理因素，它们是相互排斥的。积极的心理因素对跨文化交际起着促进作用。在当今经济全球化条件下，跨文化交际日益频繁，其本身的作用也日益重要。不同文化背景下的人们在交际中只有具备相应的心理意识，才能使得跨文化交际顺利进行。

消极的心理因素对跨文化交际具有阻碍作用。跨文化交际过程中，潜在的障碍主要来自于交际团体和个体间的心理取向。定式、民族中心主义、寻求相似性、普遍性假设等因素都会影响交际的顺利进行。只有交际主体提高对文化差异的认识，以尊重、平等、开放、包容的心态进行交际，才能获得跨文化交际的成功。普遍性假设也是跨文化交际的阻碍性因素之一。有些人认为自己与另一文化的人们有很多相似性，并以自己怎样看待事物为基础，去假设自己也知道别人的思维方式。这种假设会导致沟通障碍，甚至引发冲突。

（二）环境对跨文化交际的影响

跨文化交际研究的重点是文化差异，而文化的差异主要源于其所处的环境不同。环境包括因文化本身所造成的生理环境、心理环境、社会环境、自然环境以及具体的语言环境，环境因素对于跨文化交际的影响无处不在。

交际的物理环境对于交际的影响是非常明显的。人们在社会化的过程中学会了在什么样的场景下说什么样的话、怎么说、不说什么，等等。行为的场合具有一种约束力，人们对具体场合中什么是恰当的行为存在共识。在跨文化交际中，对于某一个具体环境，不同的文化会有不同的反应。如中国学生上课的教室环境要求与美国教室的要求完全不同。社会环境被人们所塑造，但是又反过来影响人们的生活方式、价值观、思维方式等等，所以对跨文化交际来说也有至关重要的影响。

（三）思维方式对跨文化交际的影响

语言是以特定的民族形式来表达思想的交际工具。思维通过语言来存在和交流，语言又与该民族的思维方式和水平相适应。不同的文化背景造成不同的思维方式，其理解方式也大相径庭，因而在跨文化交际中就存在或多或少的障碍。

具有特定语言思维轨迹的人，习惯用一种特定的方式理解事物、分析事物。因此当西方人在用其固定的严密的逻辑思维推导汉语词句可能的意思时，思维方式障碍将不可避免地遇到，其主要表现在两个方面。

1. 用线性思维方式理解汉语词句的含义

所谓的“线性”思维，其主要特点是用一元一维直线思维处理各种问题，又称“直线思维方式”。多元问题一元化、复杂问题简单化；将问题的性质都看成非此即彼，凡事必须做出明确的“是”“非”判断，非黑即白。这就难以避免主观性、绝对化和片面性。从某种程度上看，这是西方的严式逻辑推理思维，过度强调精确的外化。

2. 用主观性思维方式解释汉语词语的含义

主观性思维是使外部现实适应和服从自己头脑中的固有模式的思维习惯倾向。换言之，则是将外部事物强行融入自己的头脑模式，不管其正确与否。

中西语言思维的差异致使对文本的理解有了沟壑。而线性思维方式与主观思维方式二者本无绝对区分。因此，当以线性思维看问题时就易陷入主观臆断当中；而主观思维反过来又促使线性思维直板、单一、片面地理解。对语言文化内涵的把握绝不可只限于从它产生的文化背景中了解它的一般所指，更重要的还在于能够从产生它的特定文化背景中去把握它所负载的、超出一般所指的特殊意义。

三、跨文化交际的要素

跨文化交际的过程是一个信息编码与解码的过程。这一过程是非常复杂的，同时会受到多种因素的影响和制约。其主要包含两大因素：一是言语交际因素，另外一个是非言语交际因素。下面就来分析和探讨这两大因素。

（一）言语交际

语言是交际的符号系统，是思维的工具和思想的直接现实，也是最重要和最通用的交际手段。交谈是口头语言；写信是书面语言。人可以终身不用文字求生存，但是不可以终身不用语言从事交际活动。一辈子不写字的人有，但除了哑巴和相关疾病的患者，一辈子不讲话的人没有。

语言的重要特点是代表和表达着某种意义。在语言交际中，通常运用的是表达式语言和印入式语言。表达式语言是指表达者所发出的信息让接受者能够理解，并且得到反馈；印入式语言是指接受理解对方的语言。语言在人与人之间的交际中总是通过表达者和接受者不断变换角色而发挥作用的。跨文化交际中的语言交际是不同文化背景和不同语言的人们之间的交际，存在着明显的语言文化差异问题。

跨文化中成功的语言交际，并不是不犯语言方面的错误，而是要有效避免犯文化方面的错误，因为文化错误的性质比语言错误更严重。只熟悉语言（或语法）不能解决所有的交际问题，了解目的语的文化是不容忽视的。在跨文化交际过程中，人们对于语言方面的错误还可以原谅，但是对于文化方面的错误就难以原谅。为此，在外语教学中，必须改变长期以来外语教学以传授知识为重点，只是偏重语言形式（语音、语法、词义）的讲解传授，对听说能力注意不够，面对词句在具体语境中如何运用更未引起重视的倾向，多进行交际文化方面的训练，以有效避免在跨文化交际中的文化错误。语言与文化之间存在着既密切联系又相互区别的关系。首先，语言与文化不是简单的并列关系，而是部分与整体的关系。语言是文化中的一个方面，同时又是文化的载体。其次，文化与语言的密切关系还在于，语言是文化存在的重要标志，没有语言，便没有文化。

（二）非言语交际

人类的交际分为语言交际和非语言交际两种。非语言交际具有普遍性和特殊性，即不同文化中非语言有着一定程度的共享性，同时它受文化环境的制约，具有民族性。在跨文化交际中，非语言交际最容易引起误解和冲突。为了避免跨文化交际冲突，非语言交际的研究越来越引起人们的广泛重视。近年来，我国跨文化交际越来越广泛。为了成功地进行跨文化交际，克服因文化差异而导致的交际冲突，有必要认真研究非语言交际，将其放在不同文化的背景下加以比较、分析，从中找出共性和个性，了解其不同的文化含义，用文化理论解析文化行为。

通常人们谈交际时总是首先想到语言，殊不知语言只是人们交际的一个手段。除了语言这一重要工具，人们还使用许多其他手段表达自己的思想和感情，传送各种信息。一切不使用语言进行的交际活动统称为非语言交际，包括眼神、手势、身姿、微笑、面部表情、服装打扮、沉默、身体接触、讲话人之间的距离、讲话音量、时间观念对空间的使用等。有的学者认为人们的直接交际活动中，30% 的信息通过语言传送，70% 的信息依靠非语言手段，也有的认为 90% 的信息来自非语言交际。不论这些统计数字是否准确，但至少可以看出非语言交际的重要。说一个人沉默不语，并不是说这个人无所表示，沉默本身就具有意义。至于眉眼、手势、身姿等所表达的意思则更多。

1. 体态语

（1）体态语的性质

体态语，有的又叫手势语、身动语等，是口语的一种补充，是使用表情、姿态、动作来传递意义的交际方式。当然，体态语有明显的局限性。第一，它不能脱离一定的语言环境，不能离开有声语言而单独使用。第二，它更受时间和空间的限制，必须在可看见的情况下使用。第三，它无法表达复杂抽象的意义，表达一些有限意义时也容易含混，产生歧解。所以，过于夸大、强调体态语的作用是不应该的，但如果我们完全不了解它，不适当地运用，这肯定是失策的。进行体态语的训练，必须与有声语言的训练结合进行。运用什么样的表情、姿态、手势，要从表达的内容出发，和有声语言协调一致，力求大方自然、得体适度，切忌故作姿态、哗众取宠、喧宾夺主。

（2）体态语的功能

虽然上面提到了体态语的局限性，但体态语的功能仍是不可估的。一般地说，体态语表达具有独特的有形性、可视性和直接性特点。其功能有以下几个方面。

①辅助功能。在说话过程中，体态语能够紧密配合有声语言传递信息。如在计算事物的数量或罗列事物种类时，扳动手指或用手指逐个伸出，可让自己或对方加深印象。人际交往中会出现不能、不便或不愿完全用有声语言表达的情形，这时用体态语就能将这种情况处理得比较合乎交际需要。

②造型功能。体态语不仅辅助有声语言表情达意，而且以动态、直观的过程表现主体的体态形象。这种形象虽是一种外观造型，但实际上体现了言谈者的内在气质、风度

和人格。言谈中过于拘谨，或过于狂放，都让对方感觉不好，给人一种欠缺修养的感觉，或让人认为不成熟、不老练、不自信等。所以，要在公共场合表现的人应该知道一点表演造型艺术，尽量给公众留下一个良好的形象。

③替代功能。体态语有时还可以独立地使用，靠表情、手势、姿态来传递信息，交流感情。如上面提到的某个特定的手指戴戒指传达是独身者的信号。体态语的这种临时独立充当交际手段的功能即替代功能。体态语的替代功能主要体现在传递情感上，特别是恋人之间的体态，主要是眼神，比有声语言更细腻、更丰富，表达效果更好。中国人也好，外国人也好，在这一点上都有共同的感受。汉语成语里的“暗送秋波”“含情脉脉”就指这么一种传递情感的现象。再如一个人到了外国，完全不会说或只会说一点点的外语，如想要购物、吃东西，只凭几个手势比比画画，也可达到目的。这就是体态语传递信息的作用。

2. 副语言

副语言是在与词汇和语法层面平行的信号层面的非语言话语信息，表现为长度、音高和音调的变化。

与语言表达不同，副语言注重语言表达的方式，而非语言表达的内容。它是伴随着有声语言的那些没有语义的声音，也包括沉默，还可通过控制或变化音高、音量、音强、音色、音质、语速、语调、停顿等起到对语言的伴随作用。副语言主要体现在停顿沉默、声音修饰、话轮转换、非语言声音等方面。

（1）沉默

在交际中，不做出有声的反馈，而是通过停顿或者沉默表达意见和看法，所谓“此时无声胜有声”。在中国人的交谈中，沉默可以表达非常丰富的含义。伴随语言的停顿或沉默，既可以表示同意，也可以是无声的反抗；既可以表示默认，也可以保留自己的看法；既可以表示顺从，也可以表示坚持自己的立场。适当地停顿或沉默会产生比语言更明确清晰的表达效果，更强有力地表明自己的立场和态度。沉默这一交际方式，在中国包括东亚其他国家（日本、韩国等）较为常见。

（2）声音修饰

同样一句话，如果采用不同的语调、音强、音速、音长，即使是同一个人说出来也会有不同的含义，有不同的表达效果。声音的修饰作用正是体现在此。演讲时，抑扬顿挫的语调会吸引听众的注意，平铺直叙的语调，会让人感到疲倦。声音的强弱可以体现个人的性格，自信的人声音洪亮而有力，胆小的人会低声细语；情绪激动时，语速加快，音调升高；平静时则是娓娓道来，不疾不徐。声音的修饰还可以直观地反映出一个人的健康状况；健康者中气十足，沉着有力；体弱者则会软弱无力，底气不足。由于身份不同，说话的语调也会有所不同。如果语言没有声音的修饰，将会是苍白无力的。

（3）话轮转换

话轮转换通常出现在话轮结束、话轮维持、话轮请求、话轮返回时，通常都是有声的反馈方式。交际是一个双向互动的过程，为保证交际顺利进行，根据合作性原则，一方在表达自己的意见看法时，另一方要做出适当的反馈。话轮转换的特点在于说话者和听话者在交际过程中角色不断转换，却很少出现重叠或者冷场。比如，在听别人说话时，听话者会不时地根据情况发出“嗯”“是的”，以示你在认真倾听。当讲话方要结束自己的发言时，会变化声调、拖长音、放慢语速等，或者给听话者一个目光的接触和暗示，示意讲话结束，听话人可以发言了。如果听话者此时不想发言，希望讲话方继续说下去，则会以一个目光接触反馈，或者用沉默代替。在会话过程中，礼貌性原则有时会被忽略。听话者不想继续听下去，想打断讲话者或者插话时，会发出一些提示声音。当讲话方希望继续讲下去，不希望被人打断时，则会加快语速，变化音量，还会使用一些字词来填补发言时的间隙。在跨文化交际中，应避免长时间独占话轮，以及随意打断他人的发言，对他人的发言不做出回应等，应遵循合作性原则、礼貌性原则以及经济性原则，在别人讲话时认真倾听，给出恰当的反馈。

（4）非语言声音

非语言声音是没有具体含义，却可以传递信息，以达到交际目的的那些声音，也可称为功能性发声。发音器官可以发出声音，如感应叫声，在感觉到疼痛的时候，会发出的呻吟声“哎哟”；感觉寒冷时，边跺脚、搓手，边发出“嘶嘶”声；开心的时候，会发出“哇哇”的欢呼声；失望时，会发出“唉”的叹息声。除此以外，我们还可以模仿自然界的各种声音，如狗叫声、猫叫声、鸡叫声、爆炸声、小河流水的声音等，都有相应的拟声词对应。人体内还可以发出各种声音，如咳嗽、清嗓子、打喷嚏等，在交际中应适当地加以控制，避免在交际中出现冲突。

四、跨文化英语教学的原则与方法

（一）跨文化英语教学的原则

跨文化交际能力的培养，应以人的建设为根本，以人格的基本取向为目标。跨文化交际能力的促成有不同的渠道和层面。教学中，不能仅仅关注对学生进行与跨文化相关的技能和知识训练，更为重要的是，在技能与知识训练的基础上，加强学生跨文化交际能力的全面发展。跨文化交际能力的培养首先且根本上是一种素质教育，而非技能（知识）

教育：是潜能全面发展意义上的education，不是training。为此，在跨文化英语教学中，应遵守下列原则。

1. 实现双赢的目的

各国各民族文化都是经过了一代又一代人的传承、积淀，它们的形成都有着悠久的历史渊源。中英两种文化都深深地带有各自民族的特点，只有在相互尊重的基础上，才能以平和的心态去审视、吸收另一个民族文化的精华。因此，我们对待中西文化既不能自卑又不能盲从，这种态度体现在教学中就是比较客观地以无歧视、无偏见的态度来对待异族文化。在经济与科技日益发展的今天，每一种文化都不可避免地面临完善与发展的问题，只有相互尊重、相互学习，才能达到共同繁荣，实现双赢的目的。所以，相互尊重原则是双向文化导入的基础。

2. 坚持文化对比，求同存异

文化差异是造成跨文化交际产生困难的根本原因。跨文化交际能力的培养，归根到底是增强学生对两种文化的理解与评判能力。只有在引领学生对两种文化从多角度进行对比，学生才能进一步理解文化之间的差异，加深对双方文化所具有特点的认识。跨文化交际从本质上看交际各方是平等的。世界上各种文化无优劣之别，作为文化的观念形态当然不能例外。但是，由于在跨越文化障碍方面最难以跨越的是观念差异，而观念差异又是全方位的，因为各方的文化自成系统，在某一种文化中长期生活过的人步入另一种文化系统时，将在一系列问题上存在原则分歧。解决上述问题的有效办法，就是学会换位思维，求同存异。

3. 注意知识传授，重在能力

人们习惯于把跨文化英语教学理解为对涉及英语文化的语言知识的学习，好像跨文化交际能力的培养就是对文化外在表现形式进行熟悉。这其实是一种错误的认识。对涉及英语文化的语言知识学习只是培养学生跨文化交际能力的教学途径，它不能等同于跨文化交际能力。这里存在一个跨文化交际的悖论，即跨文化交际能力的培养意味着文化知识和概念的传授，僵化的文化差异概括又会给交流制造障碍。因此，在教学中，教师既要注意多方面地向学生传授知识，同时又要注意启发他们批判性地对待知识，以便在深刻领会的基础上全面提高跨文化交际能力。

4. 在英语教学中导入跨文化的内容

它有利于学生打开眼界，拓展思路，提高学生的综合素质，使其得到一定的艺术修养和中外文化精髓的熏陶，具备一种新的文化意识：有利于提高学生的实践能力和创新能力，减少语用错误。文化创造力强调学习者的主观能动性，一种主动从外国文化源泉中摄取新东西的潜能，是学生跨文化交际能力的体现和补充；有利于知己知彼，不会使年轻一代对外国文化盲目崇拜；有利于理论联系实际，而不是脱离实际的、机械的死记硬背，符合与时俱进的时代发展要求，使学生能够学到真正“活”的英语。

（二）跨文化英语教学的方法

1. 语言教师的素质和角色转换

在我国目前的教学体系中，外语教学多半只在课堂上进行，教师起着绝对的主导作用。如果教师只把重点放在语法和词汇教学上，学生就不可能学会语言的实际运用，也无法获得跨文化交际的能力。因此，授课教师必须转变观念，切实认识到文化冲突的危害性和培养学生跨文化交际能力的重要性。语言教与学的具体实施主要由教师及学生共同来承担。在这样一个培养学生跨文化交际能力的大环境下，在教学上就要改变传统的教师讲、学生考前背的教法，变为以学生为主，教师指导、帮助学生收集资料，自觉地汲取中西方文化的营养。教师的传统地位“传道、授业、解惑”就应当被赋予新的内涵，教师由“前台的圣人”转向“后台的向导”。同时，加强对双重文化的学习，“学然后知不足，教然后知困”，对教师的要求也有所提高，增强双重文化的理解能力。

2. 教学中文化背景知识的导入

语言是文化的载体。通过学习一门外语，学生可以了解异国的文化与社会，有利于学生在将来的多元化社会中学会理解他人、互相尊重，寻求合作与发展，共同维护世界和平与稳定。语言是文化的写照，不仅反映文化的形态，而且语言结构部分或全部地决定人们对世界的看法。语言和文化是密不可分的。人们用语言来记录和评价客观事物，语言的应用无不受到文化体系的影响和制约。因此，要掌握两种语言，必须掌握两种文化。跨越目的语国家的文化障碍，才能做到交际的得体与妥当。提高语言运用能力，才能从真正意义上实施素质教育。反之，学生会因语义、语用及思维习惯和文化习惯的差异在交际中出现失误与不得体。在外语教学中，文化是指所学语言国家的历史地理、风土人情、传统习俗、生活方式、文学艺术、行为规范、价值观念等。接触和了解英语国家文化有益于对英语的理解和使用，有益于加深对本国文化的理解与认识，有益于培养世界意识。在教学中，教师应根据学生的年龄特点和认知能力，逐步扩展文化知识的内容和范围，使学生了解英语国家文化及中外文化的异同。教学中涉及的英语国家文化知识，应与学生身边的日常生活密切相关，并能激发学生学习英语的兴趣。要通过扩大学生接触异国文化的范围，帮助学生拓宽视野，使他们提高对中外文化异同的敏感性和鉴别能力，进而提高跨文化交际能力。

3. 语言教学中的跨文化导入

语义学把词汇分为概念意义和联想意义。概念意义就是词汇的语言意义，联想意义是与语言使用有关的意义。英语词汇的文化内涵属于联想意义的范畴，它包含某一文化对某一事物的评价。英汉两种语言中有许多意义相同或相近，但也有许多联想、比喻意义不同的词语，如汉语中表示嫉妒用“眼红”，而英语中却用 green-eyed 来表示；又如汉语中“力大如牛”一词英语用 as strong as a horse 来表达。此外，从习语的角度着手进行文化教学是卓有成效的，因为习语是语言发展的结晶，具有强烈的文化特征。进行习语的学习，既能学到语言又能学到文化，并能从大量的语言材料中看到语言与文化的密切关系，从而加深对英语民族文化与本民族文化的了解，提高语言的交际能力。

五、跨文化交际教学的创新任务

外语教育的文化立场作为外语教育的一种基本策略与思维方式，并不意味着在语言知识中简单嵌入文化因素，而是将语言知识与文化知识整合起来，更好地融为一体展开教学。显然，外语教育的文化立场的意蕴便显现出来。

（一）实现外语教育的文化立场转向

外语学习不仅是一种语言学习，更是一种对多元文化认识与理解的过程。单一的语言学立场容易造成语言与文化的分离。众所周知，语言与文化是并存、共生的，二者是密不可分的关系，语言是突出部分与表现形式，是文化的载体与产物。世界上没有不反映文化内容的语言，也没有与语言无关的文化。语言本身就属于一种文化现象。一个民族的文化在其民族语言中隐藏，因此语言结构具有民族文化的通约性。如果不了解语言中的社会文化，那么就很难真正地理解语言。因此，就本质上说，语言教学与文化教学有着密不可分的关系，语言教学本身应该将文化内容纳入其中来讲授。而且，学生通过对文化知识的学习，能够了解不同的思维方式与风俗习惯，拓展他们语言学习的知识面，提高自身的文化修养。

（二）克服单一的语言知识教学的局限性

外语教学不仅是一种文化教学，更是跨文化视角下的文化回应性教学。所谓文化回应性教学，即要求在教学目标上培养学生尊重其他文化的态度与意识，帮助学生形成自身文化的自豪感与认同感，使学生能够从不同视角出发对同样的事件和经验加以审视与理解，提升自身对文化差异的鉴赏力。外语学习其实属于一种跨文化学习。外语与母语有着不同的价值观、不同的文化背景，因此在外语教育中，教师需要引导学生在了解语言符号知识的基础上，对不同的文化立场与文化背景进行认识和了解。同时，回归母语文化，对不同文化因素的差异性进行判断与理解，对人类共同的核心价值观进行识别，从而有助于培养学生形成尊重其他文化的态度，构建对自身文化的自豪感。

第三节 ESP 教学的创新

一、ESP 的概念

ESP 是 English for Specific Purposes 的缩写，也就是平常所说的“专门用途英语”或“特殊用途英语”，如旅游英语、商务英语、财经英语、医学英语、工程英语等。随着全球经济迅猛发展，科学技术日新月异，国际贸易、金融保险、邮电通讯、国际旅游、科技交流等全球范围内的各种交往空前频繁。国际大交流呼唤一种能担当此重任的交流工具。由于种种原因，英语成了国际交往中的主要通用语言。随着经济和科学文化的发展，英语作为国际语言的地位正在日益得到加强，世界出现了学英语热。为了满足各类人员学习英语的需要，ESP 便应运而生，学英语热的持续升温导致了 ESP 的迅速发展。

ESP 是一种目标明确、针对性强、实用价值高的教学途径。它有两个明显的特点。

其一，ESP 学习者均为成年人，要么是正从事各种专业的专门人才，如科学家、工程师、工业企业家、医师等；要么是在岗或者正在接受培训的各类人员，如从事商业、金融业、旅游业、航空、航海等行业的各级各类人员；要么是在校大学生，包括学习大学英语的非英语专业学生，也包括学习对外贸易、国际金融、涉外保险、国际新闻等课程但同时又学习英语的英语专业学生，还包括部分将来需要经常使用英语的中等专业学校（如对外贸易学校）或职业中学（如旅游职中）的在校学生。

其二，ESP 学习者学习英语的目的是把英语作为一种手段或工具来学习，以便进一步进行专业学习，如各类大学的非英语专业学生，或者是把英语作为手段或工具来学习以便有效地完成各项工作。ESP 的精髓是分析和满足不同学习者的不同需要，以提高教学效果。

二、ESP 的教学手段

（一）电化教具

一些电化教具，如电影与电视、投影仪、录像机、影碟、光盘等被逐渐应用于英语课堂教学，随后又引进到 ESP 课堂教学中，这些电化教具对英语教学的发展起了很大的推动作用。电视英语教学增加了形象的视觉内容，视听结合的英语教学效果良好，特别是学生可以直接与教师见面，加强了师生间的互动，在讲解抽象的语法与其他语言现象时，电视教学更能显示出优越性。电影与录像不仅具有生动的人物形象、情节结构，还有丰富的背景知识与文化内涵，对学生的英语学习具有很大的帮助；既可以全面提高学生的英语学习能力、增进了解所学语言国家的文化知识，又有助于发展学生的思维能力。

（二）互联网和电子邮件

1. 互联网

①提供在线课程。互联网拓展了专门用途英语远程教育的空间，使得学生可以自由、自主地学习课程。

②提供学习材料。专门用途英语学生可以浏览一些相关网站或网页，以获取第一手资料，用于课堂或课外学习活动。过去英语教师常花费大量时间与精力从录音或电视中选择适当的语言材料，即使选好了内容，语言难度也不一定适合学生的水平。如今网络上的内容极为丰富，从一些英语网站上可以下载各种材料提供给学生，以加大他们的语言输入。

③支持互动课程与互动活动。网络可以为专门用途英语教学提供以下几种形式的互动交际：学生—课文；学生—教师；学生—学生等。以学生间的小组合作为例，在计算机网络的支持下，学生可以突破地域和时间上的限制，进行小组讨论、同伴互教、小组练习、小组课题等协作性学习活动。

2. 电子邮件

目前，人们的生活较之以前已经有了翻天覆地的变化，电子邮件大有取代传统信件的趋势。通过电子邮件进行生生或师生交流，在双向或多向的师生交流中能够全方位地感知语言信息。

但不得不承认，目前电子邮件在专门用途英语中的作用还只是限于批改作业和疑难问答，在教学的其他环节上尚处于起步阶段，有待于进一步加强。

（三）基于计算机的语料库

建立与学术英语及职业英语有关的语料库能够为专门用途英语研究者、教师和学生提供有用的资源。实践证明，专门用途英语的语料库建设是一项长期而艰巨的任务，需要经过反复实践与修改，最终才得以完善。

三、大学英语教学与 ESP 理论结合的可行性

英语教学的最终目的在于让学生从对语言的学习转向对语言的使用，让学生在特定的职业中能够将英语运用得恰到好处。英语课程不仅需要打好语言基础，还需要培养学生实际运用英语语言的能力，尤其是运用英语进行日常处理与交流的能力。因此，大学

英语教学必须从学生的学习需求与用人单位的需求出发，满足不同专业对教学的要求，培养出符合用人单位需要的专业人才。ESP 教学使语言教学为专业学习服务，这就说明在实际的工作中，学生需要了解各个专业的发展动态，让英语学习与具体的实践相连接。在大学英语教学中引入 ESP 教学，就是与相关的专业联系起来，这样培养出的人才不仅具有较强的外语能力，还具有专业性。

ESP 教学是社会语言学给语言教育制订的高标准，也是社会实践的基本要求，运用专门用途英语理论指导大学英语教学是可行的。

（一）专门用途英语的教学原则符合大学英语教学要求

专门用途英语主要有以学生为中心、真实性、需求分析三大基本教学原则，专门用途英语的这三大教学原则也符合大学英语教学的要求。

1.“以学生为中心”的原则

ESP 具有鲜明的目标性，其学习者多是成年人，并且这些成年人的时间是有限的，因此在教学中需要做到以学生为中心。ESP 教学以培养学生的交际能力为目标。

教学目标的确定、内容的选择和教学方法的采用，首先要考虑学生学英语的目的和原因，要由他们用英语进行交际的需要和学习需要来决定。虽然强调语言运用可以说明我们陈述教学目的，但在 ESP 教学中我们关注的并不是语言的运用，而是语言学习。① 真正有效和可行的 ESP 教学途径必须建立在充分了解语言学习过程的基础上。这里“语言学习”指的是能使学生理解和产出规范语言的学习策略和教学方法。强调“语言学习”实际上就是强调开展以学生为中心的各种教学活动。这一点与大学英语教学要求相符合。大学英语教学要改变传统的以教师为中心的方式，在教学大纲和课堂教学等方面都强调以学生为中心，设计多种形式的课堂教学活动，根据不同的课程需求、不同学生的语言水平采用灵活多样的课堂学习任务，让学生 learning by doing，提高学生自主学习能力和参与能力，充分调动学生的学习积极性，发挥学生的主观能动性，注重培养学生的语言实践能力及跨文化交际能力。做到让学生学一点，会一点，用一点，提高大学英语教学的效率。

2.“真实性”原则

真实的学习任务是体现 ESP 教学真实性原则的重要组成部分，真实性是 ESP 教学的灵魂。教材内容要来自与专业相关的真实语料，练习设计和课内外教学活动都应体现专用英语的社会文化情景。“真实的语篇”加上“真实的学习任务”才能体现 ESP 教学的特色。真实的材料包括科技杂志的文章、实验报告和产品使用说明等不同体裁的语料。

① 梦红 .ESP 框架下应用型本科院校大学英语教学模式研究 [M]. 长春：吉林大学出版社，2015：120.

真实性体现在阅读技能的训练、听说写等语言技能的训练以及学习策略和交际策略的培养上。大学英语教学也要求尽量使用和专业相关的真实的材料使学生的学习更有针对性和目的性，以便学生毕业后能尽快适应岗位工作，使大学教学更加具有实用性。高校学生对目标岗位的真实任务和真实的材料都格外有兴趣，关注度也极大地提高。

3. “需求分析”原则

需求分析是制订 ESP 教学大纲、编写 ESP 教材的基础。在 ESP 教学领域，需求分析包含两方面的内容。

第一，是分析学习者的目标需求，即分析学习者将来必然遇到的交际情景，包括社会文化环境、工作环境以及特定环境可能给学习者在未来工作中带来的特定心理状态等。

第二，分析学习者的学习需求，包括学习者缺乏哪些方面的技能和知识，哪些技能和知识应该先学，哪些应该后学，哪些是学习者喜欢的学习方法等。

学习需求分析还应包括对教学环境的考察，因为校园或课堂文化氛围、教师队伍状况、教学后勤工作等方面的因素也会直接影响教学需要。高校学生英语水平差距较大，应用能力更是参差不齐，所以大学英语教学强调以“实用为主，够用为度”，从学生的实际需要出发进行教学。[①] 根据不同学生的基础，设计、调整好教学层次，突出职业岗位的重点能力，有所侧重，并使学生的听、说、读、写、译各项语言技能协调发展。大学英语教学课时安排非常有限，应结合学生的专业需求，教给学生最迫切需要的，必不可少的语言知识和技能。以最大限度地提高学生在校的学习效率。ESP 以需求分析作为教学的出发点和中心，分析和满足不同学习者的不同需要。通过“用中学，学中用，学用结合”，为高校学生高效地获取职业或专业所要求的语言交流形式提供一种可行的方法，适合高校学生的客观实际。

从以上内容可以看出，ESP 教学体现了语言教学和学习是为行业发展、岗位技能提高服务的，这些都大大提高了学生的学习热情。ESP 的教学原则与大学英语教学所提倡的尊重学生的学习个性和特点、一切以学生的真实需求为本的理念不谋而合，运用专门用途英语理论指导大学英语教学是可行的。

（二）专门用途英语的教学理念与未来大学英语培养目标一致

ESP 强调从专业的需求出发，探求一种英语与专业相结合的方式。它以实用为导向，与职业紧密结合，注重学生语用能力的培养。这与现阶段我国大学英语教学强调的培养与职业能力相匹配的英语使用能力这一目标一致。ESP 注重培养学生的交际能力，提高学生使用英语在目标岗位范围内活动的能力，培养能够在特定专业领域或行业领域范围

① 梦红．ESP 框架下应用型本科院校大学英语教学模式研究．[M] 长春：吉林大学出版社，2015：121.

内运用专业语言交际的专门人才。现阶段我国大学英语的培养目标也是要培养学生在特定职业范围内运用这门语言的能力。ESP 目标的设置把“目标情景”分析或需求分析作为教学的出发点和中心，提炼出与职业或学术领域相适应的英语应用能力，然后整合词汇、语法、教法等教学因素，形成一个针对性特别强、以实用能力训练为中心的教学路径。现阶段大学英语教学以岗位所需英语为基本目标，培养学生在其将来的工作岗位上能够借助英语完成工作任务。由此可见，ESP 为我们提供了实现大学英语教学目标的可借鉴的观念和工具。

（三）高校学生具备接受专门用途英语教育的基础

ESP 学习者均为成年人，包括从事各种专业的高级人才、在岗或者正在接受培训的各类人员、在校大学生、中专生或职业中学的在校学生等。高校学生通过高中阶段的学习已具备了一定的英语语言基础，掌握一定的语言共核部分，即不论学习对象将来从事何种工作，都必须掌握的语言知识。学生的词汇量、语法知识、文化背景知识和交际技能已经能够帮助其完成一般的交际任务，学生已经具备一定的接受 ESP 训练的能力。在此基础上开展 ESP 教学，传授略高于其现有的知识，使他们在某一专业或职业上实现英语知识和技能专门化，让学生转入学习营销英语、金融英语、机电英语、物流英语等这些他们毕业后最可能从事的专业英语，有利于激发学生的学习兴趣。ESP 教学是通用英语教学的扩展和延续，是从基础英语能力的培养向英语应用技能培养的过渡。高校学生通过对专业英语的学习，掌握一定的专业词汇和会话，能阅读专业相关产品使用说明、操作指南，熟悉行业英语实用写作规范等，实际上是对其专业能力的加强和补充，对学生终身学习和可持续性发展进行的铺垫。

（四）高校教师具备专门用途英语教师的潜质

从当前的通用英语教学过渡到标准的 ESP 教学还需要一个过程。专门用途英语教学需要培养的 ESP 教师队伍既要有较高的英语水平，又要有一定的专业知识，是英语教师和专业教师的完美结合。高校教师具备专门用途英语教师的潜质，可以通过对已有的教师资源进行培训，来培养符合 ESP 教学要求的具有综合语言能力的教师。对具备良好的英语基础的英语教师进行专业培训，鼓励年轻的外语教师攻读其他专业的硕士学位，或对英语水平达到一定标准的其他专业的教师进行英语培训，不断壮大双师型教师队伍，使他们成为支撑 ESP 教学的第一代教师。同时，高校英语教师和专业教师加强业务合作，进行跨学科合作教学，弥补彼此的不足，不断提高教师队伍的素质，逐步建立起一支专业知识和英语知识都过硬的 ESP 教师队伍。目前，高校与企业产学研结合不断加强，高校英语教师的操作技能和动手能力在这个过程中不断提高，对于学科专业知识、发展趋势和企业岗位实践的深入了解，再加上扎实的语言基础知识，为 ESP 教学打下基础。

大学英语教学应考虑学生的学习需求，将学习基础语言与学习专业语言结合起来，教学重心需要从 EGP 教学向 ESP 教学方向转移。运用 ESP 理论指导大学英语教学是一次大的革新，也是大学英语教学改革的现实需要。

四、大学英语与专门用途英语的教学融合

（一）大学 EGP 与 ESP 课程统整的价值取向

1. 社会价值

随着科学技术的不断发展，国际交流与合作也日益频繁，社会对于复合型人才的需求也越来越高，所谓复合型人才是指既能熟练掌握和应用英语，又通晓一门或多门专业技能的一专多能型人才。如果学生只是掌握英语语言技能，但是对于专业领域的知识毫无所知的话，往往很难做到学以致用，那么语言的实用能力便得不到发挥，这也正是复合型人才越来越受到用人单位青睐的原因所在。复合型人才不仅具有广泛的知识面，通常在熟练掌握英语知识的基础上，了解某些学科的相关知识，如商贸、医学、法律、科技、新闻、外交、旅游等；那么社会对于这种人才的急需，使得英语教学的改革迫在眉睫，改革的方向便是将大学英语教学与专门用途英语教学相结合，如此一来，才能在新型的教学模式下培养出复合型的社会人才。由此可见，这样的课程统整是顺应时代的需求的。

2. 学科价值

目前，大学英语教学正处于全面改革之中，改革的内容包括教学性质、教学模式、教学要求、课程设置、教学评估和教学管理等多个方面。改革的目标在于培养学生的综合语言应用能力，而将大学 EGP 与 ESP 课程统整正是顺应教学改革的要求，在三个层次上满足英语教学的不同需求，切实做到因材施教。

在课程设置方面，统整后的大学英语课程主要是以语言技能类、综合英语类、语言文化类、专业英语类和语言应用类等必修课程为主，并在此基础上开设一些补充、辅导性质的选修课程，学生可按照自身情况进行选择，从而确保不同层次的学生在英语应用能力方面得到充分的训练和提高。

在教学手段方面，统整后的课程基本采用信息化的教学模式，以计算机和网络等多媒体形式作为主要教学工具。一改传统教学中“教师讲、学生听”的教学模式，使之成为“以学生为主体，教师为主导”的新型模式。同时，这种模式也为学生提供了大量的学习资源，学生可以按照自己的需求选择适合的材料学习，更有利于学生个性化学习方法的形成和自主学习能力的提高。

在教学评估方面，采取形成性评估和综合性评估对教学过程进行监督和管理，并随时获取教学信息的反馈，必要之时可适当调整教学内容和策略，从而确保整个教学工作高质、有效地进行。在教学管理方面，除了要加强对教学过程的监督、检查和指导外，加强 ESP 课程师资队伍的建设也是工作的重中之重，因为，师资建设的好坏将直接决定着大学 EGP 与 ESP 课程统整能否顺利地开展。

综上可以看出，将大学英语课程与专门用途英语课程进行统整完全顺应大学英语教学改革的精神，能够在很大程度上促进英语教学工作的建设和发展，并最终实现其学科价值。

3. 个体价值

传统的英语教学模式只注重学生基础知识的培养，使学生一直处于“学英语”的阶段，但“学英语”的最终目的是“用英语”，培养学生实际语言的应用能力才是英语教学的重点所在。一味地教授语言知识实际上是忽略了学生自身的学习兴趣和学习需求，使学生学到的是脱离现实生活和工作需求的语言知识和技能。语言如果无法发挥其交际功能，便失去了其自身的实用价值，那么学来又有何意义呢？学生学习英语主要有三方面的原因：一是出于兴趣所在；二是为了应对等级考试，考取英语证书；三是为了符合日后工作的需求。学生为了考证而学习英语通常也是为了以后找工作需要。然而，当今社会对于英语人才的需求已经呈现多元化、专业化趋势，也就是说社会需要学生具备的语言能力是能够在工作和交往中熟练运用出来的语言能力。但现实情况是，在传统的“重基础轻实用”教学模式下培养出来的学生往往达不到这种要求。与之相反，大学 EGP 与 ESP 课程统整模式在最大程度上满足了学生的个体需求。该教学模式一方面重视 EGP 中基础知识的学习，帮助学生打下扎实的语言基础，具备较好的英语听、说、读、写、译能力外，更重要的是让学生学习 ESP 课程，使其所掌握的语言知识与专业技能知识实现有机地结合。同时，大学 EGP 与 ESP 课程统整模式明确了学生的学习目标，符合学生的学习动机，从而达到良好的学习效果。由此可以看出，EGP 与 ESP 课程统整模式真正意义上实现了学生的个体价值。

（二）专门用途英语促进大学英语教学发展

我国高校英语教学普遍定位于基础英语，而基础英语教学的目标就是培养学生的综合应用能力，就是打基础，而忽略应用。但是，现如今的社会情况发生改变，大学毕业生面临经济全球化和高等教育国际化的挑战，面临着国家对“大批具有国际视野、通晓国际规则、能够用英语直接参与国际事务和国际竞争的国际化人才”的需求。在这种新形势下，若还是仅仅把英语作为一门语言课程或素质课程来学，还是只注重学生英语基础的牢固，把培养语言技能当作大学英语教学的主要目标，这不能不说是严重的定位错误，因为这样的教学定位既不符合英语教学规律，也不符合我国大学生专业学习和毕业后工作的需求，更不符合国家与社会对人才培养的战略要求。相反，专门用途英语教学正是正视社会和学生发展需求所衍生出的一个大学英语教学分支，从根本上促进大学英语教学的不断完善。

尽管，专门用途英语对于大学英语的发展具有促进意义，但由于我国专门用途英语研究起步较晚，目前仍面临实际施行中的一些难题，如师资建设尚不完善，学生学术学习能力有待加强等。这就需要教育部门和高校英语教学团队共同努力，采取有效的改善措施，从而促进专门用途英语教学的不断完善和发展，并最终实现专门用途英语教学在大学英语教学中的有效普及。

（三）专门用途英语促进大学英语教学改革

首先，ESP 教学理念中的需求分析能够提高学生学习的动力，无形中也就提高了学习的效果；学科特点分析使教师和学生明白本学科的重点、难点，教师能够有针对性地选择合适的教学内容和教学方法，学生也能有意识地调整学习的策略；以学生为主体的教学理念将学生的学放在第一位，一切都围绕这一核心进行，教学效果也不言而喻。

其次，ESP 教学能够优化学生的知识结构，使学生在已有的专业知识和英语知识的基础上，利用英语获得更多的专业知识，通过专业知识的学习促进英语水平的提高，最终提高自己的综合素质，成为“专业 + 英语”的多元化人才。

因此，未来我国大学英语教学的目标和课程设置不妨朝着“以服务为宗旨，以就业为导向”的方向发展，变“为学习语言而学习语言”为“为学习专业而学习语言”，遵守学以致用的原则，使学生在使用中学习和提高语言能力，并利用这种语言能力解决专业领域中的实际问题。从这一方面看，ESP 教学有利于学生英语综合运用能力的提高，可谓我国大学 ESP 教学的一个发展方向。对 ESP 教学的研究具有极高的价值和意义。

第四节　英语教材的创新

一、英语教材

随着我国改革开放步伐的加快和中国加入 WTO，使用多年的这套教材反映出了“内容陈旧和忽视对学习者交际能力的培养”等问题。大学英语教材的发展呈现出一系列的特点。一方面，教材不断地系统化、层次化、精细化和考试化。大学英语教材的编写从最初全国理工科通用的大学英语教材，到各具特色的大学英语教材；从以大纲为主要依据的教材编写，到结合其他教育政策以及考试大纲的教材编写；从着重培养阅读能力的教材，到各种能力分层培养、各种能力同等重要的教材，这一系列发展变化与大学英语的发展、社会发展、学生英语水平的提高等是分不开的。另一方面，教材在内容、题材和体裁上发生了变化。经过几十年的发展，大学英语教材内容不断丰富，题材和体裁更加多样。逐渐地涵盖到社会生活的各个方面，在教材分层次、分能力训练的同时，也更加注重教材的体系性、整体性与一致性。

随着大学英语教学改革的推进，为了适应社会各界对大学生英语能力的要求，教育部对大学英语提出的教学目标为培养学生的英语综合应用能力。大学英语的改革导致大学英语教材的变化和教学系统的发展。

二、英语教材的开发要求

英语教学的跨文化转型对英语教材开发提出了新的要求，不仅要求英语教材符合外语教材的基本特征、基本编写原则，而且要求教材中的文化知识内容、教材的建设等均符合跨文化交际能力培养的要求。

（一）把握基本特征与原则

在英语教学的跨文化转型背景下，英语教材作为教学的主要载体，应该能够满足教师的教学需求，更重要的是能够满足学生的不同需求，能够潜移默化地丰富学生的文化知识，培养学生的文化素养，锻炼学生的自主学习能力、语言应用能力和跨文化交际能力。可见，切实将教材的编写与学生跨文化交际能力、实践创新能力的培养相融合并落到实处十分重要。具体而言，新时代的英语教材应具备以下几个基本特征。

第一，教学内容和语言对时代发展相吻合，能够反映快速发展和变化的时代。

第二，要梳理好专业知识、学科知识和语言训练之间的关系，并处理好它们之间的关系。

第三，教材不能局限于知识的传授，要着眼于对学生思维能力、鉴赏批评能力、文化能力和创新能力的培养。

第四，教学内容要重点突出，具有针对性和实用性。

第五，教材要能够与多媒体、网络等先进的教育技术相结合，并能充分利用这些教学手段。

就编写原则而言，英语教材的编写应遵循系统性原则、交际原则、认知原则、文化原则和情感原则。具体而言，英语教材应系统地介绍英语的基础语言知识和基本语言技能；英语教材中材料的选择和练习的设计要具有可操作性和实践性；英语教材中语言材料的编排和练习的设计要充分考虑英语学习的基本规律；英语教材中语言材料的选取要体现主流文化。

（二）弄清英语教材中的文化内容

英语教学的跨文化转型对英语教材的文化内容提出了相应的要求。大部分的教材都十分关注和重视对学生语言能力的培养，却忽视了对学生文化意识和跨文化交际能力的培养。实际上，英语教材应能够培养学生的实际交际能力，能帮助学生在实际生活中进行交际，教材中的文化内容应满足学生跨文化交际能力发展的需要。具体而言，英语教材的文化内容应体现以下特征。

第一，英语教材中的文化内容应体现国际性和跨文化特征，除了要涵盖英语国家的文化知识，还要包括丰富的国际性文化知识。在经济全球化和文化全球化背景下，英语已经成为一门世界性语言被人们广泛使用，越来越多并非以英语为第一语言的人们开始学习和使用英语，并试图和不同对象进行交际，因此英语教材中不仅要包含英语国家的文化背景知识，还要包含其他非英语国家的文化背景知识，也就是国际文化知识。

第二，英语教材的文化内容应覆盖面广，并且具有多样性，能够体现关于人本身、环境、生活方式、文化等方面的多样化知识，能够体现文化内容的核心，即价值观。

具体来讲，英语教材的文化内容应体现在以下几个方面。

首先，英语教材应具有真实意义，也就是说英语教材中应包含目的语国家的文学、艺术、音乐等内容。

其次，英语教材应具有社会意义，也就是说英语教材应反映目的语国家的习惯、家庭、娱乐等。

再次，英语教材应具有语义意义，也就是说英语教材应体现语言的概念系统。

最后，英语教材应具有社会语言意义，能够让学生了解社会地位、年龄等对语言的影响，并能够帮助学生熟悉不同的写作文体。

除此之外，英语教材应包含本民族文化知识，丰富学生的本民族语言和文化知识，帮助学生树立文化自信，使学生能够用英语传播本民族文化。

三、英语教材的选择和使用

（一）英语教材的选择

随着英语教学的跨文化转型，现在的英语教学已经将跨文化能力的培养提升到了与语言能力培养同等重要的地位，在选择英语教材时就应对此加以注意，并体现这一理念。英语教材的选择应充分考虑跨文化交际能力培养的需要，在选用教材之前，教师和管理者应深入分析教材的优缺点，对教材进行全面评估，进而选择最佳的教材。

具体而言，在选择英语教材时，要充分考虑学生的学习动机、学习兴趣和语言水平；考虑所涉及的文化内容的广度以及系统性，注重文化信息和主题的呈现形式，注重文化传播的过程；考虑教材运用的实践性和可操作性；注重文化意识和跨文化交际能力的培养。当选择原版教材时，就要注意教材要满足教学实际的需要，也要考虑学生的语言能力和需要。

（二）英语教材的使用

课堂上如何使用教材，即如何保证学生、教材、教师之间的交互质量，对学生的文化学习和跨文化交际能力的培养起着重要的作用。

每一个教学环境都有其独特性，而且受多种因素的影响，如学生的学习动机、资源的可供性、课堂的动态性、教学大纲的限制等。为了更有效地开展教学，切实培养学生的跨文化交际能力，教师需要对教材进行必要的改编。具体而言，教师在使用教材过程中要具有一定的自主性、灵活性和创造性。教师在教学实践中以课本为主，同时辅助其他教学材料，也可以根据实际教学情况对教材进行必要的增减、改动和替代，科学、有效地使用教材。自主、灵活、创造性地使用教材具有显著的优势，即通过课本，教师可以获得课堂教学的通用框架，使教学有据可依；采用其他教学材料，可以弥补课本的不足；对教材进行必要的调整，能够有效满足学生的需要，也为多样性教学活动的开展和教学技术的运用提供了空间。

对此，教师除了要依据教学大纲、教学目标、学生需求使用核心教材，还要自主地、灵活地、有选择性地利用、整合其他各类教材内容和多媒体技术、网络资源、影视节目等课程资源，并且根据学生的实际情况和教学需要对这些资源进行改编、加工等，以激发学生的学习兴趣，为学生提供练习的机会，满足学生的学习需求。需要注意的是，教师在教材进行改编时，首先要对教材和教学环境有深入的了解，同时要充分考虑学生的实际情况，包括学生的学习动机、学习兴趣和学习风格等。

总体而言，教师在使用教材过程中，应不拘泥于课本，从实际情况出发，合理筛选、整合、利用教学资源，灵活、创造性地使用教材。

第七章 互联网时代下高校英语教师的发展

第一节 互联网时代下高校英语教师的角色与基本素质

一、互联网时代下大学英语教师的角色

在互联网时代环境下影响下的大学英语教学中，传统的教学模式发生了巨大改变，教师作用的发挥也受到了影响。

（一）教师的固有角色

1. 教育者

作为一名教育者，教师首先担当着教育人和培养人的责任与义务。为了实现这一目的，教育者必须具备强烈的敬业精神以及社会责任感，以身作则，身体力行，通过自己的行为去教育和感染学生，帮助学生树立良好的人格。

2. “工程师”

作为一名“工程师”，教师担负着引导人、改善人、塑造人的任务。教育的目的就在于改善人的行为、净化人的灵魂。这是因为，教师是人类行为和灵魂的工程师。作为“工程师”，教师在教书育人、对教育对象起到主导作用的过程中必须具有精湛的技术、渊博的知识，“制造”和“设计”出被社会认同的“优质产品”和优良品格。

3. 激励者

作为一名激励者，教师承担着鼓励和激发学生求知欲望的任务。兴趣是学习最好的老师，是推动学生学习的原始驱动，而求知欲是学生成功的前提。教师教育的一项重要任务是通过开展教学活动来开启学生通往智慧的钥匙，教师激发着学生对知识的渴望及兴趣，从而不断培养他们认识世界、改造世界的能力。

4. “艺术家”

作为一名“艺术家”，教师在教学过程中还承担着传播美的角色，不断培养人的审美能力，提高学生鉴赏美的能力，使学生学会追求美，善于用眼睛观察和发现美，最终

实现美的创造。

5. 指导者

作为一名指导者，教师在整个教学活动中起着重要的指导作用。通过运用科学的教学方法来引导学生学会学习，学会如何理解和掌握知识体系，如何培养自己的技能，如何从一个可知领域向着未知领域发展。

综上所述，英语教师作为普通教师，首先应该充当教育者、“工程师”、激励者、“艺术家”、指导者的角色。无论时代如何变化，学科有何不同，教师的本质特征是不变的，所以坚持这些共性特征是所有教育者必须遵循的。

（二）英语教师的角色

作为一名英语学科的教师，除了要承担上述角色外，英语教师还扮演着特殊的角色。英语学科具有独特的学习方法和体系，英语教师在进行教学时需要从英语学科的具体特点出发，即教学中应该包含如何提高学生的英语运用能力，如何激发学生英语学习的兴趣和积极性，这就要求教师必须承担如下多重角色：

1. 英语语言知识的引导者

教师是英语语言知识的诠释者，因此首先要具有渊博的英语语言知识储备。也就是说，英语教师必须对专业知识有系统的掌握，并能够系统地分析出各种英语语言现象。从教师教育的研究中不难发现，英语教师需要掌握的专业知识包含理论知识、形式知识、语境知识、实践知识等。这些知识不仅包含语言形式结构的知识，还包含语音知识、词汇知识、语法知识、语篇知识、社会文化知识等具体的语言使用的知识。英语教师只有掌握了这些知识，才能对语言材料、语言现象有一个清晰的剖析和阐述，也才能解答学生学习中所遇到的问题，使学生能够恰当地理解并实现语言输出。

另外，语言技能的掌握和使用也离不开语言知识的积累。通过不同的语言形式，语言功能得以实现。无论教师采用何种教学策略，必须要教授的教学内容就是英语语言系统知识及对这些知识的分析和输出。可见，教师是英语语言知识学习的引导者和帮助者。

2. 英语语言技能的培训者

英语教师不仅是英语语言的诠释者和分析者，更是英语语言技能的培训者。在学生进行语言学习时，对语言知识的掌握是必要的前提条件和基础，而学习语言的目的是提高和发展自己的语言运用能力。

一般来说，语言技能包含听、说、读、写、译五项。从语言的发展规律上来看，听、说位居第一，而读、写译其次。但是，从外语教育的角度来说，读、写译居于第一，听、说第二。这就说明，英语教育的目标是让学生具备一定的读、写、译能力，而听说能力是提升学生读、写、译能力的前提和基础。因此，在大学英语教学中，教师必须具备掌握语言技能的能力，这是一个全方位掌握的概念，是听、说、读、写、译的有机结合。如果不能掌握这些技能，教师就很难驾驭语言课程，很难娴熟地对语言教学活动进行组织，也无法完成提升学生语言技能的重要目标。

另外还需要指出的是，教师还担任着英语语言训练合作者的身份。也就是说，并不是教师将任务布置给学生就可以了，还需要引导学生，参与到学生的活动中，让学生在教师的帮助下更得心应手，既学到知识，也完成任务，从而也提升教师的教学效果。

3. 英语课堂活动的组织者

对于任何教学活动来说，课堂活动都是必不可少的，大学英语教学也不例外。英语课堂活动是课堂教学的载体，设计合理的英语教学活动有助于提升教学的质量。英语是一门特殊的学科，有着特殊和明显的特征，因此在课堂上教师需要对英语技能进行培养和训练。而英语课堂活动恰好是训练技能的一种有效方式。

但是，就普通大学英语课堂来说，教师可用的教具只能是粉笔、黑板、幻灯片、投影仪、录音机等设备，这些设备携带并不方便。借助于这些教具，学生可以了解很多基础性的知识，对基本原理有更直观的了解和接触，但学生并没有太多的机会参与到课堂中，仍旧扮演着被动者的角色。同时，英语训练需要语言环境的参与，但是普通的大学英语课堂只能提供有限的教学环境，如辩论、对话、话剧表演等，学生缺乏真实的语言训练机会，如远程对话交流、电影配音等，虽然教师发挥了活动组织者的作用，并且活动也大都比较直观，但是这是远远不够的，很难加深学生对英语语言知识和技能的印象，也很难巩固自己的语言知识体系。

4. 英语教学方法的探求者

在英语教学中，教师并不仅仅是固有教学方法的使用者，也承担着新型教学方法的探求者和开发者的角色。语言教学具有很强的实践性，因此与教学方法关系密切。英语语言知识的分析、语言技能的掌握、课堂活动的组织等都离不开科学的教学方法。

英语语言教学的方法有很多种，如语法一翻译法、听说法、交际法、情境法、任务法、自主学习法等。任何一种教学方法都不是万能的，这些方法都存在某些优点，也存在着某些缺点。因此，英语教师需要将各种教学方法综合起来组织和实施教学，以便获得更好的教学效果。就当前的大学英语教学来说，已经从传统的以教师为中心转向了以学生为中心，强调学生的地位，这也有助于实现教师和学生的双向互动。

5. 语言文化差异的解释者

英语教师还充当着中西方语言文化差异的解释者的角色。文化背景与文化传统不同，其价值观念和思维方式也存在明显差异。

从社会文化角度来说，语言是一种应用系统，具备独特的规范和规则，是文化要素中不可或缺的一部分。在英语教学与学习中，除了要教授英语语言知识和技能外，还需要教授文化背景知识，三者是相互促进、相互弥补的关系。

文化背景知识是理解过程中意义赖以产生的主要因素之一。因此，学习语言也是学习文化。在语言文化知识的内容上，除了要讲解本土文化知识，还需要讲解英语民族的文化知识。中西方语言文化的差异性不仅主要体现在社会制度、风俗习惯、思维方式以及道德价值上，其在语言的词汇、篇章、结构、言语行为中也能够体现出来。作为中西方语言文化差异的解释者，英语教师要熟知和了解中西方的语言文化及差异性，因此他们需要大量阅读中英文资料、观看中英文电影，积累足够的能够表现中西文化差异的一手素材非常必要。

另外，在充当中西方语言文化差异的解释者的过程中，教师需要保持一种中立的态度，在选取素材上也尽量选取那些不会伤害任何文化的素材，这样有助于更好地引导学生对中西方语言文化有一个清晰的认知。

6. 英语语言环境的创设者

根据二语习得理论，语言环境对于语言学习有着至关重要的作用，尤其是在缺乏真实语言环境的教学中更是如此。通过创设真实的语言环境，教师可以将新旧知识联系起来，了解中西方的文化传统习俗，接受原汁原味的中西方文化的感染和熏陶，这比学生单独学习词汇、单独学习句子等成效显著得多。

英语语言环境的创设不仅在课堂教学中展开，在课外也应积极创设。在课堂上，教师可以利用网络多媒体技术呈现文化背景有关的资料和信息，让学生了解与西方社会文化资源接近的各类文化资源和语言环境。在课外，教师可充分利用网络教学平台、英语学习语料库开列书目、布置任务，引导学生大量阅读英语报纸杂志、书籍，使学生能始终置身于英语学习的环境中，不断提高其英语水平。

7. 英语语言教学的研究者

英语教师除了担任语言教学任务外，还承担着研究者的任务。他们在掌握语言教学理论与性质规律的基础上，逐渐构建自己的教学理念，并运用这一理念去指导实践活动，达到良好的教学效果。因此，英语教师在英语语言教学实践中，必须进行英语语言教学的理论研究，将教学研究与课堂教学实践相结合，从而实现理论到实践的转变，再到理论的升华。

（三）基于互联网时代下的英语教师的角色

在互联网时代环境下，大学英语教师的职责并没有削弱，反而面临着更艰巨的挑战，因为这一全新的模式对大学英语教师提出了更高层次的要求。大学英语教师必须学会运用先进的教学手段和教学模式，改变传统的教学理念和模式，这样才能适应当前教育的需求。在具体的定位上，教师除了具备上述两种角色外，还担任如下几种特殊的角色：

1. 语言单元任务的设计者

单元主题目标往往需要设计单元任务，学生通过对真实任务的探索以及对英语语言的操练，既能够拓宽自己的知识面，又能够提升自己解决问题的能力。因此，语言单元训练任务是语言学习的一项重要项目，这就要求教师在网上设计相应的能够提升学生基本技能的任务，让学生在规定的时间内完成任务，提交后查看结果，利用电脑当场给予学生分数。学生以这种方式完成一系列的任务，有助于降低压迫感与挫败感，他们也愿意参与到任务中。

语言单元训练任务的完成是学生解决问题、实现教学目标任务的前提，他们只有掌握了必备的语言素材，才能对相关的语言材料进行操练和应用。

2. 主题教学模式的设计者

在互联网时代环境下，大学英语教学要求教师设计和探讨新的教学方法和教学模式，既要将网络多媒体的优势发挥出来，又要提升学生的学习效率。大学英语教师设计的主题教学模式应该是学生感兴趣的热点话题，如校园生活、学业压力、人际关系、就业、考研、钦佩的人、难忘的事、旅游、海淘等。整个主题教学模式是围绕某一主题进行的，让小组进行关于主题的分散讨论，最后以主题写作形式结束单元主题的教学。

当教师运用网络与学生进行讨论时，要对教学的内容、网上的资源进行合理安排。一般来说，讲评和讨论可以在课堂上进行，而阅读和写作可以在网络上进行。

在网络多媒体环境下，教学中设计的每一个主题都可以在网上找到丰富的资料，包含其涉及的文化背景知识和发展动态，然后由学生进行整理总结，得出自己的结论，然后再与其他学生展开讨论，这样就可以不再局限于课本对学生的束缚。

3. 学生网络学习的帮助者

在互联网时代环境下，大学英语教学的一个重要特色就是具有网络监控作用。通过网络监控学习，有助于了解学生的学习过程，帮助学生实现自己的需要。教师是学生网络学习的帮助者，尤其是后进生的帮助者。通过学生对网页等的浏览，教师可以进行记录，了解学生的参与情况和次数，帮助他们了解学习中的困难，并解决实际问题。

但是，由于学生出现的问题不同，因此教师应该对不同的学生给予不同的指导和辅助，促进学生得到不同层次的提升和进步。可见，在互联网时代背景下教师对学生网络学习的帮助更具人性化，避免了学生出现畏惧心理，并能够快速地解决问题，完成自主学习。

4. 在线学习系统的建立者

网络多媒体技术为学生的大学英语学习提供了便利条件，而调控学生的学习、提供个别的指导是教师的主要任务，但是首先要做的就是建立一个完善的在线学习系统。这一系统不仅要包含教师端，还包含学生端。学生端首先需要填写自己的信息，然后按照班级向教师提出申请，进而加入这一在线学习系统中。教师对学生端进行审核，确定无误后允许学生加入该系统中。

根据导航指示，学生可以对相关资料进行下载。例如，在线学习系统包含“单元测试”与“家庭作业”等子项目，学生在“单元测试”中进行训练和测试，在“家庭作业”中提交自己的作文。之后，学生可以通过即时通信、“师生论坛”或者 E-mail 的形式与教师或者其他学生进行讨论，参与网上的交互。

不难发现，在线学习系统是课堂教学的延伸。通过系统的处理和记录，教师可以将学生的记录进行比较综合，从而迅速、直观地了解学生的学习状况。

5. 交互机制实施的促进者

单纯的语言输入并不能保证语言的习得，而交互活动是语言习得的关键，其中交互活动包含意义协商和语言输出。网络多媒体为大学英语学习的交互提供了大大的便利。作为交互学习的促进者，教师应该组织和激发学生参与到主题单元的交互活动中。

二、互联网时代下大学英语教师的基本素质要求

网络多媒体引入大学英语教学引起了教学理念等的变革，使以学生为中心的理念在网络多媒体环境下得到了加强。网络多媒体技术为教师引导学生自主学习、个性化学习提供了更为有利的条件和环境。互联网时代下的时代背景对大学英语教师素质的提升提出了更高的要求。

（一）职业道德要求

教师职业道德是作为一名教师基本的行为操守和道德品行，是教师在教学过程中调控与国家、与社会、与学生之间关系应该遵循的道德意识、道德规范、道德情操的综合。无论教学模式、教学形式如何变化，对教师的职业道德要求是永远不会改变的。

在互联网时代背景下的大学英语教学中，教师与学生之间并不是面对面的交流，而是人与机器的交流。在这种交流下，人们必然会遇到多种疑问和困难，因此教师需要具备过硬的品德修养，更强烈的耐心和责任心，对学生的成长加倍关注，帮助学生答疑解惑。

教师具备高尚的职业道德要求他们对待学生要循循善诱、宽厚待人，善于关注学生及他们的身心健康。教师要准确把握大学生的心理特点，帮助学生在互联网时代环境下构建正确的价值观与人生观，构筑积极、健康的心态。

在互联网时代环境下，大学生必然会受到虚拟环境的影响，其接受的海量信息也必然是复杂的，他们的心理也会随之受到冲击和考验。同时，大学生具有个性化、多样化的特点，因此他们更加注重个体对事物的体验，对平等、个性等有着极大的认同感，这种敏感的认同必然会引发学生很多问题。因此，大学英语教师应该帮助学生培养自己的品德，通过与学生沟通，了解学生的心理动向；也可以给学生推荐一些必读物，为更好地参与校园活动，树立正确的人生目标，与同学和谐地相处做好准备。

基于互联网时代环境下，教师可以给学生提供有价值的电子书与视频文件，帮助学生树立积极向上的心态。他们可以以 QQ 群、讨论组、微信群等形式相互交流，及时帮助学生解决自己遇到的学习问题，杜绝各类恶性事件的发生。

（二）专业素质要求

1. 丰富的知识储备

互联网时代环境下的大学英语教师需要具备精湛的专业水准和知识储备，即扎实的语言基本功。所谓语言基本功，是指教师能够驾驭和把握英语语言知识和语言技能，能够得心应手地运用英语这门语言进行授课，这是对大学英语教师最基本的素质要求。

在互联网时代环境下，教师最重要的业务素质是有较强的口语表达能力及较强的写作能力。这是因为，在网络多媒体环境下，大学英语教师与学生往往通过文字与声音来交流，如果教师能够表达清晰，那么必然会与学生很好地进行沟通。可以说，语音、语调纯正清晰、文字表达准确流畅是教师的必备素质。同时，教师还需要引导学生培养自己的批判性思维、掌握不同文化的差异性、对他国文化进行有选择地吸收，激发学生使用英语语言的兴趣，并使学生能够从中感悟人生。

除了具备基本的知识储备，大学英语教师还应该拥有运用现有知识和技能来学习其他信息、其他知识的能力。这是因为在互联网时代环境下，问题讨论都具有开放性，既不能预测，也不能设定结果。也就是说，教师和学生站在同一起点上，如果教师没有足够多的知识储备和能力素质，那么就很难引领学生进入下一阶段的学习，也无法在学生面前展示出教师的形象。

2. 先进的教育理念

通过对互联网时代环境下的大学英语教学研究，外语习得是学生在一定的社会文化背景下，通过他人的帮助和利用其他学习资料，以意义建构的形式来获取外语语言能力。这一新颖教育理念要求以学生为中心，教师的责任是指导学生，参与学生的互动。事实上，教师和学生都是主体，教师主要起教的作用，而学生起学的作用，因此互动主体课堂理念不仅没有忽视教师的重要作用，反而更强调注重教师的监督和管理作用。也就是说，教师发挥的作用更重要。在课堂开始之前，教师需要搜集相关课堂教学资料，设计与课堂主题相关的题目，提前布置给学生任务，让学生积极地参与其中。在课堂上，教师与学生之间进行交流与活动，可以是个人展示，也可以是分组活动；可以先讨论再展示，也可以先陈述观点再讨论点评。

3. 开放的思维方式

在思维领域，创造性思维是最高的形式，是有价值的思维形式。所谓创造性思维，是指运用新方式、新技术来解决问题、处理问题。创造性思维具有四个基本特征：

①独特性。即能够打破常规，从独特的角度来发现与解决问题。

②多向性。即包含发散性思维与聚合性思维。

③综合性。通过综合和分析归纳，抓住事物的主要矛盾和矛盾的主要方面。

④发展性。对事物的发展应该具有预见性，进而推测事物发展的趋势。

在互联网时代环境下，大学英语教师应该充分利用网络提供的资源进行教育创新和教育科研。独特性思维要求教师掌握足够多的中英文信息资源，设计出独特有效、具有个性的教学模式和方法；多向性思维要求教师具备对网络资源进行归纳的能力，从而优化自己的教学效果；综合性思维要求教师将英语学科与网络多媒体技术整合的能力，将网络多媒体技术最大化地运用到英语教学中；发展性思维要求教师的眼光应该具有前瞻性，根据技术发展的方向预测教学的发展前景。

4. 多样的教学方法

在互联网时代环境下，网络教学是课堂教学的补充和延伸，这就促使大学英语教师的角色发生了改变，教师充当了网络资源设计者、学生学习的协作者的角色。教师与学生之间是互助合作的伙伴关系，学生是任务的操控者和实践者，因此教师的教学方法必然会发生改变。

在互联网时代环境下，教师不应仅使用单一的口述教学法，还应该借助网络多模态展示教学内容。在使用网络多媒体辅助下的英语教学时，教师可以将课堂、自学等形式结合起来，随时了解学生的学习情况，学生也能够选择适合自己的学习方法和内容。此外，教师可以优化传统的教学法，如交际教学法、任务教学法、合作教学法、案例教学法、启发教学法等，合理利用这些教学方法，弥补单一教学法的不足，从而大大提升学生的兴趣和积极性，同时提高整个英语教学的效果。

（三）科研能力要求

理论来源于实践，而教学理论也来源于具体的科研实践。科研实践是检验科研理论的基础。教育教学将理论与实践相结合，教学实践也需要科研理论的指导，而新的科研理论方法产生于教学实践，二者相互促进、相互补充，共同发展。

在互联网时代环境下，大学英语教师需要具备非凡的科研能力，首先要求教师具备基本的研究方法，如教学实验法、问卷调查法、访谈法、文献法、个案研究法等。在具体的实施中，教师可以从自己的需要出发，选择与自己相符合的研究方法。另外，大学英语教师还需要具备信息加工、网络搜索、信息反馈等科研能力。科研能力是大学英语教师必须具备的能力。科学研究可以促进教学的开展，教学的开展又能带动科研的进步，在教学中发现问题，在研究中解决问题，可以有效地提高教师的综合素质能力。

①大学英语教师要具备一定的科研开发能力和对英语教学的研究能力。教师要能主持科技项目，能跟踪本学科的发展方向，运用所学知识解决教育教学中遇到的实际问题，提高教学质量，促进学生发展。通过科技项目开发，提高教师的学术水平，促进产学研三者有机结合。同时，大学英语教师也是英语知识结构、教学内容和教学资源的改造者，积极参与教学过程，改变课程体系、教材体系中适应改革新趋势和新要求的内容。

②大学英语教师要具有通过科研来提高教学水平的能力。英语教师要通过科学研究，不断丰富、加深和更新自己的知识，活跃学术气氛，提高学术水平，从而深化、丰富教学内容，提高教学能力。教师要用自己的科研思想影响学生，通过在教学中提出新课题，激发学生强烈的求知欲和创新欲，促进学生科研能力的提高和创造性思维的培养。

（四）实践水平要求

1. 实践能力

实践能力是大学英语教师必须具备的重要能力之一，指的是英语教师所具有的能动改造能力和从事英语教学的能力，如信息技术的操作、教学工具的使用能力等，具体表现为实际运用能力和指导实践教学能力两部分：

（1）实际运用能力

实际运用能力是指大学英语教师在撰写英语文章、撰写学术论文、编写教材、阅读英语文献、进行学术交流、发表英文著作或进行翻译工作时利用英语解决问题的能力。学术交流、知识贡献是大学英语教师的重要职责，教师通过归纳总结科研成果、教研心得，推动教学发展，同时在了解当前学科的前沿和动态的过程中，看到自己存在的差距和不足，促进自己学术水平的提高。

（2）指导实践教学能力

通过言传身教，英语教师的语言运用能力会对学生的语言学习产生直接的影响，并渗透在英语教学实践过程中。听说读写综合运用能力的培养与教师的实践指导密切相关。“听”是教学双方互动的活动，教师要能清楚地判断学生的发音是否正确、语调是否标准、语句是否符合逻辑、表达是否得体，同时纠正学生的不恰当之处；教师清晰、流利、地道的“说”为学生创设真实的语言环境，具有示范性的作用，有利于提高学生的口头表达能力；教师通过“读”提高自身的专业素质，在准确把握当前教学形势的前提下，深度分析教材，用于指导教学实践；“写”是思想表达的重要途径，教师要具备指导学生写作教学的实践能力，在如请柬、感谢信、求职信等应用文体的教学中条理清晰、详略得当地安排教学内容，以提高学生的写作水平。

2. 创新能力

英语教育对象的差异性和多变性决定了教育工作本身就是一项创造性活动。培养具有创新精神和创造能力的高素质人才是现阶段高等教育的重要目标之一，而创新性人才的培养则需要教师首先具有创新能力，以此才能进行创造性教学。教师自身的创新能力是实施素质教育、培养创新人才的关键。

英语教师的创新能力包括创新与变革。要求老师改变教学内容、教学方法、教学过程中不适应教学实际和学生发展水平的部分，树立“以人为本”的教育理念，用正确的教育观、质量观和人才观指导教学实践；改变传统的“教书匠”形象，树立创新意识，努力适应新角色；突出培养学生的综合素质，包括人文素质和科学精神，以培养创新精神和实践能力为重点，增强学生的创新思维和创新精神，促进学生全面发展。

3. 信息素养

大学教师如果具有较高的信息素养，就能认识到完整与精确的信息是扮演好合理角色的基础；就能够确定对信息的需求，并通过对信息的分析提出问题；就能够确定哪些信息源是潜在的，从而根据这些信息源制订成功的检索方式；就能够具有获取、组织、使用、评价信息的能力。因此，大学英语教师需要养成信息化教学的习惯，使自己的知识向多样化的方向发展。

在互联网时代环境下，大学英语教师提高教学质量的关键在于对现代技术的掌握和具备较高的信息素养。具体来说，大学英语教师需要做到如下四点：

①具备良好的信息意识，能够从复杂的信息结构中捕捉到有效的信息，把握英语这

门学科的动向。同时，教师还应能够抓住学生的信息，对他们的心态与动态有基本的把握，从而为保证学生的健康发展奠定基础。

②具备较强的信息获取、信息存储、信息加工、信息筛选、信息更新、信息创造的能力，这是教师具备较强的信息素养的核心。

③具备较强的信息运用和创造的能力，这是大学英语教师在信息素养上区别于其他职业的明显的特征。

④具备了解最新动态、及时捕捉前沿信息的能力。

第二节　英语教师专业发展及影响因素

尽管现在的教学倡导以学生为中心，但并没有否定教师的引导作用，在英语教学中，教师依然发挥着重要作用。英语教师的专业能力决定了其能否正确地引导学生进行语言学习，培养出具有世界格局的中国人且造福于民。可见，英语教师的专业能力发展对英语教学以及学生的发展都起着重要作用。目前，大学英语教师专业发展问题是信息时代学者们关注的重点话题之一。基于互联网教育背景，大学英语教师需要通过多种途径来提升自身的教学能力。换言之，在互联网教育时代背景下，大学英语教师的专业发展备受瞩目。

一、教师专业发展简述

（一）教师发展的未来趋向——教师专业化

教师专业化是教师发展的未来趋势，教师的在职培训无疑是提升教师专业能力的主要手段，因此必须探究未来教师需要具备的素养，然后选择合适的培训内容和培训方式，促进教师的专业化发展。可以说，教师专业发展已成为政府、学校、教育研究人员、教师共同关注的话题。促进教师专业发展是一项复杂的系统工程，教师专业发展不能脱离教师和学校的实际，教师专业发展应立足教师和学校的发展，合理开发和利用校内外资源，充分发挥政府、教育研究人员、学校和教师的合力作用。

同时，随着终身教育思想的普及、反思型教师的提出、校本行动研究的开展，教师专业发展的重心正在逐步下移——越来越多地要求学校参与到教师专业发展中来，教师专业发展的校本化正成为一种趋势，教师专业发展中的校本培训正越来越受到重视。教师的校本培训最大优点就是针对性强、灵活性大，注重教师学习的亲身体验，解决教师发展中的实际问题。因此，积极开展校本培训是促进教师发展的重要形式。

（二）教师专业发展的概念

1. 教师专业发展的定义

专业，直接看字面意思就是专门从事某种学业或职业，从社会学角度看，专业就是受过专业教育或训练，具备高度的专门知识和技能，按照一定专业标准进行专门化的处理活动，有别于其他普通的职业，解决人生和社会问题，促进社会发展，获得相应报酬待遇和社会地位的专门职业。专业是一种社会分工、职业分化的结果，社会分化的一种表现形式，人类认识自然和社会发展达到一定程度后就会出现专业。

教师所从事的教育教学工作对从业者的要求比较高，具有独特的专门知识、技能和修养，教育教学活动是比较复杂的一项培养人发展的职业，要求从业者要具备比一般人更加丰富的、全面的、多样的学科知识，作为提供教育教学的原材料，同时还要掌握普通大众不需要或者不用系统了解的教育教学知识、技能和教育教学规律。

教师专业需要教师能够认识学习规律、社会发展的规律，掌握各种主客观教育教学条件的知识，利用知识和规律编写教学内容，组织教育教学活动的技能。如果不具备这些知识和技能，就很难胜任教师的工作。

教师专业发展的内容，包括专业精神的发展、专业知识的发展、专业能力的发展、专业自我的发展。另外，教师的现代职业素质也显得尤为重要。比如，教师是否拥有健康的体魄和良好的心理素质、是否拥有创新的精神和能力、是否拥有教育研究的意识与能力、是否能够熟练运用现代教育技术、是否具备浓厚的法律法规意识等，这些都是现代教师必备的职业素质。可以说，在每一个实现专业化发展的教师的身上，都能看到这些素质自然而和谐地共存。

2. 教师专业发展的意义

在教师专业发展的进程中，教育界人士进行了坚持不懈地探索，向世人展示了教师专业发展的内在魅力，也体现了教师专业发展对教师个人、教师职业和社会的深刻意义。

（1）教师专业发展有利于人们重新审视教师的职业性质

长期以来，在公众和社会舆论方面，对教师职业强调的主要是知识传授方面的要求。由于所学内容的浅显性，使得相当多的人并不看重教师作为专业人员的理论水平与特殊能力。教师专业化的推进将有利于改变人们对教师职业性质的认识。它能让人们意识到，教育过程不是简单的传授过程或塑造过程，而是由师生共同构成的一个互动过程。

（2）教师专业发展有助于优化教师素质

在学校教育过程中，教师的作用主要在于向学生传授知识，开发学生的智力；培养品德，启迪学生的心灵；指导学生锻炼身体，增强学生的体质。教师承载着千万青少年的未来和希望，肩负着开启民智、传承文明的使命。社会上的每种职业都有各自的素质规定，具有较强专业性的教师职业对于专业素质的要求也很高。教师仅具备一个现代人的基本素质是远远不够的，还必须具备教师职业所需要的特殊的专业素质。教师承担的使命要求教师必须具备合格的思想政治素质、科学文化素质、教育理论素质、教育能力素质、身体和心理素质等。此外，社会的进步、科技的发展以及知识经济时代的到来，对教师素质也提出了越来越高的要求。教师专业素质的提高不再是依靠职前系统定向培养一次性完成，而是需要延伸和覆盖教师的整个职业生涯。教师专业发展给教师个体和群体都提供了优化素质的途径。

（3）教师专业发展有助于促进教师职业成熟

教师专业发展对教师职业的促进作用体现在以下几个方面：第一，教师培养课程使教师的素养更能适应社会教育对培养人才的需要。第二，教师职前培养更加系统化和专门化，以适应社会对不同层次教师的需要。第三，教师培训专业化。大量的教育机构根据一定的条件将进入教师培训这一领域，形成一个规模巨大的市场，这就需要对教师培养和培训机构进行认可和评估。第四，教师群体和教师职业的道德规范的形成和稳定发展。专业化的另一个含义就是教师群体价值观的形成。教师的道德规范、价值观是随教师职业的专业化形成的。第五，教师任用制度化。通过专门的机构根据一定的规范和程序进行，使教师职业的准入适应社会的需要。教师的专业发展与教师教育的高质量需求是联系在一起的，并因此促进教师职业趋向成熟。

（4）教师专业发展有助于推动社会进步

教师专业化与社会进步息息相关。根据社会学理论，个体和群体的社会化是社会进步的一个重要标志。无论是个体的人还是群体的人，在被社会化的同时，也在参与创造社会，从而形成了这一群体的独特的文化、个性发展和社会结构。不难理解，教师在被社会影响的同时，也在影响着社会，与社会形成共生共存的关系，这一群体自身也具备了高级社会化的特征，并且还会随着社会的进一步发展而发展。教师专业发展通过促进教师职业的专业化来推动教师个体和群体的社会化，最终推动社会进步。当教师职业不再与平庸、烦琐相关联，而是与高尚、创造、尊严为伍时；当教师的劳动不再是重复、枯燥，而是充满着发现的喜悦和探究的乐趣时，我们教育事业的兴旺发达也就是近在眼前的事了。

二、影响英语教师专业发展的因素

（一）自身因素

教师自主与教师的学术能力、教龄、性别、年龄、学历以及是否受到培训之间并没有显著相关，但是教师自主在所教年级之间存在显著差异，不同阶段的教师之间没有显著差异。其中，自主与教师的年龄和教龄没有显著相关的原因，可能在于学校教育改革使教师被赋予新的角色，全面改善了学校教师的自主氛围。[①]

也有研究认为，教师自主是教师工作满意度的重要影响因素，教师越感到自主，他们的工作满意度就越高。提高教师自主，有助于提高教师的职业承诺和教学效能感。教师自主是教师专业化的体现，拥有充分自主的教师会具有充分的学校职业承诺。

教师的自身情况，如教龄、学历、性别等因素，是其自主发展所应考虑的，而教师自身的教学背景、教育信念、个人特质等都是影响因素，在分析教师个案时都需要进行讨论。

（二）外界组织环境

教师自主应建立在拥有广泛的、不受监督的权利的基础之上。有研究认为，公立学校教师几乎没有权利规划和管理学校，甚至班级的结构和大小、制定时间表、安排课程和上课内容等，都被学校董事会和学校管理者左右。然而，许多教师希望自主地管理自己的教学及其教学环境，如果要使教师获得自尊和重视教学，就要使教师拥有一定的权利。相比较之下，私立学校的教师拥有更大的自主权，这是因为私立学校的管理给予教师更多的权利和更少的束缚。

在真实的教育现场中，督学或学校行政人员对教师的教学工作有视察考核之权，而且一般家长或民意代表也常以各种方式影响教育，此外家长对明星教师的选择，以及对教师教学教法、内容、评价的干涉，均会影响教师之专业自主。

学校减少对教师的管理控制，并不一定会提高教师自主。相反，一些教师脱离学校的管理控制之后变得非常困惑，甚至不知所措。因为教师自主与管理控制不一定是冲突的，学校管理系统可以保证教师拥有充分的自主，这需要学校处理好如下三种自主的关系。

一是战略性自主，这是最广泛的自主，属于学校上级主管部门，它帮助决定学校系统的目标和政策。

二是管理性自主，这种自主属于校长，校长执行上级部门制定的目标和政策，管理教师的同时，也要为教师提供所需要的资源，为教师提供条件来实现学校系统的目标。

三是操作性自主，这意味着教师作为专业人员对教学的控制，保证教师能够自由地使用教育教学方式来实现学校系统的目标，而不必经常受非专业人员（学校管理者）的干扰或束缚。

① 刘鑫．高校英语教师自主寸业发展研究［M］．昆明：云南大学出版社，2010：98.

高校英语师资及专业发展现状不容乐观，具体情况如下：

①师资数量短缺。

②师资结构，尤其年龄结构、学历结构、职称结构、学缘结构、学科结构不尽合理。

③待遇一般，工作量过大。

④知识结构单一。

⑤教学研究和科学研究薄弱。

⑥骨干教师、学科带头人、教学名师还很缺乏。

⑦进修资源不足，培训亟待加强。

⑧教学理念急需转变，理论素养要加强。

⑨高校师资队伍结构与高校教师个体的专业发展、教师群体的专业化水平三者之间存在着发展不平衡等问题。

鉴于此，建立一支具有“均衡的年龄结构、较高的学历结构、合理的职务结构、多元的学缘结构、相融的学科结构”的教师队伍是国内高校，尤其是当前各地方高校师资队伍建设的主要目标。高校师资队伍的结构反映了教师群体的专业化水平，师资队伍结构的优化是教师群体专业化水平提升的标志；合理的师资队伍结构也是教师群体专业化水平提升的基础；教师群体专业化水平的提升有赖于教师个体专业水平的提高，是教师个人专业发展的结果。这三者之间既相互联系又相互制约，三者均衡协调发展。

第三节　互联网时代下高校英语教师素质提升的具体途径

提升大学英语教师的素质可以从内部和外部两个方面进行。内部措施主要是指教师自身的反思和努力程度，外部措施主要是对教师的职业培训、学术会议、学术深造等。

一、反思教学

（一）反思性教学理论

反思性教学是现代教育改革中迅速兴起的一种教学理论。反思是一种特殊的思维形式，反思起源于主体在活动情景过程中所产生的怀疑或困惑，是引发有目的的探究行为和解决情景问题的有效手段，教学活动本质上具有反思性质。反思可分为“对行动的反思”和“在行动中反思”两种。在教学中，“对行动的反思”或发生在课前对课堂教学的思考和计划上，或发生在课后对课堂发生的一切的思考中。同样，反思也可能发生在教学行动过程中，即“在行动中反思”，在教学过程中，教师通常会有与情境的反思性对话，在教学时，教师常常会碰到出乎意料的反应和知觉，教师必须考虑这些反应以调整自己的教学。

（二）具体实践

实施反思性教学，成为一名成功的反思型教师，可采取的策略有实践反思、叙事反思、合作反思和资源反思。

1. 实践反思

实践反思的主要方法是行动研究。教师行动研究是教师对自身当下思维与行为的监控与调节、协调与互动。行动研究是一个循环往复的探询新问题、解决新问题的过程：发现问题—形成假设—行动研究—发现新问题……如此反复，进行教学探索与提高。行动研究能够帮助教师在调节自身思维活动与行为活动的同时发现教育教学实践过程中的问题，并通过教学实践使问题得到顺利解决，使教师由纯粹的教育教学的实践者提升为教学理论的创造者与实践者。

2. 叙事反思

叙事反思是教师通过内隐或外显的方式将所经历的教育事件与相关感受呈现出来，为他们今后的思考提供素材。教师可以采用想象叙事或内隐叙事，将自己头脑中的各种表象通过自己思维的加工而构成各种具有意义情节的事件，如对教学片段的回忆等；也可以采用口头叙事，通过口头言说的方式将自己内心的东西表达出来，如与同事交流反思心得等；还可以采用书面叙事，通过书面语言将自己所见、所闻、所经历的事件写出来，如教学日志、听课记录等。

3. 合作反思

合作反思是外语教师反思性教学和专业化发展的重要途径，包括参与式观察和合作教学等方法。参与式观察（教学观摩）以教师相互听课为主要形式来观察和分析同事的教学活动。合作教学指两名以上的教师同时教一个班的学生。外语教学中的合作教学可以促进教师对教学进行反思，有利于教学合作和教师专业素质的培养，也有利于培养教师的团队精神。

4. 资源反思

资源反思主要包括观看教学录像带和利用教师档案袋等方法。观看自己的教学录像可以使教师站在客观的角度考察自己的教学实践，它不仅能反映自己教学的优点和不足，也能把很多自己并未注意到的教学细节呈现出来。教师档案袋是对所有关于学生学习和教师教学过程的记录，同时还有教师本人对这些事件的评论和解释。它为教师的反思提供了最直接的情境，可以帮助教师反思自己的教学过程，然后据此选择最合适的教学策略，促进教师自己的专业化发展。

二、开发教材

教材为教师职业生涯、学术发展以及教学技能的个性化发展提供了必要的基础。作为教学的载体，教材是教学大纲和教学计划在知识内容与教学目标上的产物；在知识的呈现方式上，则是教学法的体现与应用。教师对教材的认识水平决定了教师对教材的使用程度与使用水平，对教材进行研读、深层次把握是提升大学英语教师素质的一条有效途径。

教师对教材的实际运用，从教学维度来看，主要包括三个方面：对教学目标、教学内容的理解与取舍；对教学环节、方法的设计与安排；对教材练习的反馈、整个教材运用效果和经验的预知与回想。这三方面也揭示了教师运用教材的大致过程：

①理解判断教材，获得教学目标、选择教学内容。

②组织实施教材，采用一定的教学方法，安排教学活动环节。

③预设和反思，检测教学效果，总结教材运用的经验教训。

教师对教材的实际运用主要围绕上述三个维度进行。

（一）探究教材

以语言学习为主要内容的英语教材，蕴涵了教材编者对语言学习规律的基本观念。通常而言，英语教材有以下两种常用的促进语言习得的方法：第一种是直接呈现语言现象，讲解语言规则，解释语言运用，然后设置大量练习；第二种则是在教材中编入大量语言实践活动，使学生能够大量使用英语，在用的过程中接触、理解和掌握语言。通过对教材的分析与研究，教师能够探究隐藏在教材中的深层次的学习规律，来判断编者采用的是演绎过程还是归纳过程，是综合学习过程还是分析学习过程，是过程导向还是结果导向等。在此基础上，英语教师帮助学生创造模拟的目标语境，可充分发挥教师在指导性习得中的作用，并积极鼓励学生进行语言实践活动，促进语言习得。

（二）学习教材

学习教材采用的是语言知识学习与技能培养的教学方法。现代外语教材的编写原则通常体现一定时期的学科前沿理论和语言教学思想，反映当时主流的语言学习和技能培养的方法。但这往往不被使用教材的教师所察觉，从而导致实际教法与编写原则不一致。在实际教学中，许多教师都将教材中的课文作为语言知识的载体，将学习课文的过程变为讲解文中语言点的过程。这些教师认为，只有讲解语言点，学生才能学到知识；只有讲解语言点，才能帮助学生理解课文。事实上，这样的观点存在着一些误区。首先，学习语言，并不一定要学习所谓的语言点；其次，所谓阅读，应该是培养学生的阅读能力。教材是编者教学思想和教学方法的物化，全面有效地使用教材，就能充分挖掘教材蕴涵的教学方法，为教师提供语言知识处理和技能培养的方法指导。

教材中的“任务”是了解教材设想的窗口，教材设计者关于语言学习的最佳路径的假设正是通过课堂任务的性质而变得清晰，教师和学生的角色由此得到界定。教材中任务或练习的设计往往折射了编制者的学习观。

教师通过研究教材，理解教材内容是如何体现隐藏在其中的教学理念，领会教材编写者的意图，理解和学习编写者通过教材传递的教学方法，从而促进专业水平的提高。

（三）开发和编写教材

就我国目前的情况来看，英语教师在教材编写中并没有发挥应有的作用。究其原因，主要有以下四个方面：

①很多外语教师认为，编写教材与自己无关，编写教材是教育主管部门和教材出版部门的职责而不是教师的职责。

②有关教育主管部门不鼓励教师甚至不允许教师编写和出版教材。

③大多数教师不具备编写教材的能力，也不具备编写教材的资源。

④即使教师编写了教材，也可能不能运用。

而事实上，教师作为教材的第一使用者，作为实现教材编者与学生之间知识传递的桥梁，对开发和编写教材具有得天独厚的优势。

教师在教材编写的过程中，通常必须考虑以下问题：围绕这门课程有哪些先进的语言理论、学习理论和教学理论；指导教材编写的课程要求是什么；教材如何平衡发展听说读写四项语言基本技能；使用该教材的教师如何开展形成性评价和终结性评价；教材该如何照顾学习者的个性差异；教材是否考虑了教师教学和职业发展的需要；使用这本教材需要什么样的支持性教学材料和教学资源。而通过对这些问题的考虑，教师对该门课程会有透彻的了解，因而个人的科研和教学能力也会得到锻炼和提高。

三、职业培训

职业培训与英语教师的职业发展有密切的关系，是以教师需要为出发点，以教师的任教需要为中心的教师培训方式，是促进教师教学专长的重要形式之一。英语教师的职业培训不仅包括学术培训，而且包括职业情感、专业技能以及实践创造性等方面的指导。有学者指出，知识的更新换代需要新技能的不断学习，教师职业培训的内容已由一般或专门技能培训转变为一般和专门技能培训，由此可以看出，培训的内容和形式在不断丰富变化。职业培训不仅要帮助教师更深刻、更灵活地理解学科知识，还要帮助他们理解学习者的言行，了解当前最新的课程资源和教学手段，掌握关于学习的知识，并培养教师有意识地对教学行为进行反思总结的技能。新时代的教师职业培训把培养教师的职业使命感作为重要内容。、教师的职业信仰和使命感与专业技能相比更为重要，职业技能以外的职业品质和道德品质更能体现一位教师的综合素质。职业培训要将职前培训和职后培训有机结合，使教师教育贯穿教师职业生涯的全过程，在一般和专门培训之外，增加职业情感和教育信仰的陶冶，目标明确，全面提高英语教师的素质。

四、科研小组

科研小组是相同学校、相同年级英语教师组成小组进行教学研究的一种形式。科研小组定期举行讨论，以最近教学实践中遇到的问题或某一新型教学方法、教学技能为议点，这些议点可以是共性的也可以是个性的，并根据所讨论的问题决定研究方向并确定研究题目，共同制定解决方案，分配研究任务，各尽其责地实施研究方案，在合作中求得共同发展和提高；也可以为某一种教学策略进行演练，分析其实际运用的可能性，演练后大家共同讨论，提出修改意见，以达到更好、更完善的目的。

作为大学英语教师应把科研同教学有机结合，在教学中启发学生的创新意识，开创一条符合学生特点的科研之路，并将科研成果运用到课堂教学中，用理论指导实践，在实践中升华理论，使理论更加系统化。

五、学术会议

参加学术会议是提高大学英语教师能力的重要途径。与英语教学和科学研究有关的学术会议为英语教师间沟通交流、共同发展提供了平台。世界各地的英语学者汇集于学术会议，广泛学习各种知识，自由交流研究成果，各抒己见，百家争鸣。在陈述或发言的过程中，英语教师丰富了专业知识，提高了教学能力。此外，学术会议上资源丰富，形式多样，如电子会议、视频会议、专题讨论小组、电子公告板、电子论坛等，使英语教师获得学术信息的途径更加迅速和便捷。因此，经常参加学术交流，不仅可以加深教师自己对理论的理解，而且还会明确学科发展的方向。

六、学术深造

随着信息全球化和教育国际化的发展，加上各国政治经济方面的合作，出国交流的政策不断放宽，手续越来越简便，对于英语教师来说，出国进行学术深造已不是一件难事。同时，学校的财政资助也是对学术深造的激励，对教师长期发展意义重大。学术深造有利于英语教师在进一步提高自身专业知识的同时，涉猎新的学科，开辟新的研究专业和领域，拓宽研究视野，更新教学理念，提升学术水平和教学科研能力。

七、终身学习

面对经济全球化、信息时代、知识时代的发展，英语教师要进一步确立终身学习的理念，不断加强学习，丰富自己的专业知识，不断提高教学能力和专业水平。近年来，国内各高校纷纷采取学校、院系或个人共同出资的办法送教师出国进修，大学英语教师参加各类培训或出席国内外学术会议的机会也越来越多。为培养越来越多的新型的复合型大学英语教师，教育部也组织开展了专题研讨等形式的学术会议，以增强英语教师对教学改革的认识。

另外，由于各地高校连续扩招，大学英语教师的人数逐渐不能满足社会需求，教与学的矛盾渐渐显现。大学英语师资短缺加之新课程改革对教学要求的提高使广大英语教师所承担的教学任务十分繁重，严重影响了大学英语的教学效果。同时，经验丰富的资深老教师纷纷退出教学一线，无力承担过多的教学任务，而刚刚步入工作岗位的年轻英语教师又因缺少严格的培训和教学经验，阻碍了整体教师队伍质量的提高。由此可见，大学英语教师在承担教学任务的同时，加强学习，积极开展学术科研工作，对提升自身能力和改善知识结构具有重要的现实意义。

综上所述，大学英语教学改革和信息网络技术的发展对教师提出了更高的要求，教师的发展与自身角色的转变、素质和能力的提高息息相关。各高校应注重对英语教师职业能力和职业道德的培养，为教师发展提供岗前和岗后职业培训，鼓励教师以多种方式围绕教学质量的提高积极开展教学研究，鼓励教师参加国内外学术会议，促进院校间的交流，鼓励英语教师学术深造。与此同时，教师自身要树立终身学习的理念，及时更新自己在各方面的知识体系，为教育事业作出贡献。

第四节　互联网时代下高校英语教师专业发展的途径

一、教师专业发展对高校英语教师的要求

当今世界，科学、技术、经济、环境等影响人类生活的各个领域都在不断地发生着变化，使教育面临着令人困扰的各种问题和挑战。教师只有追求专业发展，才能在充满挑战的工作环境中生存和发展。教师专业发展对参与师范教育的高校教师提出了更高的要求。

教师专业包括学科专业和教育专业，教师专业发展就是教师通过学科和教育两领域

专业知识的增长和更新，以及教育教学技能和能力的提高，而成为学科和教育两方面的专家。高校英语教师的专业发展包括在英语语言知识和运用能力方面的不断丰富和提高、在个人研究方向（如语言学、英美文学、翻译、英语教学论）的知识深化更新和对该领域最前沿知识的掌握，以及在所教课程的教法和教育知识方面的提高。由于高校教师的专业素质对高等教育质量具有重大影响，是培养优秀人才的一个重要条件，所以高校教师自身的专业发展对推动其他各级学校英语教师的专业发展也具有积极作用。

二、高校英语教师在教师专业发展中的作为

近年来，为了加强教师专业化建设，提高教师的专业化水平，世界各国普遍采取了几方面的措施：提高教师培养的专业化水平；为教师提供专业发展的机会；给予教师专业方面的自主权。推进教师专业发展需要政府部门、教育机构、科研机构、学校领导者和教师的多方努力，需要法律、政策和制度的保障，需要教育理论的支持，需要教育者的积极投入。作为高校英语教师，可以在提高英语教师培养的专业化水平方面大有作为。

提高英语教师培养的专业化水平，首先从提高英语教师的职前培养水平着手，即从提高在校师范生的培养质量着手。教师的职前培养是教师专业化的起点，职前培养的专业化水平对教师入职后能否迅速进入角色、胜任教学及教育工作具有重大影响。英语专业在校师范生所接受的专业教育应该使他们达到把“教书育人”看作教师的神圣职责，善于寓思想教育于英语教学之中；具有熟练运用英语的能力，掌握英语语言知识；了解外语教学的基本理论，掌握基本的英语教学技能：善于运用现代教育技术；掌握教育学、心理学和外语教学法知识，能够根据学生的认知水平灵活采用教学方法。围绕这些培养目标，从事师范教育的高校英语教师人人有责任研究师范教育的课程设置和培养方法，通过各门课程的教学、学术讲座和其他学术活动、教育实习指导和毕业论文写作指导等工作，培养具有基本专业素质的未来英语教师。

提高英语教师培养的专业化水平，还包括提高在职英语教师培训的质量。教育的发展要求教师不断更新教育教学理念，更新知识，提高教学技能。更重要的是，培养独立发现问题和解决问题的能力，使自己能够在不断变化的环境中可持续发展。

当今的基础教育改革，要求师范教育培养和培训适应我国基础教育特别是新一轮基础教育课程改革所需要的新型教师，因此，从事教师教育的高校英语教师除了上好各自承担的专业课程之外，应该了解基础教育课程改革，了解英语新课程，掌握新课程的理念和实施方法，把新课程的内容融入在校师范生培养教师继续教育工作中，这样，才能引导师范生和受培训教师关注教育现实、关注实际教学问题、探索解决实际教育教学问题的理论和方法。

了解和研究基础教育课程改革，是从事教师教育的高校教师的工作需要。英语专业教师都有指导本科生教育实习和撰写毕业论文的任务，许多硕士生导师承担着教育硕士的教学和指导工作，有些高校教师还参与高考命题工作。了解英语课程改革的目标、理念和内容，是胜任这些工作的必要条件。

三、英语教师专业发展途径

教育的质量主要取决于教师水平，教育改革的成败也在很大程度上取决于教师的专业素质。国家教育的发展需要一支高水平的专业化教师队伍。为了推进英语教师的专业发展，还需要在以下几方面不断进行探索。

（一）优化师范院校英语专业课程结构

师范教育是教师教育的基础阶段，师范教育的课程设置是培养专业化教师的重要环节。师范院校英语专业的课程需要在三大类别方面加以强化：英语专业课程、教育专业课程和普通教育课程。

英语专业课程包括综合英语、泛读、视听说等英语语言课程和英美文学、英美概况、语言学、翻译、英语报刊阅读等课程。我国师范院校英语专业一直以来都非常重视英语专业课程，重视培养学生的英语语言知识和语言技能。英语专业方面的课程总体上受到重视，其原因是人们有着很强的专业意识，把“英语专业”放在第一位。重视师范生英语素质的发展是应该的，因为优秀的英语专业素质是成为优秀英语教师的首要条件。师范院校英语专业的课程设置充分体现了英语的专业性。但是，从师范院校英语专业的课程整体来看，师范性没有足够的体现。

师范院校英语专业的课程设置除了体现英语专业性之外，还应该体现师范性。师范性需要通过开设多种门类的教育专业课程来实现。我国师范院校所开设的教育专业课程主要有心理学、教育学、教学法和现代教育技术。英语教学法是英语专业师范教育中一门重要的课程。通过英语教学法课程，师范生了解外语教学的理论和方法，学习英语教学技能。然而，有的学校并没有给予应有的重视，课时安排总共一个学期，每周 2 课时，并且是大班授课。一百多人的授课班给教师组织课堂活动带来很多困难，学生很难有时间进行教学基本技能的练习。要想使师范生扎扎实实地学好英语教学的理论、方法和技能，必须有足够的课时并实行小班授课。有了足够的课时，才能通过讲解、讨论、观看教学录像、微格教学等方式使学生掌握英语教学法课程的内容，如：语言观和语言学习观、英语教师的基本素质、外语教学法流派及对我国英语教学的影响、国家英语课程标准、英语教学原则、备课和编写教案、课堂管理、语言知识和语言技能的教学方法和技巧等。

实行小班授课，才能给学生提供练习机会，亲身实践教学方法和技巧，如：导入、讲解、提问、组织课堂活动、板书、简笔画等。只有从课程设置方面给予充分的重视，教学法课程才能为教师培养发挥应有的作用。

教育实习是师范教育的重要组成部分。通过实习，师范生获得初步的课堂教学和学生管理体验，学习如何处理常见的教育、教学问题，获得中学教育教学的感性认识，了解教育改革的理念和方向，为将来从事教师工作打下一定的基础。另一方面，在实习过程中可以发现实习生知识和教学技能方面的欠缺，反映出师范教育的问题，为改进师范院校的教学提供依据，同时也使师范生意识到自己的不足，并明确下一步的努力方向。但是，我国师范院校的实习时间一般只安排六个星期，这对于达到实习目的和圆满完成实习任务来讲是不够的。

（二）加强新教师的入职培训

加强新教师的入职培训是使新教师尽快进入角色、独立承担教师工作的必要环节。入职培训首先应包括职业道德教育，使新教师认识到教师职业的崇高性，认识到自己肩负的社会责任。人们选择教师职业基于不同的原因，有的人则是为了谋求职业和收入的稳定，有的人是为享受寒暑假的安逸，有的人是为了实现人生理想，有的人认为教师有一定的社会地位。不论出于何种原因，只要从事了教师职业，就必须有良好的职业道德，以培养对社会有用之才为己任。教师职业要求教师关注学生德、智、体、美、劳全面发展，为学生的成长和发展兢兢业业地工作。

学科教学培训是入职培训的重要内容。通过学科教学培训，新教师了解教育改革的理念和目标、新课程实施方式、教学中的问题与对策、教材的特点、任职学校学生的学习特点、英语教学原则和方法、正确处理素质教育和应试压力的关系等教学实际问题。内容切合实际的入职培训是新教师上岗的通行证。

导师制度是促进新教师成长的有效手段，一些学校采用这一方法已取得明显效果。由一位经验丰富的教师担任新教师的指导老师，如同师傅带徒弟一样，在一两年时间内对新教师进行全面的教学指导，随时解答新教师遇到的疑难问题。导师的指导，可以缩短新教师摸索探路的时间，使他们少走弯路，促进他们在职业生涯中早日成长起来。

（三）健全教师继续教育制度

在信息时代，知识更新速度加快，教师在学校学到的知识不可避免地会变得老化或过时，新理论、新观念也会不断出现。另外，社会永远处于变化之中，教育也总是在发展和变革着。英语教师所教的是语言，语言随着社会和科技的发展而发生变化，英语新词和新的表达方式不断出现。教师在学校所接受的专业教育不可能一劳永逸。

教师必须不断学习、不断探索，才能不被时代淘汰，才能适应社会变革对教育的要求。教师整体专业素质的不断提高是国家教育事业向前发展的保证，因此，必须健全教师继续教育制度。

教师继续教育的培训应充分利用各种教育资源。师范院校、教育学院、具有教师教育优势的综合性大学、教育研究机构和中学应建立教师继续教育联合体，优势互补，共享资源，共同研究教育问题并探索对策。

各所学校应制订教师继续教育培训计划，实行轮流培训制，确保每位教师都有接受继续教育的机会。教师继续教育的形式可以灵活多样，例如，在职攻读硕士学位、到大学进修研究生课程或有关本科生课程、参加有针对性的培训班。

英语教师继续教育培训应加强语言教育专业课程。外语教育心理学、外语教学理论与实践、英语教学法、第二语言习得、交际语言教学、跨文化的外语教学等等都有利于提高英语教师的实际语言教学能力。教育教学研究能力是现代教育发展对教师的要求，所以，教育研究方法和外语教学研究方法也是英语教师继续教育中必不可少的课程。

加强对外交流是英语教师继续教育的需要和趋势。语言承载着文化，不了解某种语言所承载的文化就学不好这种语言。英语教师如果有机会到英语国家生活和学习一段时间，亲身感受异域文化，就能够更好地理解和运用英语语言，也有利于培养世界意识。

参考文献

[1] 刘敏．高校英语教学探索 [M]. 青岛：中国海洋大学出版社，2023.07.

[2] 李然，王伊君．信息化时代高校英语教学研究 [M]. 北京：高等教育出版社，2023.05.

[3] 张娜．高校英语课程实践教学模式创新 [M]. 北京：现代出版社，2023.05.

[4] 周媛．当代高校英语多模态教学理论研究 [M]. 天津：天津科学技术出版社，2023.04.

[5] 李传馨．高校公共英语的课堂教学改革研究 [M]. 北京：北京工业大学出版社，2023.04.

[6] 徐中锋．高校英语课堂教学改革研究 [M]. 北京：北京工业大学出版社，2023.04.

[7] 龚丽萍．高校英语课堂教学的模式创新研究 [M]. 成都：四川科学技术出版社，2023.04.

[8] 姜霞．高校商务英语教师学科教学知识建构研究 [M]. 上海：上海交通大学出版社，2023.03.

[9] 郭孟媛，刘煜丽．高校学术研究论丛刊新时代大学英语教学理论创新研究 [M]. 北京：中国书籍出版社，2023.03.

[10] 申慧丽，刘鹏．跨文化视域下高校英语教学转型与创新 [M]. 北京：中国书籍出版社，2023.01.

[11] 刘方方，岳宝华．教育信息化背景下高校英语教学理论体系的建构与探索 [M]. 北京：中国书籍出版社，2023.01.

[12] 陈亚轩．高校英语写教学理论与实践研究 [M]. 长春：吉林大学出版社，2023.01.

[13] 徐丽丽．高校英语专业课程体系构建与教学改革研究 [M]. 北京：中国书籍出版社，2023.01.

[14] 解峰．高校英语教学方法探究的新视角 [M]. 北京：中国商务出版社，2023.01.

[15] 李瑞．新时期高校英语阅读教学研究 [M]. 北京：中国商务出版社，2023.01.

[16] 王慧平，张一．高校英语教学模式优化多维研究 [M]. 郑州：郑州大学出版社，2022.12.

[17] 周嫚，马燕．高校英语教学的基础理论与应用研究 [M]. 长春：吉林出版集团股份有限公司，2022.10.

[18] 陈伟．高校英语教学策略创新与模式构建多维度研究 [M]. 长春：吉林出版集团股份有限公司，2022.10.

[19] 周颖莹，郑曦．新时代高校英语教学与思维创新研究 [M]. 长春：吉林出版集团股份有限公司，2022.10.

[20] 张蓉．跨文化解构与交际行为再构高校跨文化交际英语教学策略研究 [M]. 北京：中国农业出版社，2022.10.

[21] 刘银燕．高校英语线上线下混合式教学模式研究 [M]. 长春：吉林出版集团股份有限公司，2022.09.

[22] 陈玲，唐彬．高校英语信息化及混合式教学模式 [M]. 郑州：郑州大学出版社，2022.09.

[23] 孙雯．基于应用语言学理论的高校英语教学研究 [M]. 沈阳：辽宁大学出版社，2022.08.

[24] 夏珺．高校英语教学设计优化与模式创新研究 [M]. 长春：吉林人民出版社，2022.08.

[25] 盛普聪．高校英语及其课堂教学研究 [M]. 延吉：延边大学出版社，2022.08.

[26] 薛金梅．文化全球化与高校英语跨文化教学 [M]. 哈尔滨：北方文艺出版社，2022.07.

[27] 王景文．跨文化交际与高校英语教学研究 [M]. 长春：吉林出版集团股份有限公司，2022.06.

[28] 毛佳玳．信息化背景下高校英语教学创新研究 [M]. 杭州：浙江工商大学出版社，2022.04.

[29] 胡英歌．大数据时代的高校英语教学转型新模式研究 [M]. 长春：吉林出版集团股份有限公司，2022.04.

[30] 孙洋子，张海贝．高校商务英语写教学与实践创新研究 [M]. 长春：吉林大学出版社，2022.03.

[31] 孙婕．高校英语教学理论及实务研究 [M]. 长春：吉林人民出版社，2022.01.

[32] 祝菁. 高校英语教育教学理论与实践研究 [M]. 长春：吉林人民出版社，2022.01.

[33] 罗桂温. 高校英语教师专业发展与教学研究 [M]. 延吉：延边大学出版社，2021.12.

[34] 马潇. 互联网时代下高校英语教学研究 [M]. 北京：北京工业大学出版社，2021.12.

[35] 蒋丽霞. 文化视域下的高校英语教学研究 [M]. 北京：北京工业大学出版社，2021.10.

[36] 徐琴. 新时代高校英语教学模式创新研究 [M]. 北京：北京工业大学出版社，2021.10.

[37] 康洁平. 信息化背景下高校英语混合式教学模式探索与应用 [M]. 北京：中国书籍出版社，2021.10.

[38] 管艳郡，朱荣萍，罗芳. 高校英语教学及其语言学应用研究 [M]. 长春：吉林人民出版社，2021.09.

[39] 胡晓霞. 基于应用语言学理论下的高校英语教学研究 [M]. 长春：吉林人民出版社，2021.09.

[40] 高云柱. 跨文化交际与高校英语教学融合发展研究 [M]. 北京：新华出版社，2021.08.

[41] 胡宝菊. 新时期高校英语口语教学研究 [M]. 长春：吉林出版集团股份有限公司，2021.08.

[42] 刘蕊. 教育生态化视角下高校英语教学创新研究 [M]. 长春：吉林出版集团股份有限公司，2021.08.

[43] 刘菲. 高校英语教学的研究热点英语教师专业发展研究 [M]. 长春：吉林出版集团股份有限公司，2021.07.

[44] 宏杰. 基于跨文化交际理论的高校英语教学创新探究 [M]. 北京：新华出版社，2021.07.

[45] 高红梅，朱荣萍. 高校英语教学创新性研究 [M]. 长春：吉林人民出版社，2021.06.

[46] 姚娟，徐丽华，娄良珍. 高校英语阅读与翻译教学多维研究 [M]. 天津：天津科学技术出版社，2021.04.